면세점 & 국제시장

김기홍

Duty Free Business & Marketing

도서출판 청람

■ 머리말 ■

국제관광산업은 여러 분야가 복합적으로 연계돼 있지만 규모면에서 가장 큰 비중을 차지하는 부문은 면세점기업과 마케팅이다. 한국은 세계에서 가장 큰 규모의 면세시장을 형성하고 있으며 국내 대기업과 중견기업의 신성장산업으로 자리매김하고 있다.

면세점은 한국의 미래 일자리와 외화수입 창출을 실현할 수 있는 관광산업의 핵심이다. 최근 진행되는 면세사업자 선정은 외국인관광객 유치역량과 이들의 구매를 증대시킬 수 있는 상품 구성능력, 브랜드 협상력 등을 바탕으로 신규 고용창출과 경제적 파급효과 확대에 실질적으로 기여할 기업역량과 무역물류와 서비스 인프라를 갖췄는지가 핵심 기준이 돼야 한다.

현재 우리나라는 롯데면세점과 신라면세점이 양강구도를 유지하고 있으며 신흥 면세점기업들도 최근 비약적 성장과 발전을 하고 있다.

글로벌 유통전문지 무디리포트에 따르면 듀프리(세계 1위), 디에프에스(세계 2위) 하이네만(세계 6위) 등이 상위권 순위를 차지하고 있으며, 글로벌 면세점기업들은 투자와 인수합병을 통하여 경쟁력을 키우고 있다. 특히 듀프리는 최근 10년간 스위스의 뉘앙스, 이탈리아의 월드 오브 듀티프리를 인수 · 합병하였으며 최근에는 중국의 비약적인 발전이 주목되고 있다. 하이난에 세계 최대규모인 면세점을 건설하였으며, 일본도 이에 대응하기 위하여 도쿄 도심의 면세점 신설을 지속적으로 확장하고 있다. 우리나라도 2017년, 2018년에 걸쳐 신규 면세점을 확장하면서 국제무역유통시장에서 면세점이 차지하는 비중은 점점 더 커지고 있는 실정이다.

정부는 면세점산업을 바라보는 데 있어 면세점 특혜가 아닌 수출산업으로의 인식이 필요하며 면세점기업들은 공간 마케팅이 아닌 유통과 수출역군이라는 긍지를 가지고 국제명품시장에서 기업인수를 통한 직매입과 중견우수기업을 발굴하여 유럽 중심의 상품구조에서 다변화해야 일본과 중국, 태국, 싱가포르, 홍콩과의 경쟁에서 이길 수 있다.

이에 본서는 면세점과 국제시장을 유통과 국제마케팅의 측면에서 분석 · 접근하였다. 참고문헌의 모든 연구자와 기업 홍보담당자에게 감사와 경의를 표하며 좀 더 자세히 각주를 처리하지 못한 부분에 대하여 너그러운 양해를 구한다. 아직 부족한 많은 부분은 더 많은 연구와 분석으로 보강하고자 한다.

2018년 8월

Alex, k.h. Kim Ph.D

■ 차 례 ■

Part 1 명품유통과 명품산업

Chapter 1 쇼핑여행지로서의 한국시장

Chapter 2 우리나라 명품시장의 유통

Chapter 3 명품백화점시장

Chapter 4 명품모조품시장

Chapter 5 명품중고품시장

Chapter 6 명품아웃렛시장

Chapter 7 명품의 병행수입시장

Chapter 8 명품의 해외직접구매

Chapter 9 명품마케팅

Part 2 | 면세점경영과 마케팅

Chapter 1 면세점의 기원과 역사

Chapter 2 면세점의 분류와 종류

Chapter 3 면세점정책과 판매특허제도

Chapter 4 인터넷면세점

Chapter 5 우리나라의 면세점기업

Chapter 6 해외면세점기업

Chapter 7 면세점기업과 물류시스템

Part 3 면세점경영 사례연구

Chapter 1 우리나라 면세점운영 실태분석 및 발전방안

Chapter 2 우리나라 면세점 실태분석과 경쟁력 제고방안

Chapter 3 면세점기업의 e-비즈니스 마케팅 서비스품질이 브랜드 이미지와 고객만족에 미치는 영향

Chapter 4 IoT기반 스마트면세점 서비스품질이 고객만족과 Lock-in효과에 미치는 영향

PART 1

명품유통과 명품산업

Chapter 1 쇼핑여행지로서의 한국시장

Chapter 2 우리나라 명품시장의 유통

Chapter 3 명품백화점시장

Chapter 4 명품모조품시장

Chapter 5 명품중고품시장

Chapter 6 명품아웃렛시장

Chapter 7 명품의 병행수입시장

Chapter 8 명품의 해외직접구매

Chapter 9 명품마케팅

CHAPTER 01

쇼핑여행지로서의 한국시장

Ⅰ. 개요

유망성장산업인 관광산업 중에서도 쇼핑 관련 산업이 확대되면서 쇼핑관광의 중요성이 높아지고 있으며, 특히 국내외 저성장세가 지속되고 국내 주요 산업의 성장잠재력이 저하되는 가운데 관광산업이 향후 성장동력으로 주목받고 있다.

관광산업은 2010년대 이후 중국인관광객규모 확대, 한류관광 등으로 향후 성장세가 주목받고 있는 한편, 외래관광객의 쇼핑 지출이 증가하면서 외래관광객 관련 매출이 증가하는 등 경제적 파급효과가 확대세를 보이고 있다.

최근 몇 년간 방한 외래관광객의 1인당 쇼핑비 금액은 연평균 13% 이상의 고성장을 기록하였다. 이에 외래관광객이 많이 이용하는 대표적인 유통채널인 면세점의 경우 매출액이 2011년 48.6억 달러에서 2015년 81.4억 달러로 연평균 13.8% 증가하였다. 또한 외래관광객을 대상으로 개최되는 쇼핑할인행사인 '코리아 그랜드 세일(Korea Grand Sale: KGS)'의 매출액 및 참여업체도 꾸준히 확대되고 있다.

Ⅱ. 국내 쇼핑관광의 현황 및 특징

1. 국내 쇼핑관광의 실태

문화체육관광부에서는 한국문화관광연구원과 매년 외래관광객 실태조사보고서를 발간하고 있다. 이를 통해 외래관광객의 다양한 한국관광 성향 파악이 가능한데, 조사항목 중 '쇼핑'항목은 2011년부터 새롭게 추가되었다.

연도별로 외래관광객이 쇼핑관광을 하기 위해 방문한 권역은 3년 연속 서울이 90%가 넘는 가장 높은 비율을 보이고 있다. 매년 쇼핑을 위해 수도권을 찾는 관광객의 수는 소폭의 감소 추세를 보이고 있고, 수도권 이외의 지역을 찾는 관광객은 상대적으로 증가하고 있다.

쇼핑관광객은 일반관광객과 비교해 서울과 제주를 방문하는 비율은 높고 그 외 지역의 방문률은 낮은 것으로 나타났다. 2015년 기준 쇼핑관광객의 서울지역 방문율은 84.3%, 제주지역 방문율은 23.4%를 기록해 각각 방문율 1, 2위를 차지하였다.

한편 최근 5년간 쇼핑관광객의 제주지역 방문율이 지속적으로 증가하면서 제주지역 선호도가 높아지는 것으로 판단되었다. 쇼핑관광객의 최다 방문지인 서울지역 방문율은 2011년 91.3%에서 2015년 84.3%로 하락하였다. 또한 동기간 경인지역 방문율은 28.6%에서 12.4%, 강원지역 방문율은 14.6%에서 6.2%로 하락하는 등 대부분 지역에서 방문율이 하락하였지만 유일하게 제주지역을 방문하는 쇼핑관광객의 비율은 동기간 12.8%에서 23.4%로 확대되었다.

2013년 한국을 방문한 외래관광객은 개별여행(66.2%)을 통해 한국을 찾는 것으로 나타났다. 2013년 개별여행으로 한국을 방문해 지출한 경비 평균은 1인당 US$1,610.5로 나타나며 전년 대비 US$118.7 증가한 것으로 나타났다.

이 중 쇼핑으로 소비한 금액은 US$706.0로 전체 경비 중 가장 큰 비율인 43.8%를 차지하고 있으며 숙박비(US$399.6), 식음료비(US$278.8) 순이다.

그림 1_ 관광객 유형별 지역 방문율 비교

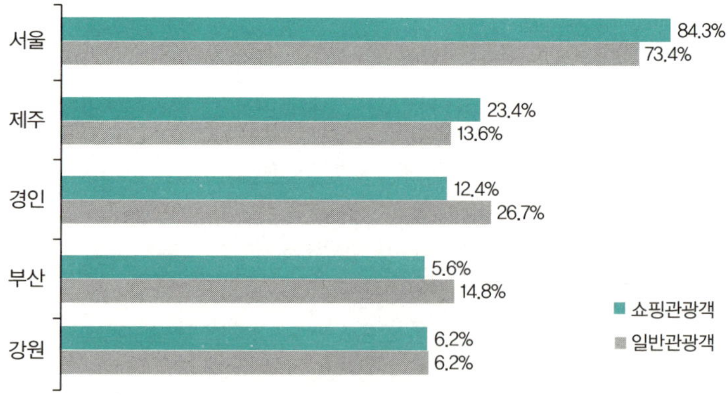

출처: 한국문화관광연구원

그림 2_ 쇼핑관광객의 지역 방문율 추이

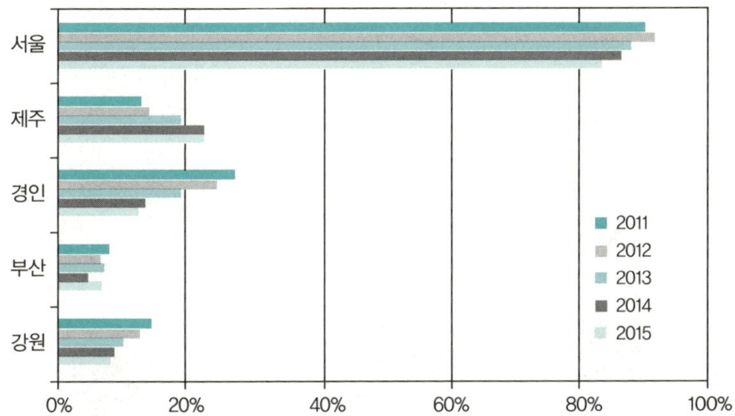

출처: 한국문화관광연구원

쇼핑관광객의 경우 중국, 일본, 홍콩, 대만, 태국, 말레이시아, 싱가포르 등 아시아 7개국 출신 관광객 비중이 전체 쇼핑관광객의 95% 가량을 차지하였다. 쇼핑관광객 중 중국 출신 관광객 비중이 64.1%로 가장 높게 나타났으며, 그 다음은 일본(13.6%), 홍콩(6.0%), 대만(5.4%), 태국(3.4%) 순이다.

또한 2013년 한국에 입국한 외래객 중 관광을 목적으로 방문한 외래객이 높은 국가별 순위는 중국, 일본, 미국, 대만, 홍콩 순이다. 쇼핑관광객 중 중국인 비중은 2011년 26.6%에서 2015년 64.1%로 급등한 한편, 쇼핑관광객 중 일본인의 비중은 2011년 47.7%로 다수를 차지하였으나 2015년까지 13.6%로 감소하였다.

그림 3_ 거주국별 1인당 쇼핑 관련 지출액

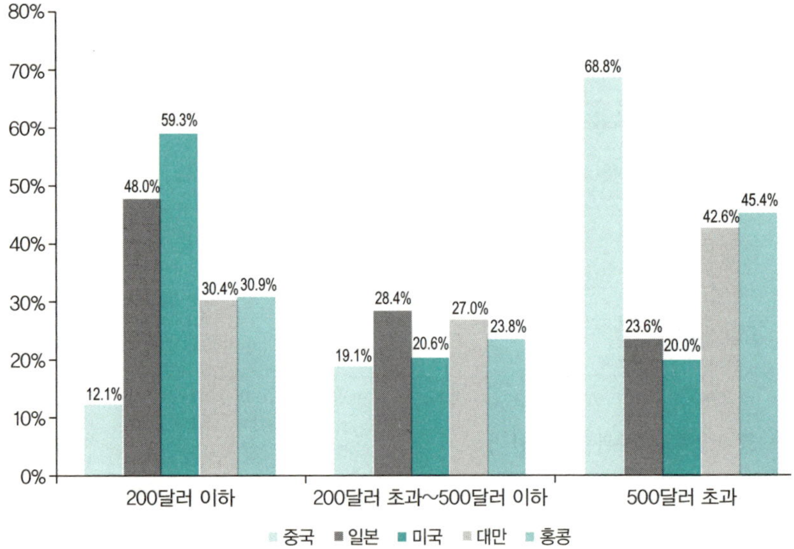

출처: 문화체육관광부, 2013년 외래관광객 실태조사

중국인관광객은 관광하는 기간 동안 1인당 약 US$2,300를 사용했으며, 일본인관광객이 1인당 사용한 US$990에 비해 약 2.3배 높은 수치를 보였다. 중국인관광객은 다른 외래관광객에 비해 숙박이나 식음료보다 쇼핑에 더 많은 비용을 지불하였다. 앞으로 중국인관광객의 증가 추세는 가속화되고 중국인 개인소득이 증가함에 따라, 방한 중국인관광객에 의한 한국관광수입 역시 증가할 것으로 보인다.

2. 국내 쇼핑관광의 특징분석

한국을 찾는 중국관광객들은 동대문, 일본관광객들은 남대문을 주로 찾는 것으로 조사되었다. 이는 쇼핑품목과 상품 선택기준의 차이 때문이라는 분석이다. 대한상공회의소가 하나투어와 함께 한국에서 관광을 마치고 출국하는 중국 · 일본인관광객 200명을 대상으로 쇼핑실태를 조사한 결과에 따르면, 자주 찾는 쇼핑장소로 중국인관광객은 '동대문'(70.8%), '명동'(69.8%)을, 일본인관광객은 '명동'(70.3%), '남대문'(63.7%)을 차례로 꼽았다. '명동'의 선호순위와 응답률이 비슷함을 감안해도 동대문 · 남대문을 찾는 중 · 일관광객들의 차이가 뚜렷하게 나타났다.

실제 중 · 일관광객들이 한국에서 쇼핑한 품목을 보면 중국인들은 '화장품'(89.6%), '의류'(86.5%), '인삼, 차 등의 한약재'(78.1%), '주류'(44.8%) 등의 순이고, 일본인들은 '김 등 건어물'(74.7%), '화장품'(70.3%), '의류'(62.6%), '식료품'(46.2%) 등의 순으로 구매하였다.

표 1_ 중 · 일관광객 쇼핑장소

(단위: %)

순위	중국	일본
1위	동대문(70.8)	명동(70.3)
2위	명동(69.8)	남대문(63.7)
3위	남대문(35.4)	동대문(50.5)
4위	이태원(34.4)	인사동(49.5)
5위	인사동(31.3)	이태원(37.4)

출처: 대한상공회의소

이를 토대로 중국인들은 한류의 영향으로 동대문시장의 최신 패션과 스타일을 찾는 경향이 크고, 일본인들은 남대문시장의 김 등의 건어물이나 인사동의 전통공예품을 주로 선호한다는 것을 분석할 수 있다.

중 · 일관광객들의 쇼핑장소를 업태별로 살펴보면, 중국(86.5%), 일본(81.3%)의 관광객 모두 시내면세점을 가장 많이 이용했으며, 다음으로 중국인관광객은 백화점(61.5%), 소규모전문점(59.4%)을, 일본인관광객은 백화점(62.6%), 공항면세점(48.4%)을 자주 찾았다.

한국관광 중 비용 지출 측면에서 쇼핑관광객의 가장 큰 특징은 쇼핑비를 일반관광객에 비해 두 배 이상 지출한다는 점을 들 수 있다. 2015년 기준 쇼핑관광객이 한국 방문 시 지출한 1인당 평균 총경비는 2,060.5달러로 일반관광객(1,444.7달러)보다 높았다. 이는 쇼핑관광객이 일반관광객(655.7달러) 대비 두 배 이상 많은 1,419.8달러 정도를 쇼핑비로 지출하기 때문이다.

그림 4_ 관광객 유형별 지출구조 비교

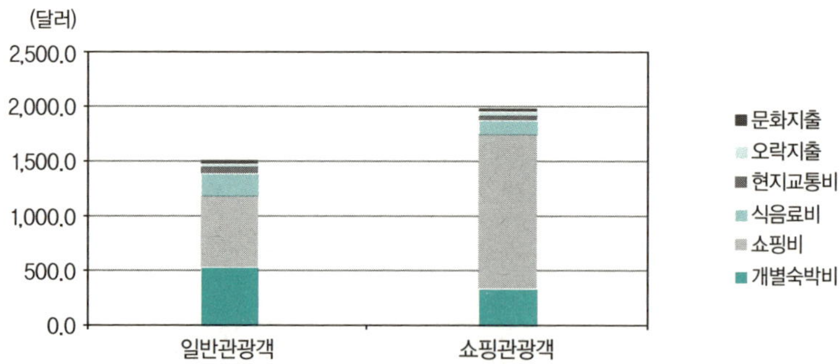

출처: 한국문화관광연구원

그림 5_ 쇼핑관광객의 지출구조 추이

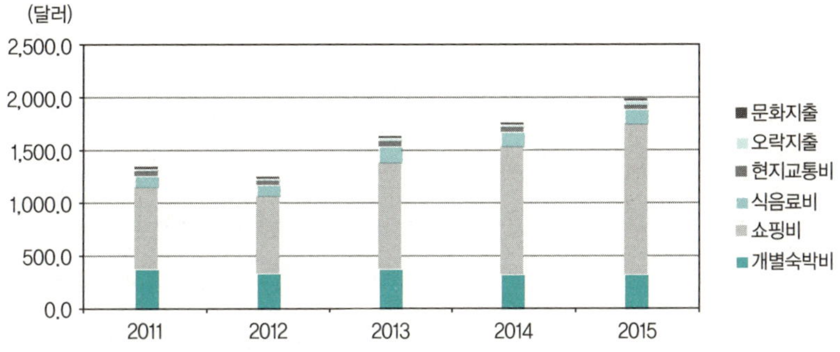

출처: 한국문화관광연구원

반면 개별숙박비(340.9달러), 식음료비(127.7달러), 문화 관련 지출(4.5달러) 등은 일반관광객보다 적게 지출한 것으로 나타났다. 쇼핑관광객은 특히 숙박비 지출을 줄이고 쇼핑비를 늘려온 것으로 나타났다. 쇼핑관광객이 한국을 방문해 지출한 1인당 총경비는 2011년 1,545.0달러에서 2015년 2,060.5달러로 연평균 7.5% 증가하였다.

이 중 쇼핑관광객의 쇼핑비는 773.6달러에서 1,419.8달러로 2배 가까이 증가한 반면 식음료비(2011년 107.2달러→2015년 127.7달러), 문화지출(3.9달러→4.5달러) 등은 5년간 거의 변동이 없었으며 개별숙박비 지출은 387.7달러에서 340.9달러로 오히려 감소한 것으로 나타났다.

Ⅲ. 쇼핑관광의 경제적 파급효과

쇼핑관광의 경제적 파급효과는 최근 일반관광을 추월한 것으로 나타났다. 쇼핑관광객의 방한에 따른 생산유발효과는 2011년 약 7조 원에서 2014년 약 20조 원으로 증가한 것으로 밝혀졌다. 2014년 쇼핑관광객 방한에 따른 직간접적인 명목생산유발액은 19조 8,735억 원으로 추정되며 이는 2011년 대비 2.8배 증가한 수준이며 일반관광객의 1.3배보다 높은 수치이다.

쇼핑관광객의 방한에 따른 부가가치유발효과는 2011년 약 3조 원에서 2014년 약 9조 원으로 증가하였으며, 2014년 쇼핑관광객 방한에 따른 직간접적인 명목부가가치유발액은 9조 119억 원으로 추정된다. 이는 2011년 대비 2.8배 증가한 수준이며 일반관광객의 1.3배보다 높은 수치이다.

쇼핑관광객의 방한에 따른 취업유발효과는 2011년 약 9만 명에서 2014년 약 24만 명으로 증가하였으며, 2014년 쇼핑관광객 방한에 따른 직간접적인 취업유발분은 23만9,683명으로 추정되는데 이는 2011년 대비 2.5배 증가한 수준으로 일반관광객의 1.2배보다 높은 수치이다.

Ⅳ. 국내 쇼핑관광 문제점 및 향후 과제

1. 국내 쇼핑관광 문제점

쇼핑관광을 목적으로 방한하는 외래관광객은 90% 이상이 서울로 집중되며 지역불균형이 일어나고 있다. 문화체육관광부 및 여러 지자체에서는 이를 해소하고 더 많은 외래관광객의 유입을 위해 다양한 상품을 제공하고 쇼핑품목을 차별화할 수 있는 방안을 모색 중이다.

그 예로 쇼핑인증제 도입, 사후면세제도 확대, 굿스테이인증제도, 우수여행상품인증제 등을 실시하고 박람회 또는 축제 등을 통한 외래관광객의 쇼핑 확대를 추진 중이다.

1) 위조상품, 바가지 등의 외래관광객 피해사례 여전

관광객이 자주 찾는 관광명소에서 외래관광객을 대상으로 위조상품을 유통하는 업체가 기승 중이다. 또한 불법택시, 상품의 가격 부풀리기 등이 여전히 존재하며, 해외관광정보 사이트에서는 한국에서의 바가지 체험담이 빠르게 퍼지고 있다.

이와 같은 문제가 근절되지 않고 장기적으로 이어질 경우 국가의 위신 및 이미지가 하락할 수 있고, 관광객의 피해뿐만 아니라 세수문제로 확대되는 등의 문제가 발생하므로 국가적 차원에서의 단속이 필요하다.

위와 같은 문제점을 극복하고자 유럽, 일본, 싱가포르 등 80여 개국에서도 도입하여 운영 중이고, 현재 우리나라에서도 운영 중인 '사후면세제도'의 확대가 필요하다. 안내 및 쇼핑 등 분야별 관광수용태세 점검 및 외래관광객의 동향을 실시간 모니터링해서 외래관광객의 불만을 낮추도록 노력해야 한다.

2) 낮은 디자인 경쟁력

우리나라 문화상품의 디자인 실태를 알아본 결과 제품 디자인의 경쟁력은 중간 정도로 평가되나, 품질 · 가격 · 내구성 · 신뢰성 등 디자인 이외의 요소에 비해 디자인 경쟁력은 현저히 낮게 평가되었다. 또한 우리나라의 디자인 경쟁력을 타국가들과 비교하였을 때 기준인 우리나라(100)보다 경쟁상대국인 대만(109), 싱가포르(102), 홍콩(102)에 뒤떨어지고 있다. 또한 우리나라 제품은 기술적 진보성 · 높은 품질 · 내구성 · 가격 대비 가치는 일본보다 낮지만 대만 · 싱가포르 · 홍콩보다 우위로 나타났으나 매력적 스타일과 디자인 측면에서는 대만 · 싱가포르 · 홍콩보다도 뒤떨어진다. 즉, 우리나라 상품은 품질에 있어서는 경쟁우위에 있지만 디자인적 측면에서는 부족함을 나타내고 있다.

2. 도전과 과제

최근 빠르게 성장하는 쇼핑관광의 중요성을 인식하고 이러한 성장세가 꺾이지 않고 지속될 수 있도록 다각적인 노력을 기울일 필요가 있다.

첫째, 쇼핑관광객에 대한 인식 제고 및 정확한 실태조사를 바탕으로 쇼핑관광 활성화방안을 수립해야 한다. 쇼핑관광객의 연령, 동반행태, 주요 관광활동 등을 감안한 타깃형 쇼핑관광서비스 개선 및 관광객 만족도 제고 대책을 마련해야 한다.

둘째, 한국이 세계적인 쇼핑관광 선진국으로 인식될 수 있도록 민관이 협력하여 글로벌 마케팅을 강화해야 한다. 관광과 쇼핑을 동시에 즐길 수 있는 전통시장처럼 소규모라도 특색 있는 쇼핑관광상품을 지속적으로 발굴, 발전시키는 한편, 한류관광, 뷰티관광과 연계한 쇼핑관광 축제 및 페스티벌 활성화방안을 마련할 필요가 있다. 이를 통해 장기적으로는 홍콩, 괌 등 쇼핑관광 선진국의 사례와 같이 쇼핑축제가 국가브랜드가치, 이미지 제고로 이어질 수 있도록 노력해야 한다.

셋째, 관광산업의 고부가가치화를 위해 다양한 쇼핑관광상품 및 서비스를 개발해야 한다. 다양한 관광활동 기회 제공, 편안한 쇼핑경험 및 관광경험을 제공하기 위한 고부가가치 쇼핑관광 개발을 촉구하고 공사, 현지여행사들과 협력해 쇼핑관광객들을 대상으로 고부가가치 쇼핑관광에 대한 인식개선 캠페인 등을 추진해야 한다. 또한 음식 및 숙박서비스의 질 저하, 쇼핑 강요 등 관광객의 불편을 초래하고 이미지를 추락시킬 우려가 있는 상황에 선제적으로 대응해야 한다.

넷째, 쇼핑관광객을 포함하여 외국인관광객의 만족도 제고를 위해 관광 인프라를 전반적으로 제고해야 한다. 교통-숙소-관광 등 관광서비스 전반에서의 정보검색 및 예약이 가능한 원스톱 온라인 통합 관광정보 포털서비스를 강화하여 이를 온라인 공동구매, SNS 등을 통한 단체관광객 할인티켓 발급 등 관광마케팅과 유기적으로 연계하는 방안 등을 고려해야 한다.

CHAPTER 02

우리나라 명품시장의 유통

Ⅰ. 개요

1. 명품의 정의

명품의 사전적 의미는 '뛰어난 물건이나 작품'이지만, 명품이라는 우리말에 대응하는 영어의 럭셔리(Luxury)는 사실 호사품이나 사치품이라는 의미가 강하다. 럭셔리의 어원은 호사스러움을 뜻하는 라틴어 룩수스(Luxus)에서 파생된 룩수리아(Luxuria)에서 찾을 수 있는데, 이 말은 극도의 사치 또는 부패를 뜻한다. 명품의 쓰임새를 살펴봐도 상류층의 사치스러운 생활을 충족시켜주기 위한 물건이었음은 의심의 여지가 없다. 최근 들어 명품은 모든 제품 중에서 최고 중의 최고, 가장 품질이 좋은 제품, 꼭 그런 것은 아니지만 같은 제품 중에서 가장 비싼 제품을 뜻하는 말로 쓰이고 있다.

명품패션브랜드는 오랜 역사와 전통을 자랑하며 최고의 기술을 가진

장인의 손에 의해 탄생된 상질(上質)의 제품으로 고객에게 지속적인 신뢰와 만족을 준다. 최고급 소재와 절제된 디자인, 세월이 흐르는 동안에도 변함없이 고수되는 질 높은 제작공정과 소량생산의 원칙은 모든 명품브랜드가 이어 가고 있는 장인정신의 산물이다. 해외의 콧대 높은 디자이너들은 자신이 디자인한 의상이나 액세서리, 보석류를 가리켜 스스럼없이 '작품'이라고 칭하며, 고유의 작품기호와 일련번호까지 부여한다.

2. 명품브랜드의 탄생 배경

20세기 초반에 이르러 비로소 신체를 불편하게 하거나 거추장스러운 속옷과 겉옷으로부터 해방되면서 패션은 여성들에게 새롭고 신선한 것으로 다가올 수 있게 되었다. 이러한 역할을 담당한 것이 바로 패션 디자이너들이었다. 파리의 디자이너들은 자신의 이름으로 컬렉션을 발표하면서 서서히 자신의 이름을 알리기 시작했다. 패션계에서 최초의 디자이너로 기억되는 찰스 프레드릭 워스(Charles Frederic Worth)는 가장 처음 오늘날의 패션쇼 형태의 컬렉션을 개최한 인물이다.

20세기에 가장 기억될 만한 디자이너로 샤넬이 있다면, 파리가 패션의 중심지로 떠오르게 된 것은 19세기에 등장한 워스의 역할이 컸다. 워스의 활발한 디자인활동으로 인하여 당시 남성과 여성의 의상을 제작하던 '재단사'라는 호칭은 '창작 디자이너'로 그 신분이 격상될 수 있었다.

워스는 당시로는 보기 드물게 언제든지 입어볼 수 있는 의상들을 가게에 진열해 놓았으며, 가게 안은 늘 화려한 샹들리에로 환하게 밝혀져 있었다. 그는 나폴레옹 3세의 아내였던 유제니 황후의 공식 석상용 의상과 이브닝드레스를 독점해서 만들 정도로 왕실로부터 인정받는 디자이너이기도 했다. 사실 워스 이전의 의상은 디자인 자체의 독창성보다 옷감 자체가 중요시되었을 뿐이었다.

워스가 패션계에 영향을 끼친 것은 세계 각국을 대표하는 왕비와 공주, 황후, 대사 부인들의 의상을 직접 제작함으로써 자신을 비롯한 디자이너들의 사회적 지위 상승은 물론 왕족에게 옷을 입힌 파리의 디자이너들의 이름이 상표화될 수 있는 계기를 마련했다는 점이다. 특정 고객(주로 상류층이나 왕실 사람들)을 대상으로 의상이나 가방을 만들기 시작한 디자이너들과 유럽의 장인들에 의해서 하나의 명품브랜드가 탄생하기 시작한 것이다.

Ⅱ. 구성

1. 명품브랜드의 조건

1) 차별화

명품브랜드의 가장 큰 특징은 바로 브랜드의 차별성이 중요하다는 점이다. 즉, 브랜드 자신의 아이덴티티가 분명해야 한다. 브랜드의 차별화는 자신의 Identity=혼, 비전이라고 말한다. 혼은 그 브랜드가 앞으로 나아가야 할 방향이다.

2) 일관성

일관성은 자신들의 아이덴티티를 같은 메시지를 가지고 어떠한 마케팅전략을 사용할 것인가의 문제이다. 일관성은 자신들이 하고자 하는 이야기를 일관적인 메시지로 전달해야 하는 점으로 가장 어려운 부분에 해당한다.

3) 희소성

어디서나 누구나 접근할 수 있다면, 그것은 명품이 아니라 편의품이다. 선망하지만 누구나 가질 수 없는 희소성이 있어 더 간절한 것이 바로 명품브랜드의 조건이다. 제품의 희소성, 예를 들면 가방 자체의 속성은 같아도 브랜드에 따라 가격, 인식이 달라진다.

4) 가치중심

명품은 단순히 제품을 파는 것 이상의 가치를 선사한다. 예를 들어 같은 브랜드의 제품을 사용하는 사람들을 연결해주는 기능도 수행한다.

2. 우리나라 명품시장

국가별 명품시장의 규모를 살펴보면 우리나라는 약 12조 1,400억 원의 규모로 세계 8위의 규모로 성장했다.

그림 1_ 2013년 국가별 명품시장규모

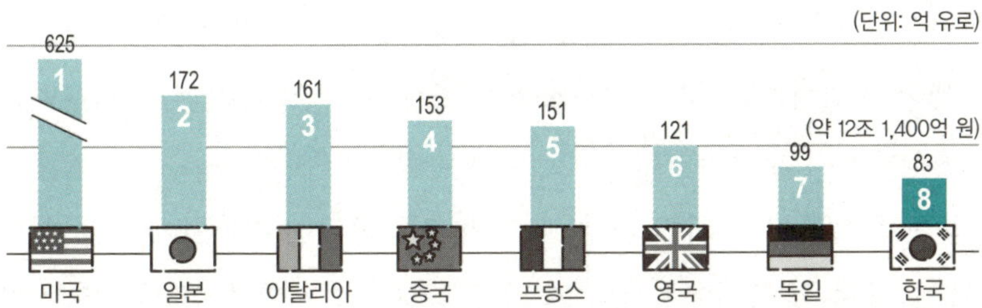

출처: 한국경제

우리나라의 명품시장규모는 약 5조 원이다. 특히 2005~2009년까지 급속도로 성장하였는데 그 중 시계, 보석분야의 4년간 성장률은 무려 229%에 달해 의류(41%), 핸드백, 지갑(145%)에 비해 가장 큰 성장을 보여주었다.

우리나라의 전반적인 소비문화에서 명품에 대한 선호현상은 지속될 것이며, 이러한 소비문화로 해외명품브랜드에게 침식당하는 국내 브랜드가 설 자리가 사실상 없다는 점을 알 수 있다. 특히 국내 주얼리브랜드 중에서는 명품이라고 할 만한 브랜드가 없는 것이 사실이다. 주얼리 브랜드들은 자체 브랜드에 대한 관심으로 자신들만의 콘셉트와 일관성을 가지고, 브랜딩을 해야 할 것이다.

3. 우리나라 명품시장의 유통

현재 우리는 글로벌한 시대에 살고 있다. 소수의 전유물로만 여겼던 명품 역시 글로벌화로 인해 큰 변화를 겪고 있는 중이다. 아니 명품은 이미 변화의 단계를 넘어 시장의 눈치를 보게 되고 비교대상으로 인해 가격을 인하하는 등 큰 변화가 진행 중이다. 인터넷의 보급은 전세계를 하나의 통로로 이어지게 하였고 해외에서 구매한 수입제품들이 국내보다 많이 저렴하다는 것을 인식하면서 명품 역시 직구 혹은 해외구매대행이 성행하기 시작하였다.

명품이 오로지 백화점 혹은 강남의 명품거리에서만 구매가 되었던 시대는 지났다. 이전에는 진열된 가방가격이 그 제품을 산 사람의 가치를 매겼다면 이제는 그 가격에 산다면 '바보' 소리를 들을 정도로 현명한 소비자들이 많이 생겨나고 있으며 인터넷 검색을 통한 명품구매는 같은 모델을 더 저렴하게 구매할 수 있도록 만들고 있다.

명품유통의 공식적인 루트는 크게 다음 3가지로 구분된다. 국내에서 수입되어 판매되고 있는 모든 명품은 이 유통방식에서 크게 벗어나지 않으며 각각의 유통방식은 본사의 철저한 관리에 의해 상품공급과 판매가 이루어지고 있다.

- 정식매장 : 본사직영으로 운영하는 형태
- 아웃렛 : 본사직영으로 운영하는 형태(다른 아웃렛 운영형태 : 편집매장에서 운영하는 아웃렛)
- 편집매장 : 흔히 멀티매장으로 불리기도 하며, 브랜드 본사와 라이선스관계에 있는 로컬매장의 오너들에 의해 운영되는 형태

그림 2_ 명품유통의 3가지 루트

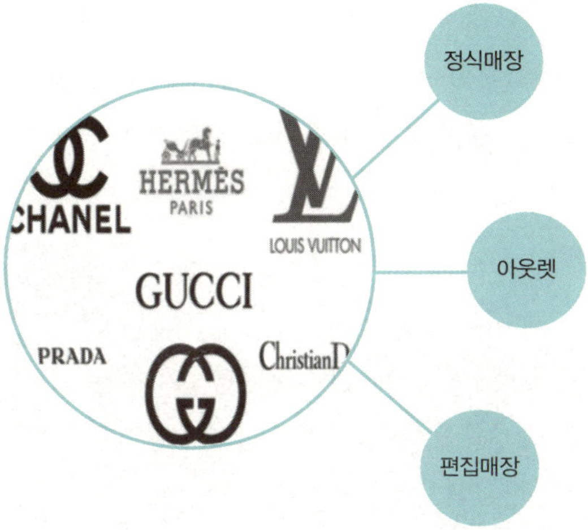

1) 본사직영 정식매장

정식매장은 본사에서 직접 운영하는 형태 혹은 각 나라별 독점공급계약에 의해 운영이 되는 형태를 말한다. 이 중 각 나라별 독점공급계약에 의해 운영되는 정식매장의 경우 본사에서 인정하고 계약이 된 업체를 따로 선정하여 운영, 관리, 판매 등의 모든 권한에 대해 독점적인 지위를 갖고 운영하는 것을 말한다. 마치 영화를 배급할 때 배급사와 배급원의 관계처럼 배급원이 배급사로부터 상영할 영화에 대한 배포권한을 갖는 것과 같다.

특징은 단일 브랜드로고를 사용할 수 있으며 단일 브랜드 상품만 판매가 가능하다. 정기세일 이외에는 세일을 따로 하지 않는 특징도 있다. 또한 유럽에서 명품을 구매할 때는 유럽의 부가가치세(VAT)를 환급받을 수 있는데 매장에 따라 상품구매 후 그 즉시 텍스를 리펀해주거나 혹은 출국 시 텍스리펀 창구에서 세금을 돌려받을 수 있다. 유럽여행 시 명품구매계획을 가지고 있다면 반드시 알고 있어야 할 상식이다.

2) 아웃렛

아웃렛은 브랜드 본사에서 직접 관리하는 명품 아웃렛매장을 말한다. 운영형태는 1년에서 몇 년 된 상품들이 대부분이며 사이즈가 있는 신발, 의류의 경우 모든 사이즈가 구비가 안 된 경우도 있다. 또한 신상 혹은 클래식상품들도 아웃렛매장에서 볼 수 있는데 티가 거의 나지 않는 흠이나 얼룩 등이 있거나 시즌 중 인기를 얻지 못한 상품들이 대부분이다. 하지만 우리가 자연스럽게 생각하는 것처럼 육안으로 확인이 안 되는 정도의 흠인 상품이 대부분이고 그 수도 많지 않은 편이다. 하지만 우리가 아웃렛매장을 찾는 이유는 높은 할인율로 좋은 상품을 구매하기 위함일 것이다.

보통 아웃렛의 세일폭은 30~70% 정도이다. 명품의 본고장 이탈리아 내의 유명 아웃렛은 국내에 잘 알려진 아웃렛매장들이 많다. 베네치아 노벤타 아웃렛, 밀라노 근교의 세라발레 아웃렛, 그 외 대로마 근교의 맥아더글렌, 피렌체 근교의 더몰(The Mall) 등도 국내에 많이 알려져 있다. 이와 같이 큰 몰(mall)형태의 아웃렛매장들은 우리가 잘 알고 있는 프라다, 페라가모, 구찌 등 이탈리아의 유명브랜드들이 입점되어 있어 신혼여행 혹은 유럽여행을 오는 일반사람부터 명품구매대행을 하는 사업자까지 많은 사람들이 방문하고 있다.

이런 아웃렛형태는 명품구매대행 사업자들에게는 높은 할인율을 제공하기에 가격적인 면에서 높은 수익을 보장하기도 한다. 단 본사직영으로 운영되는 형태이기에 가능한 일반고객에게 많은 상품들이 골고루 판매가 되기를 원하므로 사업자들의 대량구입을 엄격히 제한하고 있다.

예를 들면 1주일에 구매할 수 있는 한도액을 정하고 일정기간 내에는 재구매가 되지 못하게 하는 방식으로 명품구매 사업자들의 구매를 제한하고 있다.

명품구매대행 사업자라면 알아야 할 또 하나의 팁은 이 곳에서 상품구매가 이루어지면 텍스리펀이라는 합법적인 세금(VAT)환급제도를 통해 전체 상품구입가의 몇 %를 돌려받을 수 있다. 단 유럽 이외의 나라에서 온 고객이라는 것이 확인되어야 한다.

국내에도 공급채널이 다르긴 하나 프리미엄아웃렛인 여주아웃렛, 파주아웃렛 등이 비슷한 형태로 운영되고 있다.

3) 편집매장(멀티숍)

편집매장 역시 본사로부터 정식으로 상품을 공급받아 상점을 운영하는 형태이다. 본사와의 정식 라이선스관계에 있기에 본사직영매장에서 판매하는 상품과 동일한 유통구조를 가지나 운영형태는 다르다. 편집매장의 운영은 그 지역의 독점권을 가지고 판매할 수 있는 권한을 가진 매장의 오너에 의해 운영이 된다.

편집매장에서 취급하는 브랜드의 수는 앞의 정식매장과 아웃렛매장에서 취급하는 단일 브랜드와 다르게 많은 브랜드를 취급한다. 작게는 20~30개에서 매장의 규모에 따라 수백 개의 브랜드를 취급하는 매장도 있으며 매장의 연혁 또한 역사가 깊은 곳이 많다. 짧게는 30~40년, 길게는 100년, 150년의 긴 역사를 가진 매장도 있으니 구찌, 루이비통의 역사보다 더 오래된 매장도 존재한다. 현재 국내에도 수백 개의 편집매장들이 성업 중이고 지역에 따라서는 한 지역에 수십 개의 매장이 있는 경우도 있다.

유럽과 다른 점이라면 제품 공급이 본사와의 계약관계에 의해 공급이 되는 것이 아닌 유럽의 편집매장을 통해 수입이 되고 판매가 이루어지고 있다. 또한 지역별 독점권도 존재하지 않는다. 온라인을 전문으로 명품판매를 하고 있는 명품병행수입업체들 역시 위와 같이 현지 편집매장으로부터 상품을 공급받아 판매를 하고 있다. 국내에서 명품수입을 하는 많은 업체들은 위와 같은 유통구조를 통해 다이렉트로 명품을 수입하여 판매이익을 얻고 있다.

CHAPTER 03 명품백화점시장

Ⅰ. 미국 명품백화점

1. 블루밍데일스

뉴욕의 럭셔리백화점 블루밍데일스(Bloomingdale's)는 최근 패션트렌드나 신진디자이너들의 신상품을 쉽게 만나볼 수 있어 미국 패션문화의 중심으로 불리며 일부 뉴요커들과 관광객들은 블루미로 애칭할 만큼 브랜드에 대해 높은 충성도를 갖고 있다.

전세계 관광객들이 들르는 백화점답게 1층에 국제서비스 데스크가 있으며 점포 소개는 영어 외에 불어, 일어, 스페인어 등 여러 나라 언어들로 동시에 이뤄진다. 지명도 있는 명품의류브랜드와 독점계약을 체결하고 자체 브랜드의 제작을 강화해 공정한 가격으로 공정한 상품을 제공한다는 원칙으로 소비자들의 큰 신뢰를 얻고 있다.

블루밍데일스의 마케팅은 다른 소매업체들과 다르다. TV나 인쇄광고에 비용을 들이지 않는 대신 블루밍데일스는 모든 판매사원들이 고객들을 담당하도록 하였다. 판매사원들은 이전에 방문했거나 물건을 구입했던 고객들에게 전화를 걸어 다가오는 세일에 대한 정보를 제공한다. 이러한 개념은 고객 스스로 블루밍데일스의 내부자라는 느낌을 갖게 하였고(이것은 블루밍데일스 종업원 임무 슬로건의 일부이다.) 고객들은 일반대중보다 먼저 제품을 구입할 수 있는 기회를 갖거나 내부자에게만 제공되는 가격으로 물건을 구입할 수 있는 기회를 갖게 된다.

블루밍데일스는 판매사원이 일정 퍼센트의 매출을 그들의 수첩(Book)에 올라있는 고객(전부터 관계를 가지고 있고 다가오는 세일에 대해 연락해주는 고객)으로부터 창출하는 것을 요구하는 고객모델링을 시행하고 있다. 이 요구사항은 각 점포에 따라 다르며 점원이 블루밍데일스의 판매직으로 더 오랫동안 근무할수록 이전 고객으로부터 창출해야 하는 매출의 비율이 상승하게 된다. 또한 블루밍데일스는 판매직원의 고객관리를 돕기 위한 기술에 많은 투자를 해왔다.

2. 삭스 피프스 애비뉴

럭셔리백화점으로 유명한 삭스가 작년 온라인매장 삭스패션픽스(SaksFashionfix)에서 반짝세일을 하는가 하면, NBC의 리얼리티 쇼, '패션스타(Fashion star)'에서는 삭스의 제품을 만들기 위한 신예 디자이너의 경쟁을 소재로 한 프로그램이 방영되고 있다.

2011년 영업실적도 개선되어 동일점포매출이 9.5%나 오르며 총수익률 또한 상승하였다. 판매전략으로는 수요가 예상되는 부분에 재고를 집중하고, 삭스의 독점브랜드를 소개하는 한편 판촉행사를 줄여가면서 정가판매를 유지하고 있다.

삭스 피프스 애비뉴(Saks Fifth Avenue)의 모기업인 허드슨 베이(HBC)가 2016년 여름 네덜란드에 삭스 오프 피프스 매장 오픈을 시작으로 유럽시장에 본격 진출한다. 허드슨 베이는 앞으로 2년에 걸쳐 허드슨 베이 및 삭스 오프 피프스 20개 체인점을 유럽 주요 도시에 진입시킬 계획이라고 발표했다. 오프 프라이스 리테일사업이 과연 유럽에서도 통할지 주목된다.

3. 니만 마커스

니만 마커스(Neiman Marcus)는 유니언 스퀘어에 위치한 지하 1층, 지상 4층의 백화점이다. 1890년대 개장하여 100여 년의 역사를 가진 백화점이지만, 1982년 지금의 모습으로 재개장을 하여 현대적인 분위기가 느껴진다. 4층까지 탁 트인 천장에는 1909년 파리에서 만든 스테인드글라스가 볼거리를 제공한다. 주로 고가의 브랜드상품과 명품, 보석류 등을 취급한다.

미국 최고의 명품백화점인 니만 마커스는 업스케일(up scale)백화점 중에서도 최고급의 이미지를 지향한다. 니만 마커스 유통그룹은 명품

전문점 니만 마커스와 버그도프 굿맨 37개점, 럭셔리 전자상거래 사이트 Horchow를 운영하고 있다. 니만 마커스는 연소득 100만 달러 이상 45~64세 고객을 주 목표소비자층으로 하여 상표충성도가 높은 고객에 대해서는 가족의 취향, 신체치수까지 모든 정보를 데이터베이스화하여 고객을 지속적으로 관리하고 있다. 이러한 고급화, 차별화전략의 결과는 장기적인 관점에서 소비자 만족도를 극대화하는 것으로 이어졌으며 니만 마커스그룹의 실적은 100년 역사상 최대 호황을 기록했다.

미국 인구 중 최상위 2%만을 주 타깃으로 삼고 있는 최고급백화점 니만 마커스는 철저히 상류층 소비자만을 목표로 한 VVIP서비스를 제공한다. 일례로 니만 마커스는 '니만 마커스 버튼'서비스를 제공하고 있다. 최고급호텔인 마이애미에 위치한 빅터호텔과 파트너십으로 진행하는 이 서비스는 호텔 룸에서 고객이 전화를 하면 퍼스널쇼퍼가 카탈로

그를 들고 직접 방문, 구매대행을 제공하는 서비스이다.

이와 함께 니만 마커스는 명품브랜드 구매팀을 강화하고 세분시장에 따른 분배체계를 강화했으며, 새로운 POS시스템을 도입했다. 이 POS 시스템은 단순히 구매상품의 정보만 저장되는 것이 아니라, 고객의 구매패턴을 분석한 소비자정보가 내장돼 있어, 고객이 물건을 구매하는 시점에 가장 적절한 상품을 제안할 수 있도록 도와준다.

4. 메이시

메이시(Macy's)백화점은 뉴욕 본점에서 손님들을 조금이라도 더 오래 백화점에서 시간을 보내게 하기 위해 식당들이 독립된 식당가가 아닌 매장의 중심에 위치하고 있다. 메이시백화점은 최근 쇼핑을 하면서 한 손으로 음식을 먹고 다른 손으로 쇼핑을 할 수 있는 간편한 스낵을 제공하는 오봉팽(Au Bon Pain), 벤 & 제리스(Ben & Jerry's) 등의 브랜드들과 계약을 체결했다.

현재 메이시백화점 내에는 40여 개의 다양한 레스토랑들이 입점해 있다. 이러한 움직임은 메이시를 다른 백화점의 매장들과 차별화하려는 마케팅전략 중의 일부이다. 메이시의 조사결과에 따르면 손님들은 쇼핑을 하면서 휴식을 취할 수 있는 더 많은 공간을 원하고 있다고 한다. 메이시의 고급백화점 라인인 블루밍데일스도 매장 내에 음식점의 수를 늘리고 있다.

Ⅱ. 일본 명품백화점

1. 미쓰코시

주식회사 미쓰코시(株式会社三越, Mitsukoshi)는 1673년 에치고야(越後屋)라는 이름의 상호로 출발한 일본 최초의 백화점(1904년 개칭)으로 도쿄에 본부를 두고 있으며, 중국, 홍콩, 대만, 미국, 영국 등 여러 국가에서 영업하여 국제백화점 체인을 형성하고 있다. 미쓰코시백

화점은 세계 최초로 정찰제를 실시한 에치고포목점을 기원으로 한 백화점으로 일본에서 가장 오랜 역사를 가지고 있다.

대한민국 서울에 있는 신세계백화점은 1930년 개점한 미쓰코시 경성점이 효시이다. 또한 일본의 3대 재벌인 미쓰이그룹의 원류이기도 하다.

또한 일본의 미쓰코시백화점은 창업 초기부터 미쓰코시 자체 브랜드를 개발해 차별화된 쇼핑트렌드를 만들어갔으며 외국 식기, 시계, 보석 등 명품브랜드들을 엄격한 선별과정을 거쳐 소비자에게 제공함으로써 가격이 다소 비싸더라도 미쓰코시에서 판매한다면 믿고 살 수 있다는 소비자들의 신뢰를 쌓아왔다.

2. 다카시마야

다카시마야는 1831년 일본 교토에서 창업한 후 4대 기업주인 이이다 신히치(창업주와 이름이 같음) 시대에 사세가 크게 확장되었다. 그는 사업 확장을 위해 파리 박람회를 방문한 뒤 교토에 있는 포목점에 유럽 스타일의 쇼윈도를 설치하는 등 파격적인 경영을 시작했다. 이후 1897년 다카시마야는 천황가에 옷감을 납품하는 업체로 선정되는 등 두각을 나타냈다. 1922년 다카시마야는 오사카에 높이 7층의 근대적인 백화점을 개점하면서 본거지를 오사카로 옮겼다.

다카시마야백화점의 운영방침은 '친절과 정직'이다. 창업주인 이이다 신히치는 "물건이 좋고 나쁜지 미리 고객에게 알리고 팔아라", "빈부귀천에 따라 손님을 차별하지 말라"는 유지를 남겼다. 다카시마야는 여성 인력을 잘 활용하는 것으로 유명하다. 1985년 일본이 남녀고용 기회균등법을 시행하기 이전부터 육아휴직제도 등을 도입했다.

다카시마백화점의 주요 고객은 바로 노년층이다. 때문에 상품구성도 국내의 백화점과는 크게 다르다. 다카시마야와 미쓰코시백화점 지하 1층 식품관에는 양과자와 전통과자, 화과자, 도시락 등 주로 노년층이 선호하는 식품들이 진열돼 있다. 다카시마야에는 일반적으로 판매되는 여성복보다 연령이 높은 숙녀복이 2개 층을 차지하고 리빙용품을 판매하는 8층에는 일본 전통복인 기모노를 판매하는 매장이 넓게 자리하고 있다.

1) 다카시마백화점 경쟁력 : 노인을 위한, 노인에 의한 일본백화점

미쓰코시는 신관과 구관에서 숙녀복 매장이 6개 층을 차지한다. 여기에도 기모노와 잡화점이 포함돼 있다. 두 백화점에서 남성복 코너는 여성복과 층을 함께 쓰는 등 상대적으로 규모가 작은 것이 특징이다. 일본백화점에서 귀금속매장은 점차 줄여가는 추세인데, 니혼바시의 백화점들은 여전히 성업 중이며 그만큼 실버 세대의 구매력이 높다는 이야기다.

니혼바시에 위치한 두 백화점의 모습은 일본 유통채널시장의 상황을 단적으로 보여준다. 일본은 세계에서 가장 빠르게 초고령사회로 진입해 있다. 세계은행에 따르면 일본 내 65세 이상 고령인구 비중은 25%를 넘어섰다. 급격하게 늘어난 노년층은 일본 내 금융자산의 60%를 보유해 소비를 주도하는 핵심축으로 떠올랐다.

Ⅲ. 영국 명품백화점

1. 셀프리지

셀프리지(Selfridges)백화점은 1909년 오픈한 백화점으로 런던의 대표적인 대중백화점이다. 지하 1층, 지상 4층 규모이며 명품숍에서부터 브랜드숍, 레스토랑, 식품점 등이 있어 원스톱 쇼핑이 가능하다. G층에는 루이비통, 샤넬, 구찌 등 해외유명브랜드의 액세서리와 코스메틱, 주얼리, 향수매장이 입점해 있다.

1층 남성복 코너는 스타일리시한 남성에게 두말할 나위 없는 최고의 공간이다. 2층은 다수의 여성복브랜드와 신발 등을 판매하며, 랩 카페(Lab Cafe) 오비카 모차렐라 바(Obika Mozzarella Bar)가 있다. 지하 1층은 음반을 비롯하여 주방용품, 책 등을 판매하며 택스 프리(tax free)를 받을 수 있는 고객서비스(customer services) 창구가 있다.

영국 셀프리지백화점은 고급화, 차별화전략으로 성공을 거두었다. 셀프리지는 세계적으로 명성을 갖고 있는 유명 건축가가 설계한 독특한 건물로 명성을 얻고 있다. 미래지향적인 디자인으로 유명한 건축가

비토리오 래디스(Vittorio Radice)가 디자인한 영국 버밍햄의 셀프리지 사옥은 패션 액세서리의 형상에서 영감을 얻어 설계되었다고 한다. 셀프리지는 고객들이 좋은 건물에서 좋은 음식을 즐기며 좋은 브랜드를 쇼핑할 수 있다는 점을 강조함으로써 시크 앤드 트렌디 쇼핑문화의 일번지로 소비자들에게 인식되고 있다.

2. 해롯

해롯(Harrods)백화점은 1849년 문을 연 영국의 대표적인 백화점이다. 지하층을 포함해 전체 6층으로, 5,000명이 넘는 직원이 근무하는 어마어마한 규모를 자랑한다. 하루 동안 쇼핑을 다 못할 정도로 규모가

커 가보고 싶은 매장을 먼저 정한 후 가는 것이 현명하다. 안내 데스크에서 백화점 내부 지도를 그려 놓은 팸플릿을 받아 꼭 지참한다. 고급 패션브랜드가 많이 입점해 런던 부유층과 세계 부호들에게 사랑받는 쇼핑장소이다. 검은 천을 두른 아랍 부유층 여성을 종종 목격한다. G층에는 코스메틱, 액세서리 코너와 해롯의 로고를 새긴 다양한 기념품을 판매하는 해롯 아케이드(Harrods Arcade)가 있다.

이집트 출신인 해롯 사장의 영향으로 스핑크스 등이 전시된 이집트 홀과 다이애나 왕세자비를 추모하는 코너가 있다. 파리에서 다이애나와 함께 의문의 교통사고로 죽은 이가 해롯 사장의 아들이다. 지하 1층 식품 매장에는 세계 각지에서 공수한 식료품과 음식 코너가 있어 간단한 식사를 해결하기에 좋다. 어둠이 내리면 백화점 건물에는 조명이 켜

진다. 마치 거대한 궁전 같은 해롯의 야경은 런던에서 유명한 풍경으로 꼽힌다.

3. 리버트

리버트(Liberty)백화점은 아르누보 양식의 건축이 마치 오래된 고저택을 연상시키는 런던의 고급백화점이다. 신예 디자이너 제품부터 명품브랜드까지 다양한 컬렉션을 자랑한다. G층의 뷰티 · 주얼리 · 액세서리 코너와 1층의 여성복 코너에는 다른 백화점에서 볼 수 없는 브랜드가 있다. 고급 욕실용품과 주방용품을 구경하는 재미가 쏠쏠하다. 리

버티는 페이즐리, 꽃, 과일 디자인의 패브릭이 유명하며, 매 시즌 새로운 디자인을 출시한다.

패브릭은 따로 구매할 수 있는데, 1m에 19.95파운드 정도로 가격이 다소 비싼 편이다. 또한 리버티에서 자체 제작하는 가방, 액세서리도 눈여겨볼 만하다. 지하 1층은 남성 코너로 옷, 향수, 속옷, 신발, 장신구 등 논스톱 쇼핑이 가능하다. 또한 중앙에 위치한 오이스터 바(Oyster Bar)에서 가벼운 식사를 할 수 있다.

Ⅳ. 프랑스 명품백화점

1. 갤러리 라파예트

파리의 백화점들 중 가장 큰 규모를 자랑하고 제일 유명한 갤러리 라파예트(Galeries Lafayette)는 총 7만 제곱미터의 크기에 일일 이용객 수가 10만 명이다. 총 3개의 건물로 나뉘어 있고, 여성관 건물 6층에는 푸드코트와 무료화장실이 있고, 6층을 통해 두 층 걸어 올라가면 백화점 옥상에서 파리의 전경을 볼 수 있다.

2015년 프랑스 최대규모의 백화점인 갤러리 라파예트의 오스만 본점에 한국 코스메틱 브랜드로는 최초로 입점한 투쿨포스쿨은 K-뷰티 영토 확장의 선두에 있다. 갤러리 라파예트백화점 40개 지점 입점을 비롯해 영국 셀프리지백화점, 미국 세포라 60개 매장, 캐나다 세포라 58개

매장에 추가로 입점했다. 2016년 10월 미국 뉴욕 맨해튼에 단독매장인 '뉴욕 플래그십 스토어'를 오픈하기도 했다.

2. 파리 프랭탕

파리 프랭탕백화점(Paris Printemps Department Store)은 1865년 문을 연 대형백화점으로 최근 확장 공사를 해 새롭게 오픈했다. 백화점 건물이 프랑스 문화유산으로 지정되었을 정도로 아름다운 외관을 간직하고 있다. 갤러리 라파예트와 규모나 위치 등으로 볼 때 라이벌관계라 할 수 있다. 두 백화점은 늘 새로운 이벤트로 경쟁을 하는데, 가격면에

서는 프랭탕이 더 낫다는 평가를 받고 있다. 같은 물건이라도 싼 경우가 종종 있기 때문이다. 가정용품, 남성복, 여성복매장으로 나눠져 있는데, 단연 돋보이는 곳은 여성복 코너다. 파리를 넘어 세계에서 가장 입점브랜드가 많다. 돌체 앤 가바나 등과 같이 우리가 익히 알고 있는 유명브랜드를 한자리에서 만나볼 수 있다.

CHAPTER 04

명품모조품시장

Ⅰ. 개요

위조품은 속일 목적으로 진짜처럼 보이게 한 물품이다. 흔히 짝퉁이라고도 불리며, 합법적으로 제작된 위조품과 위법으로 제작된 위조품이 있다. 타사의 인기상품의 외관이나 상표 등을 비슷하게 하며, 특히 브랜드의 상표를 비슷하게 한 경우에는 가짜 브랜드상품이다.

예를 들어 A라는 상품을 위조한 상품은 일명 A의 짝퉁이라고도 부른다. 위조상품이란 일반적으로 상품의 원생산자가 아닌 자가 이를 모방하여 진짜인 양 취급 · 판매하는 것을 말한다. 위조상품은 주로 그 외관이나 품질이 떨어지고 값싼 원자재를 사용하여 지정상품을 본 떠 만든 가짜상품으로 때로는 모조상품이라고 부르기도 한다.

본장에서는 위조상품 중에서도 명품을 위조한 상품이라고 해서 위조명품에 대한 내용을 주로 다루고, 그 중에서도 패션잡화를 주로 다룰 것이다. 어떠한 상품이 생겨나게 된 계기에는 그것을 원하는 수요자가 있기 때문인데 위조명품이 생겨나게 된 것도 이것을 소비하고자 하는 소비자가 있기 때문이다. 앞에서 잠시 다루었듯이 특별한 부유층들의 전유물이었던 사치가 '누구나 누릴 수 있는' 것으로 대중화되어 젊은 층의 많은 사람들이 '명품 선호자'가 되었다.

Ⅱ. 구성

1. 국내 명품시장 현황

명품의 사전적 의미는 "훌륭하여 이름이 난 물품이나 작품"이라고 정의되어 있다. 그러나 우리나라에서는 명품을 원래 의미로서의 명품(masterpiece)이 아닌 고가의 고급브랜드(luxury goods or luxury brand)로 칭하고 있다. 미국에서도 최고급품(high end product), 고급품(prestige product) 등의 용어를 사용하는데, 이는 국내에서 사용하는 명품과 동일한 의미로 해석할 수 있다.

이렇듯 명품이라는 단어의 의미를 통해 명품소비자들은 일반 패스트패션이나 중저가제품과 다른 구매의사결정요인을 가지고 있음을 직감적으로 알 수 있다. 일반소비자와 구분되는 명품구매소비자의 구매행태에 대한 더욱 깊은 이해가 요구된다고 할 수 있다.

일반적으로 알려진 바에 의하면 명품구매목적에는 명품 자체가 갖고 있는 전통성(heritage), 희소성(scarcity), 독특성(uniqueness), 트렌드

(trend), 참신성(novelty) 등이 있다. 그러나 딜로이트 UK의 연구자료에 의하면 충동(impulse)이 명품의 가장 큰 구매동기로 나타났으며 중장년층 이상과 여성소비자가 충동구매를 더 많이 하는 것으로 조사되었다. 한편, 밀레니엄 세대의 경우 중장년층보다 트렌드에 3배 이상 민감하다는 조사결과가 나왔다.

글로벌 컨설팅그룹인 베인앤컴퍼니(Bain & Company)의 최근 보고서에 따르면 2015년 세계 명품시장규모가 2,676억 달러에 달한 것으로 나타났다. 2013년에 비해 5% 늘어난 것이지만 1년 전 기록한 7%에 비해서는 성장세가 2%포인트 감소했다. 가장 성장이 두드러졌던 지역은 중동으로 매출이 전년보다 11% 늘어난 것으로 조사됐으며 중국인들의 명품구매는 전년보다 10% 늘어난 것으로 집계됐다.

명품시장의 지역별 특성을 보면 미주지역은 1년 사이 6%라는 평균보다 다소 높은 성장세를 이어갔다. 그러나 중국의 경우 반부패전쟁의 영향으로 오히려 1% 감소하였으며 경제적 어려움을 겪고 있는 유럽과

그림 1_ 명품소비자들의 새로운 아이템 구매동기

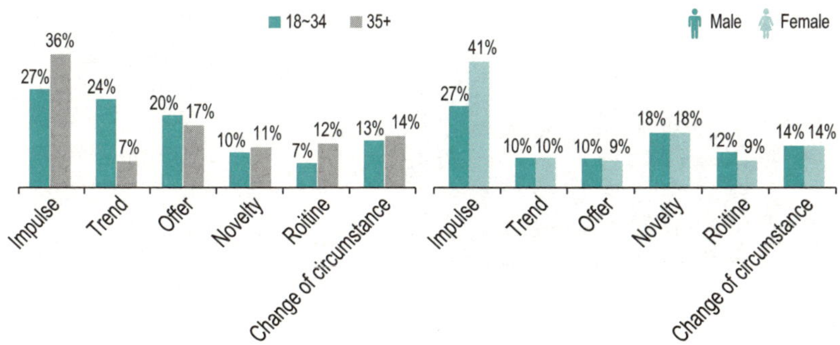

출처: Deloitte UK 'The Luxury opportunity'

러시아의 성장률은 2%를 기록했다. 특이한 점은 오랜 침체를 이어가던 일본이 2013년 시장선도적 위치를 회복해 10%의 높은 명품시장 증가율을 보였는데 이는 아베노믹스로 인한 경기회복 기대감과 환율하락으로 인한 중국관광객의 유입 때문인 것으로 보인다(베인앤컴퍼니 참조).

2. 위조품시장 현황

전세계 위조상품 거래가 급증하면서 미국과 이탈리아, 프랑스 등 선진국을 중심으로 글로벌 경제에 피해를 주고 있는 것으로 나타났다. 경제협력개발기구(OECD)는 18일(현지시간) 발표한 '위조 · 해적상품 무역보고서'를 통해 2013년 기준 전세계 위조상품 거래금액이 4,610억 달러(약 527조 6,606억 원)에 이른다고 밝혔다. 이는 같은 기간 총무역

그림 2_ 명품시장규모와 온라인판매성장률

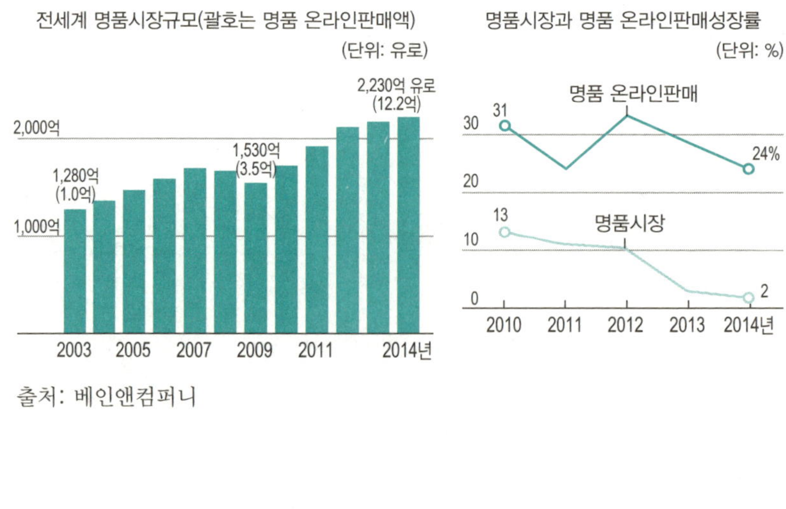

출처: 베인앤컴퍼니

금액(약 17조 9,000억 달러)의 2.5%에 달하는 어마어마한 수치다.

2013~2016년 3년간 압수된 위조상품 거래량을 기준으로 가장 큰 손해를 입은 나라는 미국(거래량의 20%), 이탈리아(15%), 프랑스(12%), 스위스(12%), 일본(8%) 순으로 고가상품에 대한 지식재산권을 많이 보유한 나라일수록 위조상품 거래로 큰 피해를 입은 것으로 나타났다.

그렇다고 선진국들만이 위조상품 거래로 피해를 본 것은 아니다. OECD에 따르면 핸드백과 향수, 신발 등 전통적인 고가 사치품뿐만 아니라 화학제품, 기계부품, 식품까지 온갖 물품들이 불법복제 · 거래됐다. 특히 식료품과 의약품, 자동차부품 등 생명을 위협할 수 있는 위조품들이 무분별하게 거래되어 위조상품 척결 · 관리가 시급한 것으로 드러났다.

더그 프란츠 OECD 부총장은 "이번 연구는 위조품이 대기업과 사치품 제조업체에만 피해를 준다는 환상을 반박한다"며 "(짝퉁은)우리의 믿음과 상품가치를 악용해 경제를 훼손하고 생명을 위협한다"고 말했

그림 3_ 세계 짝퉁시장규모

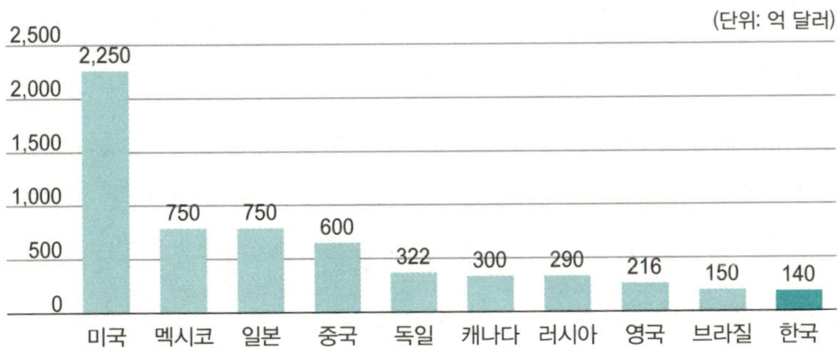

출처: 위조제품전문사이트 히보스코표닷컴

다. 위조품 생산국은 대부분 신흥국인 것으로 나타났다. 이들 나라는 대규모 인프라(기반시설)와 급속도로 확대되는 무역물량을 활용해 위조품을 대량으로 생산하고 있지만, 이를 관리할 만한 시설이나 시스템이 마련되지 않아 위조생산과 거래의 허브 역할을 하고 있다.

특히 전체 위조품 거래 압수량의 63.2%나 차지한 중국은 방대한 경제규모에 비해 규제가 부족하다는 지적을 받고 있다. 역설적으로 중국은 위조품 피해국 중 12위를 기록해 중국의 위조산업이 자국 기업에도 큰 피해를 주고 있는 것으로 나타났다.

문제는 위조산업이 갈수록 커지고 있다는 것이다. OECD의 과거 보고서를 보면 2010년 위조상품이 세계 수입에 차지한 비중은 1.9%(2,000억 달러)를 기록한 바 있다. 5년 만에 위조 거래량이 0.6%포인트 늘어난 셈이다.

OECD는 위조품 거래의 증가원인으로 전자상거래의 확대를 꼽았다. 인터넷상으로 소비자가 확인되지 않은 물품을 구매하면 위조품이 홍콩과 싱가포르 등 주요 무역 허브뿐만 아니라 아랍에미리트(UAE)와 같은 자유무역지역과 아프간과 시리아 등 조직범죄와 부패가 만연한 지역을 통해서도 거래가 이뤄질 수 있다. 실제로 2013~2015년 위조품 거래의 62%가 소포 우편을 통해 이뤄진 것으로 나타났다.

한편 OECD의 이번 연구결과는 물리적인 압수품만을 고려한 것이며, 영화나 음악, 소프트웨어 등 불법복제를 포함하면 위조 · 해적상품으로 인한 경제적 피해는 더욱 커질 것으로 보인다.

국내 짝퉁시장규모가 3년 만에 8배 넘게 증가한 것으로 나타났다. 주요 적발품목도 해외브랜드에서 국내브랜드까지로 확대되고, 2014년에는 헬로키티, 뽀로로 등 유아 · 아동용 캐릭터 위조품도 적발됐다.

적발물품은 2011년 2만8,589점에서 2014년 89만871점으로 31배 이상 늘었다. 형사입건도 139명에서 240명으로 2배 가까이 많아졌다.

품목별로는 가방 · 의류 등 패션상품에서 의약품 · 차량부품 등으로 분야가 다양해졌다. 2011년에는 MCM · 샤넬 · 루이비통 · 구찌 등 국내외 유명브랜드 가방이 단속품목의 대부분을 차지했다. 2013년에는 시알리스 · 비아그라 등 발기부전 치료제를 포함한 의약품이 1~3위를 차지했다. 2014년에는 독일 INA와 일본 GMB 등 유명업체의 차량부품이 상위 10대 적발품목 중 1 · 2위 등 4개를 기록했다.

상위 10대 품목이 한 해 전체 적발품목에서 차지하는 비중도 2011년 73%에서 57%로 낮아졌다. 일부 품목에만 한정됐던 위조품이 다양한

그림 4_ 위조상품 단속 적발 현황

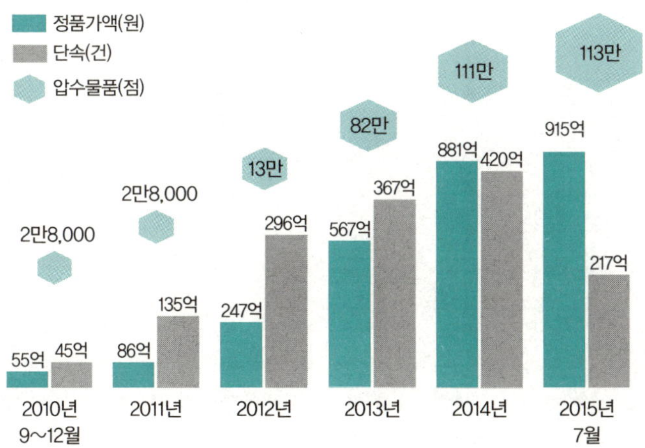

출처: 특허청

분야로 확산된 것이다. 특허청 관계자는 "2013년 11월과 2014년 1월 각각 이뤄진 단속에서 위조 의약품과 차량부품이 대거 적발됐다"며 "세월호 참사 이후에는 안전과 관련된 분야의 위조품을 집중 단속하고 있다"고 말했다.

특히 2014년에는 헬로키티(3위) · 마이멜로디(8위) · 뽀로로(10위)와 같은 캐릭터상품이 상위 10대 적발품목에 포함됐다. 아웃도어브랜드인 블랙야크 위조품도 2012년 6위에 이어 2014년에 5위를 기록했다.

위조상품시장규모는 해마다 늘어나고 있지만 위조품 신고는 오히려 줄어들고 있다. 포상금 지급건수는 2011년 219건에서 2013년 101건,

그림 5_ 위조상품 연도별 적발건수

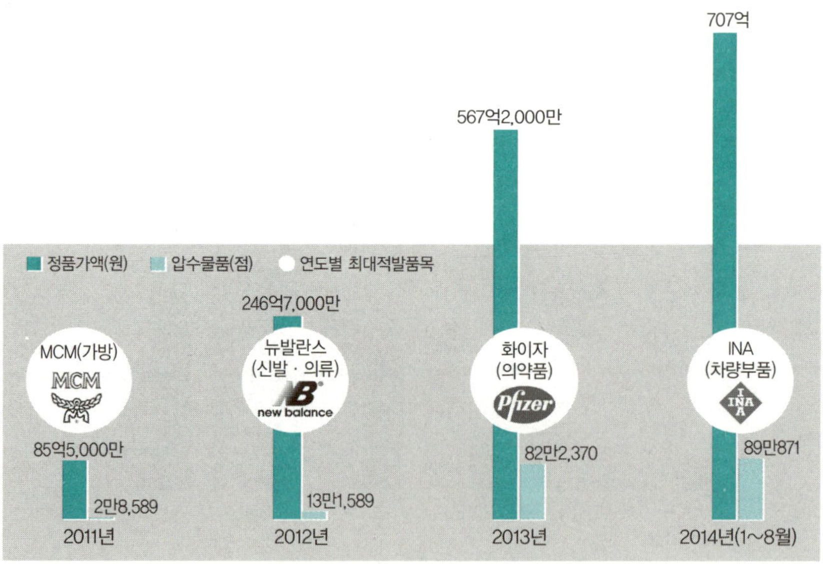

출처: 새정치민주연합 박완주 의원, 특허청

2014년 62건으로 매년 감소하고 있다. 포상금규모도 2011년 2억1,560만 원에서 2014년 8,080만 원으로 줄었다. 특허청은 과거 한국에서 주로 생산 · 유통되던 위조품이 최근 해외에서 생산돼 국내로 유입되고 있기 때문이라고 설명했다.

신고포상금이 지급된 해당 물품도 수년째 루이비통 · 샤넬 · 구찌 등 해외명품브랜드에 집중돼 있다. 위조품 종류는 다양해지고 있지만 신고물품은 예전과 다르지 않은 셈이다.

박완주 의원은 "짝퉁상품이 국내브랜드까지 확대되면 국내업체들의 유통기반도 무너질 수 있다"며 "신고포상금 지급대상 정품가액을 낮추는 방식으로 신고포상금제를 개편하고 위조상품에 대한 지속적인 감시와 적발을 해야 한다"고 말했다.

CHAPTER 05

명품중고품시장

Ⅰ. 개요

2008년 이후 시작된 깊은 경제불황 때문인지 개인과 개인 간의 거래로만 이루어지던 중고명품시장은 점차적으로 규모를 늘려가 프랜차이즈 형식까지 등장하게 되었고, 중고명품가격 역시 이전보다 증가되었다.

중고명품에 대한 인식 역시 단순히 '중고'에서 '샤테크' 등으로, 단순한 '구매'에서 '투자'를 한다는 개념으로 변화되었다.

국외에서는 중고명품시장이 한국보다 활성화된 상태이다. 중고명품 및 디자인이 클래식, 빈티지 디자인이라는 마케팅을 통해 기존 상품보다 더 비싼 값에 거래되기도 하며(클래식 디자인 자동차 거래가 예시) 꼭 중고는 아니더라도 브랜드 초기의 디자인을 신상품에 덧씌워 높은 가격으로 출시하는 등의 방법 등이 예전부터 사용되었다.

중고명품시장은 개인 간의 거래와 기업과 소비자의 거래건수가 뒤섞여 있는 상태이기 때문에 정확한 규모 추산을 할 수는 없다고 한다. 하지만 대기업이 점차적으로 중고명품 거래시장에 뛰어드는 시도가 늘어나고 있는 것으로 보았을 때 전문가들은 중고시장을 더 이상 '개인과 개인의 물물교환'이라고 보기 어렵다고 충고했다.

Ⅱ. 구성

1. 중고명품시장의 호황 이유

중고명품시장이 계속해서 성장세를 유지하고 있는 이유는 무엇일까. 가장 보편적인 이유는 장기 불황이 끝날 기미가 보이지 않는다는 것이다. '소비자심리' 측면에 기인해 이러한 현상을 좀 더 깊게 살펴보자면 불황의 지속으로 인해 점점 더 크게 벌어지는 빈부격차와 미디어에서 명품을 포장하는 모양새가 점점 더 '명품'에 대한 갈망을 불러일으킨다. 그런데 대표적으로 '가방'의 명품브랜드 신제품가격은 100만 원을 훨씬 넘는 고가이다. 소유하고 싶은데 소유할 수 없으니 차선책을 선택하는 것이다.

두 번째는 놀랍게도 부유함을 과시하고 싶은 마음이다. 명품가방은 가격이 첫 출시에 비해 오르기보다는 떨어지는 편이다. 감소폭이 크지 않은 경우도 있지만, 대부분의 제품은 감소폭이 조금 큰 편이기 때문에, '차선책'으로 선택하는 경우가 많지만, 자동차의 경우는 다르다. 물

그림 1_ 샤넬의 최근 가격변동 추이

출처: 스포츠서울 2016년 5월 11일 신문자료

론 근 10~20년간에 출시된 디자인의 자동차는 시간이 지날수록 낮은 가격에 판매되지만, 롤스로이스나 벤츠, 페라리 등 고급 자동차브랜드의 옛날 이른바 클래식, 빈티지 디자인의 자동차는 10억을 주고도 구입하지 못하는 경우가 있다. 차체(자동차 겉부분)만 구입하는 것도 억 단위를 호가해서 이탈리아처럼 수제 자동차기술이 발달한 나라에서는 차체를 구입해 수리를 맡기면 현대기술의 엔진이나 시스템으로 안을 채워 넣어주는 사업이 있을 정도이니, 클래식 카의 중고 거래는 좀 더 규모가 큰 부를 과시하는 것이다.

세 번째, 다시 경제적인 이유로 돌아와 살펴본다면, 불황에도 불구하고 상승세를 이어가는 명품의 가격이다. 예전의 명품 디자인에 비해 나아진 것은 없는데 계속적으로 가격이 오르자 더 예쁘고 비교적으로 저렴한 중고명품을 구입하는 소비자가 많아진 것도 중고명품시장 성장의 이유이다.

2. 중고명품시장의 규모

그림 2_ 국내 중고명품매장 거리

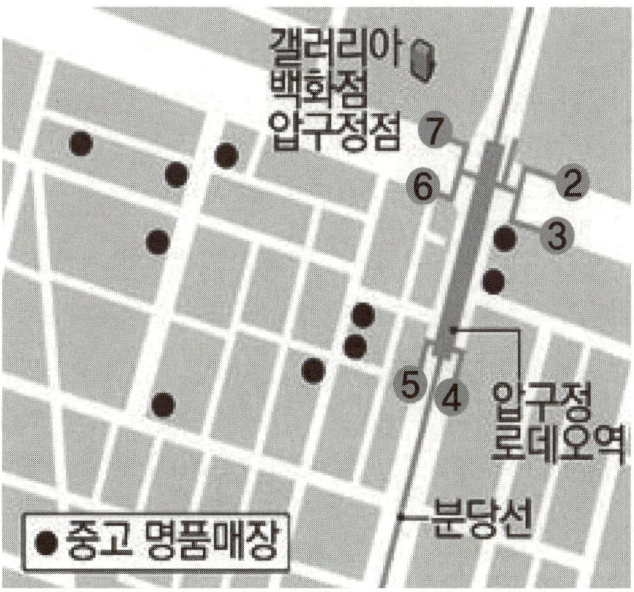

앞의 그림은 국내에서 명품매장이 많은 압구정 쪽의 중고명품매장 개수이다. 가장 최근의 매장 현황이고, 위의 가게들은 주변에 유사 업종 매장이 많고, 최근의 불황이 지속되고 있음에도 불구하고 나쁘지 않은 매출을 이어가고 있다고 한다. 해당 매장들은 대여 및 판매, 대리판매 등을 같이 진행하고 있어 단순판매뿐만 아니라 다양한 방식의 품목 유통도 활발하게 이어지고 있다.

뉴욕, 파리, 런던 등 소위 패션의 메카라고 일컫는 도시들은 이전부터 중고명품에 대한 소비시장이 활성화되었다. 뉴욕의 경우 '앙코르'라는 매장이 온라인뿐만 아니라 오프라인에도 프랜차이즈식으로 운영되고 있고, 마이클 코어스, 패리스 힐튼 등 패셔니스타들도 이 매장을 애용하고 있다.

뿐만 아니라 다른 주의 중고숍 오너들도 방문해 물건을 사 가기도 하고 캐나다와 남미, 유럽, 아시아의 패션 관계자들도 자국에서 마진을 붙여 되팔기 위해 자주 찾는 등 단순히 리셀링(re-selling)하는 곳이 아닌 새로운 형태의 소비를 끌어내는 곳으로 자리 잡게 되었다.

앙코르뿐만 아니라 이곳이 있는 뉴욕 중심가를 비롯해 브루클린 · 퀸스 등 주변지역까지 포함하면 100개 이상의 오프라인 중고명품숍이 성업 중이라는 것이 업계 관계자의 설명이다. 앙코르보다 후발 주자인 '세건타임어라운드', '세컨찬스', '디자인리세일', '라부티크' 등은 체인점을 늘리는 등 사업을 확대하고 있다. 오프라인매장이 성황을 이루면서 온라인 중고명품숍도 더욱 늘어나고 있다. 일찌감치 중고명품판매를 시작한 '이베이'를 비롯해 '유기스클라젯', '더리얼리얼' 등이 인기를 끌고 있다.

3. 중고명품시장의 유통

중고명품시장은 아직까지는 개인과 개인 간의 거래가 많이 성행하는 편이다. 하지만 중고명품시장의 규모가 점차적으로 커짐에 따라 기업형 프랜차이즈 유통이 늘어나고 있으며, 이 기업들은 판매만 진행하거나 판매와 수급, 대여까지 같이 하는 경우가 있다. 오프라인은 매매, 판매중개 및 대리업체가 판매를 하고 전체 금액 중 수수료로 10~15% 정도를 가져가는 형식의 유통이 많아졌다.

온라인의 경우에는 처음엔 앞서 말했듯이 커뮤니티, 즉 블로그나 카페를 통해 개인과 개인이 거래하는 형식이었다. 카페 커뮤니티의 경우 운영자가 수수료를 가져가는 형식은 아니고, 거래에 대한 피해를 책임지는 형식도 아니다. 블로그는 그와 반대로 개인이 운영자이기 때문에 개인 간의 현금과 물건의 교환이 주를 이루고 택배나 직거래를 운송수단으로 이용한다.

소비자들은 오프라인보다 온라인매장을 조금 더 선호하는 편이라고 하는데. 그 이유는 접근이 편하기 때문이라고 응답했다. 때문에 중고명품시장에 뛰어드는 기업들은 주로 온라인 사이트 운영을 통해 먼저 인지도와 매출규모를 얻은 후 오프라인매장을 운영하는 방식을 이용하고 있다.

1) 개인 간의 중고명품 거래

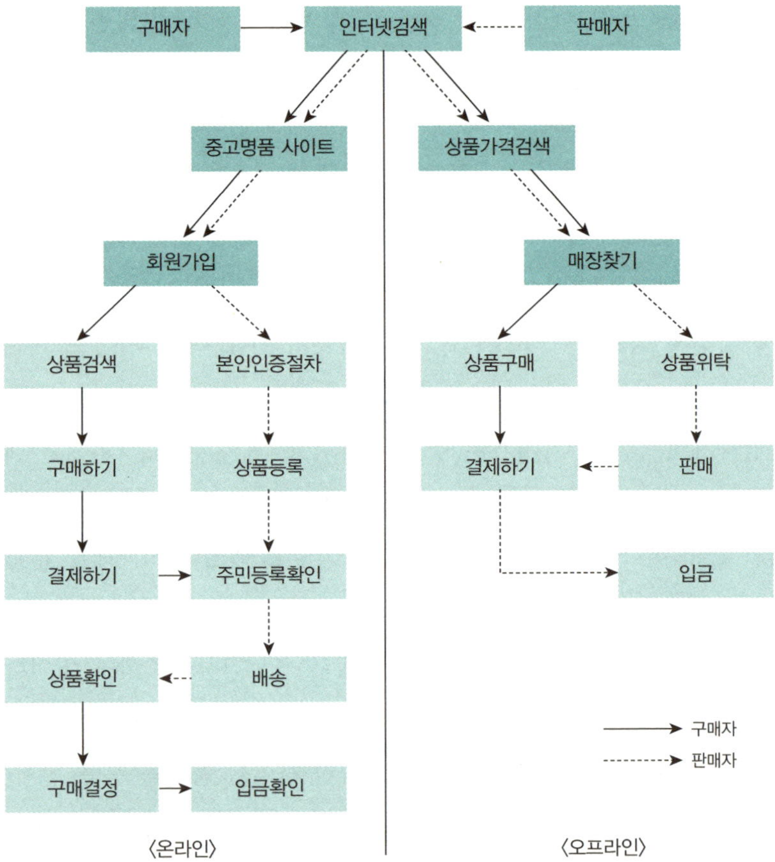

출처: 이지용, 중고패션명품 구매 및 판매행동에 따른 마케팅전략, 건국대학교, 2012

2) 개인과 기업 간의 중고명품 거래

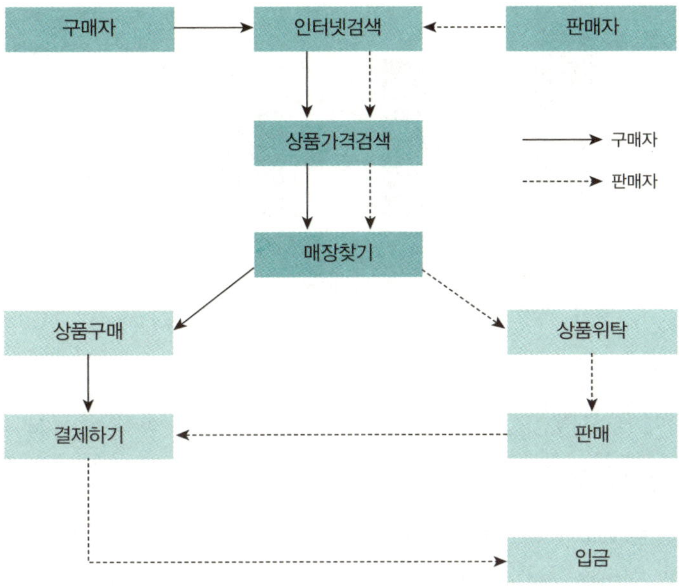

출처: 이지용, 중고패션명품 구매 및 판매행동에 따른 마케팅전략, 건국대학교, 2012

4. 국내 중고명품시장의 규모

1) 국내 중고명품시장의 유통 현황 및 구조

국내 중고명품시장규모는 대략적으로 1조 원 규모로 추정하고 있다. 온라인과 오프라인을 합산한 대략적인 규모이며 정부 주도로 중고명품 시장규모의 정확한 수치가 추산된 적은 없다.

그림 3_ 폭발적으로 성장하는 옥션 중고명품판매

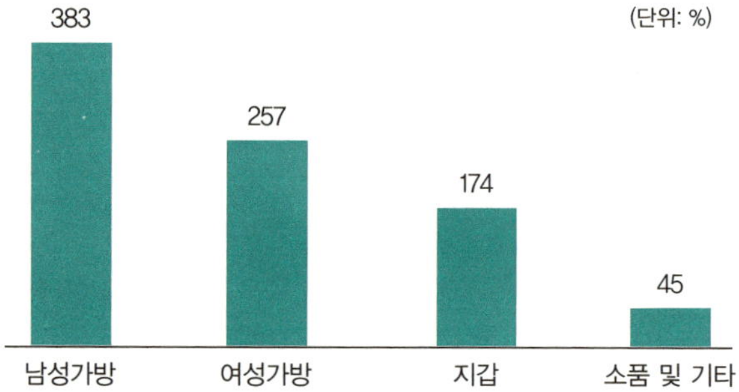

※ 전년 동기 대비 2015년 증감률
출처: 옥션

초기에 중고명품시장은 국내에서 렌탈서비스를 통해 규모를 키웠고, 대리판매 및 수급, 구매로 발을 넓혀 갔다. 최근에는 중고명품 리셀링이 소시오 같은 애플케이션에도 등장해 새로운 카테고리를 만들어내는 등 기존 온라인(PC) 커뮤니티뿐만 아니라 모바일 리셀링으로도 등장하게 되었다.

아직 국내 중고명품시장은 국외의 중고명품시장과 같은 새로운 형태의 소비시장을 구성할 정도의 규모는 아니라는 것이 전문가들의 의견이다.

하지만 고이비토, 구구스센텀 등 중고명품 취급전문업체들이 점차적으로 늘어나는 점과 더불어 모바일시장 및 온라인 쇼핑몰에서 점차적으로 '중고명품'이라는 카테고리를 늘려가고 있는 점으로 보았을 때 중고명품시장의 규모는 앞으로 더 성장할 것으로 보인다.

더불어 점점 더 길어져 가는 경기불황 역시 중고명품시장을 성장시키는 데 큰 역할을 할 것으로 보인다.

2) 온라인 중고거래 사이트를 통한 개인과 개인 간의 중고명품 판매

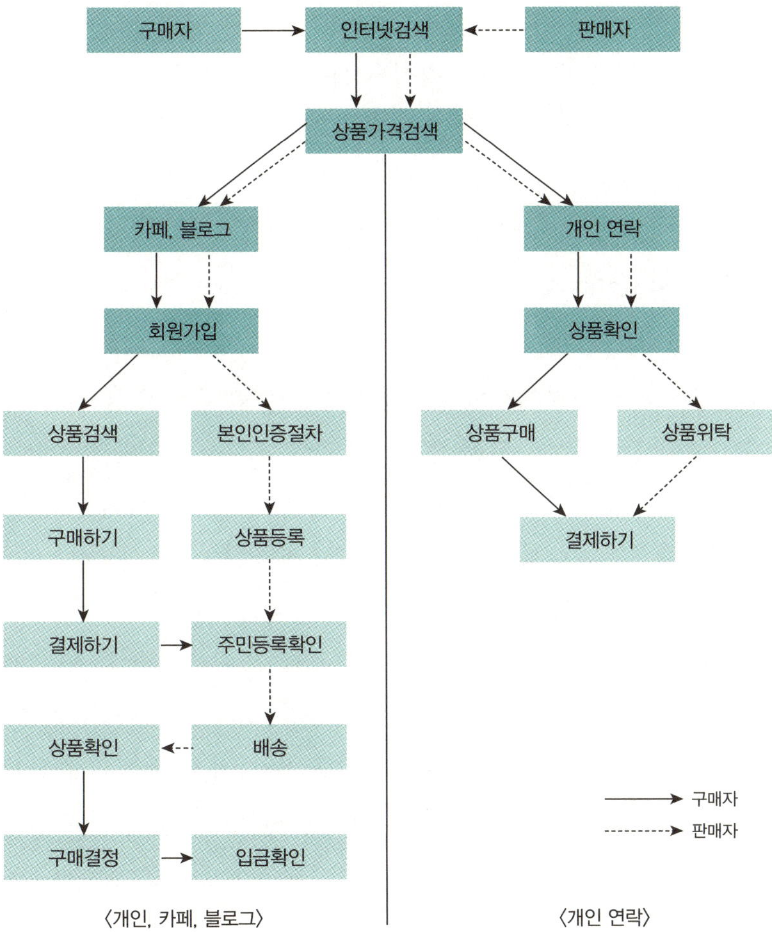

출처: 이지용, 중고패션명품 구매 및 판매행동에 따른 마케팅전략, 건국대학교, 2012

앞의 그림은 개인적인 구매관계에서 자주 볼 수 있는 유통구조이다(온라인). 한국의 중고명품시장의 경우 아직까지 비영리 커뮤니티 등을 통해 이루어지는 경우가 많아 단순 개인 간의 유통거래구조가 다수이다.

중고명품 취급업체의 경우, 직접적으로 판매자가 구매자(중고명품업체)에게 물건을 시연한 후 물건을 구매하는 것을 원칙으로 삼고 있기 때문에, 오프라인 구매와 오프라인 구매가 결합한 구조라고 볼 수 있으며, 업체가 물건을 구매한 이후에는 온라인이나 오프라인을 통해 물건을 되파는 형식이다.

중고명품 취급업체가 아닌 판매대리와 같은 형식의 업체는 명품의 판매를 원하는 판매자에게서 물건을 받고 확인한 후 그것을 되파는 과정에서 일정 상당의 수수료를 얻는 형식으로 진행되고 있다.

앞서 말했듯이 중고업체가 아닌 개인 커뮤니티, 특히 카페와 같은 경우는 중개자, 즉 사이트 운영자가 영리를 목적으로 중개를 하는 것이 아니며, 게시물을 관리하는 역할에 그친다.

하지만 블로그에서 이뤄지는 거래의 경우 철저히 개인과 개인 간의 거래로 이뤄지는 것이 정설이며, 이 경우 현금이나 신용카드 혹은 물물교환 등 다양한 방식으로 거래가 이뤄지며, 물건의 훼손이나 사기가 일어나는 경우 중개자가 없이 이 또한 개인과 개인이 해결해야 할 문제로 남아 거래과정에 대한 증빙 역시 피해자나 피의자 본인이 해야 한다.

CHAPTER 06

명품아웃렛시장

Ⅰ. 개요

1. 명품유통의 새로운 채널

1) 아웃렛의 경쟁력

지난 IMF 이후 한국인의 소비행동은 양극화현상을 보였다. 최저가의 제품을 구매하는 소비자 또는 최고가의 제품을 구매하는 소비자들로 소비의 양극화가 두드러졌다. 이러한 상황에서 지오다노와 같은 중저가 브랜드가 큰 성공을 거두었고, 구찌와 같은 해외명품들이 연일 매출 신기록을 보였다. 이러한 상황에서 소비자들은 저가의 상품을 사면서도 고품질의 제품을 원하는 합리적인 소비행동 패턴이 일어나게 되었다.

즉, 고가의 제품을 사더라도 백화점 세일기간에, 기타 여러 가지 할인방법들을 이용해서 좀 더 저렴하게 구입하려고 노력하게 되었으며 그러한 상황에서 아웃렛 유통채널은 자연스럽게 발달하기 시작하였다.

그림 1_ 아웃렛 소비트렌드 확산과 관련 종목

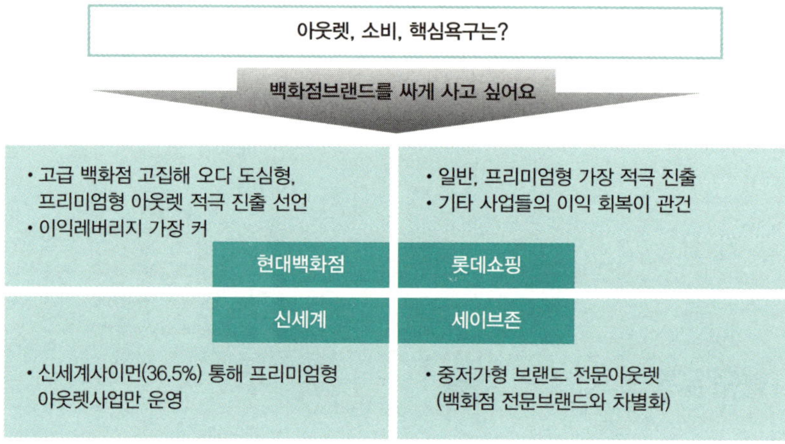

출처: 신영증권 리서치센터

2) 새로운 오프라인 유통채널

국내 아웃렛시장은 1994년 2001아웃렛이 문을 열면서 본격적으로 시작되었다. 1997년 경제위기로 소비자의 구매 패턴이 변화하고 의류업체들의 재고 물량이 증가함에 따라 재고 소진을 위해 자체적으로 아웃렛 스토어를 마련하며 성장에 일조했는데 그 사례가 바로 가산 디지털 패션 단지이다. 이후 이랜드그룹과 세이브존의 백화점형 아웃렛 출점으로 시장이 꾸준히 성장해왔다. 한편 2007년에는 신세계사이먼이

프리미엄아웃렛시장을 열었으며 이후 롯데쇼핑이 가세하며 교외형은 물론이고 도심형 아웃렛 진출도 활발한 상황이다.

Ⅱ. 구성

1. 우리나라 아웃렛시장규모

2013년 국내 아웃렛시장규모가 이미 10조 원에 육박하였고, 2017년 16조 원 시장으로 성장하였다.

우리나라는 1990년대부터 아웃렛 전문개별업체들의 출점이 활발해졌다. 국내 아웃렛시장규모는 약 10조 원에 달하는 것으로 분석된다. 아웃렛 전문개별업체들은 특정지역에 한 개 점포를 운영하거나 전국에 걸쳐 다점포전략을 펼치기도 하는데 2013년 기준 이들의 시장점유율은 70%에 육박하는 것으로 추정된다. 특히 뉴코아아웃렛, 2001아웃렛, NC백화점을 운영하는 이랜드그룹은 단일회사로서 아웃렛시장의 약 절반을 차지하는 것으로 파악된다.

신세계가 2007년 프리미엄아웃렛을 첫 출점하고 이듬해인 2008년 롯데쇼핑 백화점사업부에서 대형 프리미엄형 아웃렛을 하면서 대형 백화점업체들의 시장 진출이 시작되었다. 2014년부터 현대백화점도 이에 가세하면 Big3 백화점의 아웃렛 점유율은 27% 수준까지 상승하고 2017년에는 38%에 육박하며 아웃렛 시장점유율 1위인 이랜드그룹을

그림 2_ 국내 아웃렛시장규모 추이 및 예상

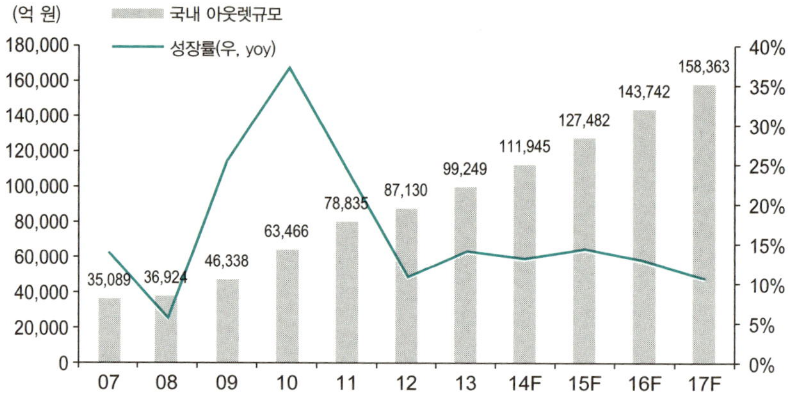

출처: 전자공시시스템, 신영증권 리서치센터

앞설 것으로 예상된다. 이는 현재 예정된 출점만을 가정한 것이기에 Big3 백화점들의 출점계획이 추가될 경우 점유율은 가파르게 상승할 것으로 보인다. 국내 백화점시장에서도 Big3는 지속적인 출점을 통해 점유율 30% 수준에서 75%까지 왔기에 이번 트렌드를 의미 있게 지켜볼 필요가 있다.

1) 우리나라 BIG3 아웃렛

백화점업체들이 처음에는 반신반의하며 아웃렛사업을 시작했지만, 중고가브랜드를 합리적인 가격에 소비하고자 하는 구매욕구가 소비 트렌드로 자리 잡고 있음을 인지하면서 이들 백화점의 아웃렛 출점이 활발해지고 있다.

롯데쇼핑과 현대백화점은 도심형과 프리미엄형 아웃렛을 고루 출점하려는 계획을 밝히고 있으나, 신세계는 합작법인인 신세계사이먼을 통해 프리미엄아웃렛 출점만을 고수하고 있다는 점이 눈에 띈다. 또한 이들은 현재 예고한 출점 이외에도 지속적으로 추가 출점 부지를 검토하고 있는 것으로 보여 더욱 주목된다.

2) Big3 중 롯데쇼핑아웃렛 출점 부지선정

표 1_ 롯데쇼핑아웃렛 출점 내역 및 예정 (단위: 평, 억 원)

롯데아웃렛 점포	시기	면적	형태
광주 월드컵	2008	9,000	도심형
경남 김해 프리미엄	2008(2013년 6월 증축)	13,727	프리미엄형
광주 수완점	2009(2012년 2월 증축)	6,061	도심형
대구 율하점	2010	3,300	도심형
대구 이시아폴리스	2011	7,879	교외형
경기 파주 프리미엄	2011	10,700	프리미엄형
충북 청주	2012	4,545	도심형
서울 서울역	2013	3,400	도심형
충남 부여	2013	8,012	교외형
경기 이천 프리미엄	2013	16,000	프리미엄형
출점예정			
경기 고양 프리미엄	2014	5,800	프리미엄형
경기 구리 프리미엄	2014	4,100	프리미엄형
경기 광명	2014	6,000	도심형
경남 동부산 프리미엄	2014	–	프리미엄형

출처: 롯데쇼핑, 신영증권 리서치센터

3) Big3 중 신세계아웃렛 출점 부지선정

표 2_ 신세계아웃렛 출점 내역 및 예정

(단위: 평, 억 원)

신세계사이먼	시기	면적
여주 프리미엄아웃렛	2007	14,848
파주 프리미엄아웃렛	2011	12,155
기장 프리미엄아웃렛	2013	40,460
출점예정		
경기 시흥 프리미엄아웃렛	2015	–
대전 프리미엄아웃렛	2016	–
전남 나주 프리미엄아웃렛	2016	–
경기 의정부 프리미엄아웃렛	미정	–

참고: 신세계사이먼은 신세계와 신세계인터내셔날이 각각 25%씩 지분 보유. 또한 신세계가 신세계인터내셔날 지분을 45.8% 보유하고 있으므로 (주)신세계의 (주)신세계사이먼에 대한 지분율은 총 36.5%임

출처: 신세계, 신영증권 리서치센터

2. 아웃렛 3사(롯데, 신세계, 현대)의 아웃렛

1) 롯데백화점 – 롯데아웃렛, 롯데프리미엄아웃렛, 롯데영플라자

롯데백화점은 경쟁 3사 중 가장 많은 점포수를 가지고 있는 것이 특징이다. 게다가 롯데아웃렛뿐 아니라 롯데프리미엄아웃렛, 롯데영플라자의 총 세 가지 라인의 아웃렛으로 전국 19개 매장에서 우위를 차지하고 있다. 롯데백화점에서는 패션브랜드뿐 아니라 다양한 계열사들과 아웃렛을 통합해 대규모로 운영하고 있다. 롯데아웃렛과 롯데마트가

함께 위치해 있거나 롯데시네마 등 다양한 롯데 계열사와 연계해 쇼핑뿐 아니라 지루한 쇼핑에 재미를 불어넣어 줄 자사의 다양한 문화생활을 함께 할 수 있도록 고객들에게 서비스를 제공하는 것이다.

롯데아웃렛은 서울역점, 고양 터미널점, 청주점, 부여점, 광주 월드컵점, 광주 수완점, 대구 율하점, 이시아폴리스점, 구리점 등 10개의 매장이 전국 도심에 분포하고 있으며 최근에는 팩토리 인천점과 광교점이 오픈하면서 전국 12개 매장으로 규모를 넓혀가고 있다. 게다가 내년 상반기에는 각각 9,000평, 8,500평 규모의 롯데아웃렛 진주점과 남악점이 오픈을 앞두고 있어 앞으로 그 규모가 더욱 커질 것으로 예상된다.

롯데아웃렛 서울역점은 대표적인 도심형 아웃렛으로 지하철, 버스, 철도를 이용하는 고객들을 모두 끌어모을 수 있는 곳에 입지하여 국내외 고객들 모두가 찾는 글로벌 쇼핑아웃렛으로 성장하고 있다. 인기 패션브랜드 130여 개의 제품을 70~30% 할인된 가격으로 판매하고 있다.

롯데영플라자는 영패션 전문아웃렛으로서 명동점, 청주점, 대구점 총 세 곳에서 젊은 고객들을 타깃으로 삼고 있다. 기존의 아웃렛에서 보기 드문 다양한 영패션 브랜드들을 한 곳에 모아 10대, 20대 고객들의 사랑을 받고 있다. 롯데영플라자 명동점의 경우 지하 1층, 지상 7층으로 롯데영플라자 세 매장 중 가장 큰 규모로 유지되고 있다.

이곳에서 가장 눈에 띄는 것은 바로 지하 1층에 위치한 유명 편집숍들이다. 원더플레이스, 천삼백케이 등 아웃렛브랜드라기보다는 로드숍에 어울릴 것 같은 편집브랜드를 입점시키면서 고가브랜드보다는 다양한 디자인과 저렴한 가격을 추구하는 젊은 고객들을 겨냥한 것이다. 게다가 2층, 3층 매장에서는 대표적인 국내 O2O(Online to Offline)브랜드들이 자리를 잡아 인터넷 쇼핑몰 구매를 즐겨 하는 고객들에게 직접 옷을 입어보고 살 수 있는 기회를 제공한다.

대표적인 예로 스타일난다, 난닝구, 임블리 등은 중국인들에게도 많은 인기를 끌고 있는 브랜드이기 때문에 중국인관광객들이 많이 찾는 명동점에서 그 인기를 더욱 실감하고 있다. 이외에도 아이디, 마리스토리즈, 엘블룸 등 신진 디자이너 브랜드도 함께 인기를 실감하고 있다. 롯데영플라자 명동점 외 두 매장인 롯데영플라자 청주점과 대구점도 유동인구가 많은 시내에 위치하고 있다.

2) 신세계백화점 – 신세계사이먼 프리미엄아웃렛

신세계는 미국 최대 부동산개발회사 사이먼 프라퍼티와 합작해 여주, 파주, 부산 세 곳에 '신세계사이먼 프리미엄아웃렛'을 개장했다. 게다가 신세계는 사이먼과 협업을 통해 해외에도 진출해 월드 와이드 매장을 여러 개 보유하고 있어 한국뿐 아니라 전세계적에서 우위를 차지하기 위해 노력 중이다. 신세계사이먼은 프리미엄아웃렛의 형태로 교외에 위치해 주변 관광지와 함께 대규모 쇼핑센터뿐 아니라 도심에서는 볼 수 없는 관광지로 관광객들을 모으는 데 한창 힘을 쏟고 있다.

2007년에 오픈한 여주 신세계사이먼 프리미엄아웃렛은 풍부한 성장을 바탕으로 2015년 2월, 기존 크기의 두 배로 진행된 확장공사를 마치고 새롭게 태어났다. 럭셔리브랜드, 컨템포러리 패션브랜드, 아웃도어 등 각양각색의 브랜드상품을 확충하면서 고객 편의시설 또한 다양한 분야로 확장시켰다. 아웃렛이 가족 단위의 고객이 많은 특성에 따라 키즈카페, 회전목마 등과 함께 270평의 숲속 놀이터도 조성했다.

여주 프리미엄아웃렛은 다양한 연령대 고객 유치에도 한창이다. 개성 있는 스타일을 좋아하는 고객들을 위해 25개의 편집숍을 입점시키고 남성고객들이 한 번에 쇼핑을 할 수 있도록 '남성 브랜드존'을 마련했다. 남성 정장 브랜드부터 편집브랜드까지 다양한 제품군을 한 곳에서 보고 빠르게 비교할 수 있도록 따로 코너를 만든 것이다. 또한 키덜트(kidult)족의 입맛을 맞추기 위해 피규어나 조립식 장난감, 드론 등도 판매하고 있으며 전국 각지 유명 맛집이 입점해 있어 열심히 고객들을 유혹하고 있다.

3) 현대백화점 – 현대프리미엄아웃렛

그간 아웃렛 경쟁은 주로 신세계와 롯데의 경쟁이었지만 현대백화점은 뒤늦게 아웃렛시장에 뛰어들었다. 현대프리미엄아웃렛은 현재 김포점과 가산점으로 오로지 국내 두 매장으로 승부한다. 하지만 이 두 매장은 서울 및 경기도 서북지역에 근접해 입지조건이 좋으며 앞으로 오픈 예정인 두 매장도 탄탄한 입지조건으로 현대프리미엄아웃렛의 엄청난 성장이 기대된다. 현대프리미엄아웃렛 가든파이브점은 2017년 하반기 오픈하였으며 송도점은 2016년도에 오픈하였다.

현대프리미엄아웃렛 1호점인 가산점은 2014년 개장했고 뒤이어 현대프리미엄아웃렛 김포점이 2015년 2월 오픈했다. 김포점은 차로 10여분 거리에 위치한 가까운 경쟁사의 롯데프리미엄아웃렛 파주점과 신세계사이먼의 파주 프리미엄아웃렛과 비슷한 크기인 3만8,700제곱미터의 규모로 뒤늦게 아웃렛사업에 뛰어든 후발주자임에도 그 기세가 당당하다.

현대는 후발주자로서 아직 사업규모는 작지만 입지조건이 뛰어나기 때문에 앞으로 그 성장세가 눈에 띌 것으로 보인다. 김포점은 서울 및 수도권 도심과 30분~1시간 30분 거리에 위치하여 김포공항, 인천국제공항과도 인접해 롯데, 신세계와의 경쟁에서 접근성으로 승패를 견주고 있다.

3. 우리나라 아웃렛의 문제점

1) 나눠먹기식 영업

아웃렛이 선진국처럼 교외형에 초대형급 규모로 차별화를 꾀하면서 고객을 유입하기보다는 각 지역별 중심상권 내 속속 진입하면서 정상 유통채널 및 기존 아웃렛 타운과 '나눠먹기'를 한다는 점이다. 실제로 아웃렛 스트리트에 있는 많은 아웃렛몰이 입점 브랜드수나 점포구성에 있어서 비슷한 모습을 하고 있어 '거기가 거기다'라는 인상을 준다.

2) 투기양상

계획성 없이 우후죽순식으로 지어지는 아웃렛 형성의 뒷면에는 '치고 빠지기식' 투기 양상도 존재하고 있다. 아웃렛몰은 시행사가 임대수요를 어느 정도 유치해 놓고 개발에 들어가는 경우가 많다. 이를 역이용하여 일부 시행사들은 임대수요가 정해지지 않았는데도 마치 임대가 끝난 것처럼 과대홍보를 하여 투자자들을 유혹하고 있다. 또 일부 아웃렛에서는 개발과정에서 인허가를 받지 못하는 등의 문제로 피해자가 발생하면서 패션 관계자들의 불안감도 커지고 있다.

3) MD능력 부족

MD란 Merchandising의 줄임말로 상품화계획을 뜻한다. 상품화계획, 구입, 가공, 상품진열, 판매 등에 관한 일련의 과정이다. 아웃렛몰을 가보면 대체적으로 정리가 잘 되어 있지 않다는 느낌을 받게 된다. 한 점포에 3개의 브랜드가 같이 진열되어 있는가 하면 여기저기 기획상품이 있는 매대가 진열되어 있다. 따라서 매장을 볼 때 동선이 복잡하고 지저분한 인상을 주는 것이다. 또한 본래 아웃렛이 이월상품을 판매하는 곳이지만 현재의 트렌드와 너무 상반된 트렌드의 제품일 경우에는 소비자에게 좋지 않은 인상을 줄 수 있다. 이러한 점을 개선하려면 디스플레이를 하는 데 있어서 각 아이템별로 순서 있게 정돈하여 배열하고 좀 더 고급스럽고 깔끔한 느낌을 주기 위해 노력해야 한다.

4) 고객서비스 낙후

아웃렛은 "백화점 같은 환경에 가격은 저렴하게"를 목표로 하고 있지만 실제 고객서비스는 그에 미치지 못하고 있다. 백화점 같은 경우, 1층에 안내 팸플릿과 안내데스크가 위치하여 고객편의를 돕고 있지만 특히 중형 아웃렛 같은 경우는 그러한 서비스가 제공되지 않는다. 그리고 판매사원의 태도도 백화점에 비해 불성실하고, 친절도가 떨어지며 화장실의 쾌적성도 떨어진다. 또한 쇼핑을 하다가 고객이 쉴 수 있는 휴게실이나 의자 등도 많이 부족하여 개선할 필요성이 있다.

CHAPTER 07

명품의 병행수입시장

Ⅰ. 개요

최근 유통업계에서 가장 부각되고 있는 이슈는 병행수입과 해외직접구매이다. 최근 정부는 경쟁 촉진을 통해 수입물가를 안정시키고 소비자부담을 경감하기 위해 유통구조 개선 및 병행수입시장 활성화방안으로 '독과점적 소비재 수입 개선방안'을 발표했다.

병행수입은 국내 독점판매권을 가진 정식업체의 수입경로와는 별개로 제3의 수입업자가 다른 유통경로를 통해 수입하는 행위를 말한다. '병행수입에 있어서의 불공정거래행위의 유형 고시'에서는 병행수입을 외국상표권자의 상품을 국내 정식상표권자나 전용사용권자의 허가 없이 제3자가 수입하는 행위로 정의하고 있다.

병행수입시장은 주로 국내외 가격차에 따른 추가 이윤추구가 가능한 의류, 잡화, 화장품 등 해외유명브랜드시장에서 자연스럽게 형성되었다. 우리나라는 지표상 수입 개방도는 높지만 주요 소비재의 수입개방

효과에 대한 국민의 실질적인 체감도는 낮은 실정이다. 이는 주요 소비재 수입구조가 독과점적임에도 병행수입과 해외직접구매 등 대안수입 비중이 미미하여 주요 수입소비재의 경쟁구도 창출이 어려운 데 주로 기인한다.

우리나라는 이미 1995년 독점적 수입구조를 개선하기 위해 병행수입 제도를 도입했다. 하지만 위조상품 우려, A/S문제 등의 고질적인 문제점으로 인해 병행수입상품에 대한 소비자의 인식과 신뢰도가 낮아 병행수입제도가 제대로 활성화되지 못했다.

2013년 전체 소비재 수입액은 59조 원에 달했으나, 병행수입은 약 3조 원 규모로 전체 소비재수입의 5%에 불과했다. 이는 병행수입이 전체 소비재수입의 약 40%를 차지하는 일본과 비교했을 때 매우 미미한 비중임을 잘 알 수 있다. 인터넷과 스마트폰의 급속한 기술발달로 인하여 병행수입과 해외직접구매는 더 이상 우리나라만의 이슈가 아니며, 이미 전세계적인 추세이다. 국제법적으로도 병행수입은 지식재산권이 무단으로 사용되거나 침해되는 것이 아니므로, 국내 경제 활성화를 위하여 충분히 제고되어야 할 여지가 있다. 특히 수입소비재의 가격하락을 유도할 수 있다는 점에서 병행수입의 최대 수혜자는 결국 최종소비자가 될 것이며 이는 곧 국민경제 안정화와 직결될 것이다. 이에 더하여 유통 중단 단계에서의 ICT업계에 파급되는 스필오버효과(spillover effect) 또한 상당할 것으로 예견되어진다.

소비자는 더 이상 높은 가격을 용인하지 않는다. 가격 대비 품질을 따지는 합리적인 소비는 앞으로 더욱 늘어날 전망이며 유통업체의 상품마진은 지속적으로 낮아질 가능성이 높다. Abercrombie & Fitch(미국), Charles & Keith(싱가포르), IKEA(스웨덴) 등, 국내 소비자들이 최근 많은 관심을 보이고 있는 병행수입 해외제품들은 이미 명품 소비군을 넘어서 해외 일반생활 소비재 중심으로 확장되고 있다. 이렇게 복합적으로 전산업 분야를 아우르는 병행수입현상은 순기능적인 시장 확대를 통해 이미 일정부분 국내 소비 수요를 자연스레 흡수하고 있음을 알 수 있다.

Ⅱ. 구성

1. 병행수입제도의 개요와 실태

1) 병행수입

병행수입(parallel import, gray import)은 내 · 외국에 상표권(trademark), 특허권(patent), 저작권(copyright) 등 지식재산권을 가지고 있는 권리자에 의하여 적법하게 외국에 배포된 진정상품(genuine goods)을 권리자와 무관한 제3자가 국내 권리자의 승인 없이 임의로 이를 수입하여 판매하는 무역활동을 말한다. 또한 권리자의 국가 이외의 국가에서 적법하게 제조되거나 복제된 특허상품, 저작물, 상표부착물이 권리자의 국가로 다시 수입되는 것을 말하기도 한다.

여기서 말하는 진정상품(genuine goods)이라 함은 어느 상표가 외국에서 적법하게 사용할 수 있는 권리가 있는 자에 의하여 부착되어 배포된 상품을 말한다. 적법하게 사용할 수 있는 권리가 있는 자에는 상표권자와 전용사용권자 및 비배타적인 통상 사용권자를 포함한다. 이러한 진정상품은 적법한 상표 사용권자에 의하여 적법한 상표가 부착되지 않은 상품인 위조상품과 법적으로 구분된다.

병행수입을 통해 들어온 상품이 거래되는 시장은 일반적으로 회색시장(gray market)으로 불린다. 회색시장이라는 명칭은 병행수입에 의해 거래되는 상품이 모조품, 불법복제품, 밀수품과 같이 불법적인 상품으로 암시장(black market)에서 거래되는 상품이 아니고 적법한 상표를 부착한 진정상품이기 때문에 이를 특징짓기 위하여 붙여진 것이다.

(1) 병행수입의 발생원인

병행수입의 주된 발생원인은 가격차이이다. 기존 국내에서 판매되고 있던 상품의 가격보다 외국에서 판매되는 상품의 가격이 현저하게 낮은 경우에 병행수입업자가 외국으로부터 들여온 상품으로 마진을 얻고 국내 소비자들에게 기존 상품보다 저렴하게 공급할 수 있는 상황이 존재할 때 병행수입이 발생하게 된다. 국내와 국외의 가격차이가 발생하는 사례는 다음과 같다.

첫째, 다국적기업이 국제적 가격차별화정책을 실시하는 경우, 가격차별로 인해 가격의 차이가 발생할 수 있다. 국가 간 상이한 수요탄력성을 가지고 있고, 시장분리의 가능성이 있어야 한다. 다국적기업이 세계에서 독점적 지위를 가지고 있거나 지리적으로 구분되는 어느 한 시장에서의 독점적인 제품 지위를 가지고 있다면, 이와 같은 국제적 가격 차별화정책은 더욱 용이할 것이다.

둘째, 각국의 수입대리점이 지식재산권자 또는 제조자로부터 가격통제를 받지 아니하는 경우에도 외국과 국내 간 가격차이가 발생할 수 있다. 이러한 각국의 수입대리점들은 시장의 상황에 맞추어 상품가격을 정하게 되며 이는 가격차이로 이어진다. 또한 각국 수입대리점의 영업정책의 차이에 따라 시장에 대한 투자를 달리함으로써 가격차이가 발생하는 것으로 판단할 수 있다.

셋째, 병행수입업자가 수입대리점보다 우수하고 효율적인 유통망과 경영시스템 도입을 통한 가격경쟁력상의 효율성을 높인 경우에 가격차이가 발생하게 된다.

넷째, 국제적인 환율변동의 결과, 국제가격의 차이가 발생하는 경우 이를 이용한 병행수입이 유발되기도 한다. 즉, 환율이 변동하더라도 지식재산권자 또는 각국의 수입대리점들은 현지시장에서 시장점유율을 유지하기 위해 현지가격을 가급적 변동시키지 않는 형태를 보이게 된 경우, 현지가격의 경직성은 환율의 변동 시 동일상품에 대한 국제적인 동기를 유발하게 된다.

다섯째, 공식 유통업자의 기회주의적인 행동이 병행수입을 발생시킬 수도 있다. 즉, 수입대리점이 제조업자로부터 자신의 유통 영역에서 정상적으로 판매할 수 있는 수량보다 많은 상품을 구매하여 이를 타국의 병행수입업자에게 판매하려고 할 수 있다. 특히 대량구매 시 가격을 할인받을 수 있는 경우에는 공식 유통업자의 기회주의적 행동이 높아짐에 따라 병행수입이 발생할 수 있다.

여섯째, 제조업자가 과잉 생산한 상품, 재고가 쌓인 상품, 기술혁신으로 단종된 낡은 상품 등을 국제시장에서 덤핑하여 처분하는 경우 병행수입이 발생할 수 있다.

일곱째, 국제적인 명성이나 역사적으로 품질이 높은 제품의 경우 다품종을 취급하는 소매업체가 제품라인에 일종의 품위를 추가시키기 위하여 병행수입을 시도하려고 한다. 즉, 대형 할인 유통업체들은 그러한 제품들을 갖춤으로써 그들이 판매하는 상품들의 품질 이미지를 강화시키려고 하지만 공식 유통업자들로부터는 진정상품을 구입하기가 어려우므로 병행수입을 이용하게 된다.

여덟째, 국가의 세금정책의 차이가 병행수입행위를 발생하게 한다. 특정제품에 부과되는 세금이 국가별로 상당한 차이가 있으므로 병행수입이 발생할 수 있다. 과거 우리나라에서 전화기 등을 사치품으로 정하여 높은 세금을 부과한 경우를 예로 들 수 있다.

(2) 병행수입의 유형

병행수입은 모든 상표에 허용되는 것이 아니라 일정한 기준에 따라 제한적으로 허용되고 있어 사전에 수입하고자 하는 물품의 상표가 병행수입이 허용되는지 여부를 세관에 확인해야 한다. 병행수입이 허용되는 상표라 하더라도 해외에서 적법한 권리자가 상표를 부착한 물품, 즉 진정상품의 경우에만 법적으로 수입이 허용되기 때문에 해외에서 물품계약 시 위조상품 여부를 분명히 확인하여 위조상품으로 국내 세관에서 몰수 또는 상표법 위반에 해당되지 않도록 각별히 유의하여야 한다.

가. 병행수입이 가능한 경우

외국 상표권자와 국내 상표권자가 동일인관계인 경우에 병행수입이 가능하다. 이 경우 수출입사실을 통보하지 않아도 된다.

① 외국 상표권자와 국내 상표권자(전용사용권을 설정한 경우 전용사용권자)가 동일인관계인 경우

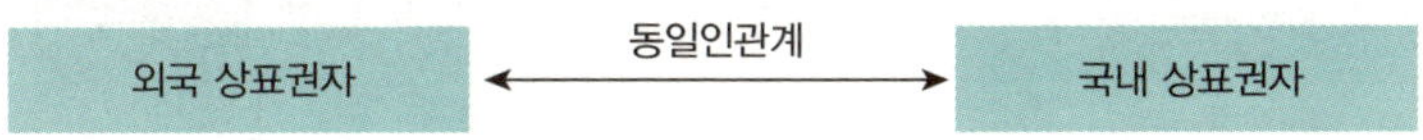

② 외국 상표권자와 국내 상표권자(전용사용권을 설정한 경우 전용사용권자)가 동일인관계는 아니지만 외국 상표권자가 생산한 진정상품을 수입, 판매하는 경우

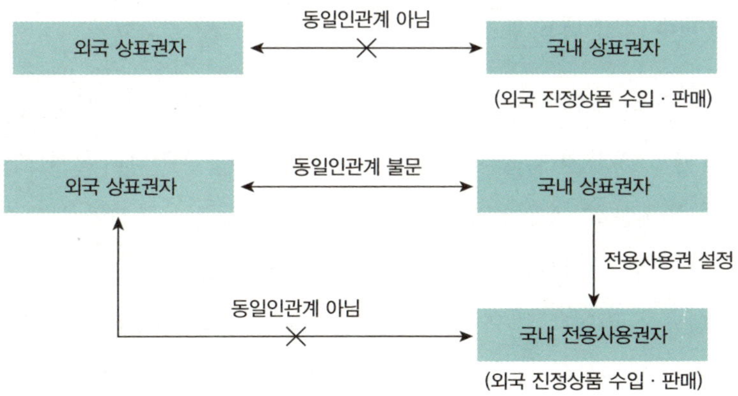

나. 병행수입이 불가능한 경우

외국 상표권자와 국내 상표권자(전용사용권을 설정한 경우 전용사용권자)가 동일인관계가 아니면서 제조만 하는 경우에는 병행수입이 불가능하며 수출입사실을 통보해야 한다.

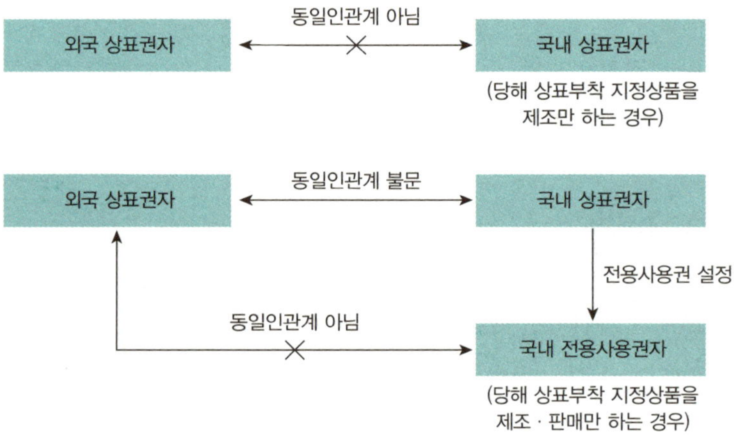

(3) 병행수입의 유통구조

최근 정부는 유통구조 개선과 더불어 병행수입(parallel import)을 확대하여 소비자 이익을 확산시킨다는 입장이다. 우리나라에서 1995년 법적으로 허용된 병행수입은 해외본사로부터 독점공급계약을 맺은 업체의 승인 없이 제3자가 해당 제품을 수입하여 판매할 수 있도록 허용하는 제도를 말한다. 해외수입제품의 국내 유통과정에서 지나치게 높은 이윤을 획득하는 독점계약업체를 견제함과 동시에, 해외수입제품을 국내 유통시키려는 다수의 업체들에게 적정이윤 판매를 촉발시켜, 시장기능을 통한 가격인하를 자연스럽게 유도하기 위한 목적에서 병행수입이 허용된 것이다.

현재 국내의 병행수입은 국내 대형 유통기업(이마트, 롯데마트 외)이 해당 해외 생산제품을 수입해서 국내 독점공급업자의 공급가격보다 낮은 마진폭의 가격으로 다량 · 다품종 판매함으로써 일반 국내 소비자로부터 높은 호응을 얻고 있다.

그러나 생산자기업으로부터 바로 직수입하지 않고, 원생산 국가가 제3국으로 수출된 물품을 대량으로 수입하는 경우가 많아, 진품 여부를 확인하는 것이 쉽지 않다는 어려움도 상존해 있다. 국내 수입대리점이 있음에도 병행수입된 상품에 대한 정식 애프터서비스(A/S)를 진정 상품에 대한 서비스와 비교했을 경우, 완전하게 서비스받을 수 없다는 점은 아직 병행수입제도가 국내 제도적 정착을 위하여 더 많은 행정

그림 1_ 수입브랜드의 유통경로

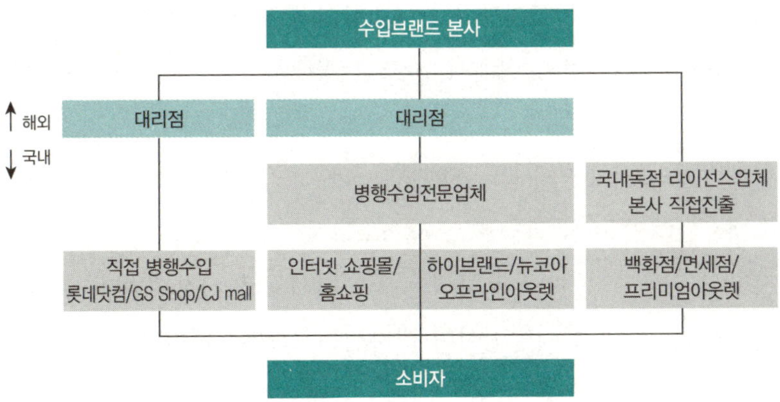

출처: 신영증권, 리서치센터

적 · 실질적 보완이 이루어져야 하는 부분이라고 하겠다.

원산지 확인서를 발부받기 어려워 FTA 관세혜택을 적용받지 못한다는 점도 현재 병행수입제도가 안고 있는 문제점으로 인식되고 있다. 이러한 현실적인 제도 정착의 어려움들은 실제로 우리나라 정부 병행수입제도 도입의 원래 효과와 취지를 살리지 못하게 된 대표적인 실증사례들이라 할 수 있다.

2) 병행수입제도

병행수입을 금지하는 경우, 수입업자 간의 자유경쟁이 제한되며 상표권자의 과도한 독점이윤을 보장하는 비경제적 결과가 초래될 수 있다. 반면 병행수입을 전면 허용하는 경우는 국내상표권자의 상표권 침해문제와 A/S 부실로 인한 국내 소비자 피해가 발생될 수 있다는 어려움을 가지고 있다. 우리나라는 상표권자와 병행수입업자의 상호 이익을 균형 있게 보호하기 위하여 상표법상의 상표보호 목적 및 상표의 기능을 해하지 않는 범위 내에서 1995년 병행수입을 법적으로 허용하였다.

병행수입의 국내적 논의는 1995년 4월 27일, 미국 프라이스클럽이 기술제휴업체인 미국 프라이스 코스트코사로부터 수입한 리바이스 청바지가 세관에서 통관이 유보되는 사건에서부터 시작되었다. 미국 리바이스의 한국 내 현지법인이며 리바이스 상표에 대한 국내의 전용사용권자인 Levis Korea(주)사가 1994년 1월 8일 제정된 '지적재산권 보호를 위한 수출입 통관 사무처리 규정'에 의거하여 국내 세관에 리바이스 청바지의 통관유보를 요청하자, 세관이 해당 품목은 상표권 침해물품이라는 이유로 Levis Korea(주)사의 요청을 인정하여 받아들인 사건을 말한다.

리바이스 청바지 사건을 계기로 하여 관련 기관의 병행수입에 관한 논의가 활발해졌고 국내 병행수입의 기본방침이 결정되었다.

상품 간의 경쟁을 촉진하여 가격의 안정과 소비자 후생의 증대라는 장점으로 인하여 일정한 기준하에서 병행수입을 허용한다는 것을 골자로 하여 주내용을 간추렸으며, 이후 당시 재정경제원 국민생활국 소비자정책과가 주무부서로서 관계부서 및 법률전문가의 의견을 종합하여 고시 1995-943호 '지적재산권보호를 위한 수출입 통관 사무처리 규정'을 마련하여 일정조건하에서 병행수입을 법적으로 허용하였으며, 1995년 11월부터 공식 시행되었다.

2. 병행수입시장 현황

2014년 유통업계에서 가장 부각되고 있는 이슈는 병행수입과 해외직접구매이다. 2014년 1월 9일 박근혜 정부는 물가안정의 새로운 수단으로 유통구조 개선을 위한 병행수입시장 활성화방안을 발표했다. 정부는 병행수입 활성화를 통해 독과점적 구조의 국내 수입품 유통시장에 가격경쟁을 촉발시켜 고가의 수입품 유통가격을 낮추고 국내 소비자 후생을 증대시키는 정책적 효과를 기대하고 있다.

그림 2_ 국내 병행수입 · 해외직접구매 시장규모

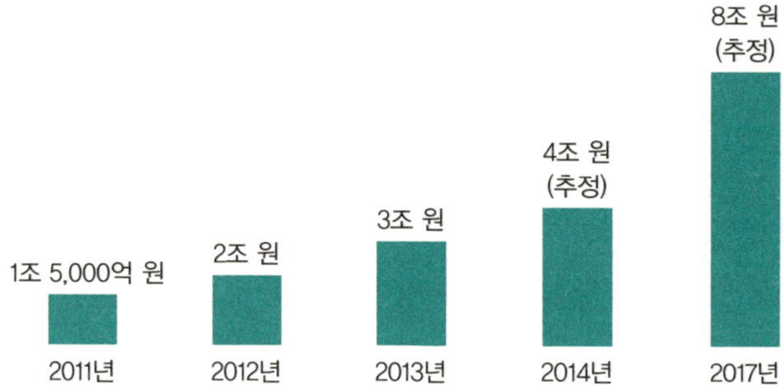

출처: 기획재정부, 유통업계

국내 병행수입시장규모는 2013년 기준 3조 원 수준이며 품목별 병행수입 비중은 의류 30%, 가방 29%, 신발 12%, 지갑 8%, 벨트 5%로 예상된다. 최근 신유통채널(TV홈쇼핑, 대형마트, 인터넷몰, 모바일쇼핑 및 소셜커머스)을 중심으로 국내 병행수입시장 진입이 활발히 이루어지고 있다. 병행수입시장은 해마다 기하급수적으로 증가하고 있으며,

그림 3_ 이마트 연도별 병행수입 추이

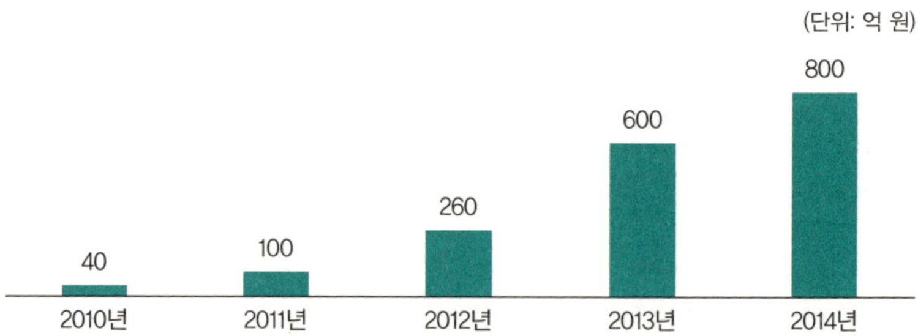

※ 2014년 예상치
출처: 이데일리뉴스, 2014. 1.

이마트의 경우 2009년 10억 원에 불과하던 병행수입규모가 2013년, 600억 원까지 증가했으며, 2014년에는 800억 원까지 그 규모가 늘어날 것으로 추정하고 있다.

최근 들어 대다수의 국내 소비자들은 과거보다 훨씬 더 스마트한 소비를 행하고 있다. 인터넷 검색을 통한 결과의 활용을 통하여 동일제품의 최저가격을 찾아 합리적인 소비행동 양태를 보이고 있으며, 이러한 고관여적 소비를 통한 만족도 또한 절대적인 금액보다는 소비자 각자가 원하는 제품을 가장 합리적인 유통구조를 통하여 최저가격에 구매하여, 과거의 과시형 소비를 넘어선 개인의 개별성향과 해당 제품과의 감성적 일체감이 주는 정도에 따라 크게 좌우되고 있다.

즉, 해외유명브랜드의 신규 라인업 제품들을 병행수입을 통해 보다 합리적인 유통구조로 저렴한 가격으로 국내에서 구매하여 소비하고 있는 것이다. 이러한 국내 소비자들의 합리적인 소비패턴 확산으로 TV 홈쇼핑, 온라인, 모바일채널과 아울러, 국경을 넘어서는 다양한 오프라인채널을 통한 해외유명제품군들의 국내 소비가 지속적 고성장세를 유지하고 있다.

Ⅲ. 병행수입의 시장 파급효과

1. 소비자 후생 증가

병행수입의 긍정적인 면은 가격경쟁을 통한 소비자 후생의 증가를 들 수 있다. 외국에서의 제품가격이 국내에서의 가격보다 현저히 낮은 경우 이 상품을 국내로 수입하여 소비자들에게 판매한다면 소비자들이 같은 제품을 상대적으로 낮은 가격에 살 수 있음으로 인하여 소비자의 후생이 증가하고 또한 물가안정에도 기여하게 된다.

병행수입제품은 별도의 유통마진과 세금 및 마케팅비용 등이 소요되지 않아 일반백화점 판매가보다 상대적으로 가격이 저렴하다. 병행수입의 경우 브랜드 도매업자에게 유통업체가 직접 수입, 판매하기 때문에 중간 유통단계가 축소된다. 즉, 병행수입의 가장 큰 장점은 국외 본사에 로열티나 홍보비를 지급하지 않아도 돼, 합리적인 이윤을 추구하면서도 그만큼 저렴한 가격으로 상품을 판매할 수 있다는 것이다.

2013년 이마트는 100만 원이 넘는 고가의 프리미엄 패딩브랜드 '캐나다구스'를 병행수입해 백화점 판매가격 대비 20~30% 싼 가격에 판매하기도 했으며, 소비자들 사이에서 가격 거품이 심하기로 유명했던 폴로 랄프로렌 코리아는 2013년 8월 병행수입품과의 가격경쟁을 위해 아동복가격을 40% 전격 인하하기도 했다. 병행수입은 결과적으로 최종소매 판매가격을 하락시키고 이는 곧 소비자 후생 증가로 이어지기 때문에 병행수입의 최대 수혜자는 최종소비자라고 할 수 있다. 최근 백화점의 고가브랜드 상품군 판매는 합리적인 소비가 확대되면서 성장세가 둔화되는 흐름을 보이고 있다.

그림 4_ 2011~2014년 국내 백화점 의복, 화장품 성장률 비교

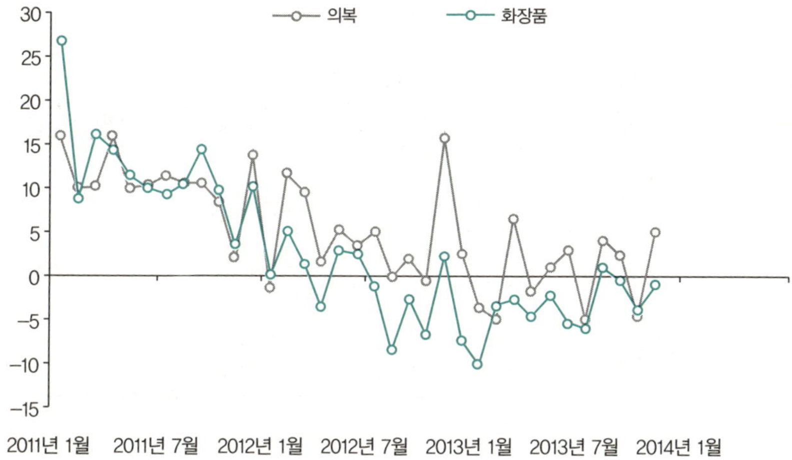

출처: 통계청, 하이투자증권 리서치

2. 독점수입의 폭리 해소

독점수입업체가 국내에 들여와 파는 수입제품가격이 여전히 턱없이 비싸 소비자 불만이 고조되고 있다. 실제로 2014년 2월 중앙일보가 입수한 13개 품목 수입원가(통관가)에 따르면 수입원가에 비해 매장 판매가격이 최고 35배까지 부풀려지고 있다. 휴고보스 넥타이의 경우 수입원가는 고작 4달러(약 4,280원)인 데 비해 면세점에서는 92달러(약 9

만8,510원), 백화점 등 일반매장에서는 15만2,000원에 팔린다. 위스키 발렌타인30년의 수입원가는 126달러(약 13만5,134원)지만 면세점 판매가는 310달러(약 33만1,948원), 일반매장 판매가는 수입가보다 8배가량 폭등한 105만 원에 달한다.

표 1_ 국내 유통브랜드의 수입원가 및 국내 판매가 비교

브랜드	제품	수입원가(통관가)	면세점 판매가	일반 판매가
휴고보스	넥타이	4달러 (4,280원)	92달러 (9만8,510원)	15만2,000원
레스포삭	여행가방	51.5달러 (5만5,146원)	120달러 (12만8,496원)	20만8,000원
발렌타인 (30년)	주류	126.2달러 (13만5,134원)	310달러 (33만1,948원)	105만 원

※ 환율은 달러당 1,072.40원 기준
출처: 관세청, 업계종합

수입브랜드의 국내 유통가격 중 큰 비중을 차지하는 채널은 독점수입업자, 백화점 등 최종유통업체인 것으로 분석되었다. 병행수입은 고가의 수입브랜드가 독점적 지위를 이용해 수입물품가격을 높게 책정하는 행위에 대응할 수 있으며, 소비자들의 판매가격 민감성은 과거보다 훨씬 높아지고 있어 이러한 병행수입으로 인한 국내소비자들의 합리적인 소비가 확대될 전망이다.

3. 수입경로 다양화

병행수입은 수입경로 다양화를 통해 소비자들의 선택권을 확대시킨다. 병행수입업체는 해외의 판매매장이나 제3국의 독점판매업체를 통해 제품을 수입하고 대형마트, 온라인매장 중심으로 판매를 한다. 글로벌 전자상거래 확산과 함께, 소비자가 해외 온라인몰에 접속해 직접구매하거나 구매대행업체를 이용하는 방식도 확산되고 있다. 병행수입 활성화로 인해 TV홈쇼핑, 온라인, 모바일채널 등 수입경로가 다양화되면서 소비자들의 선택권이 확대되었다.

그림 5_ 국내 주요 병행수입업체들의 주요 수입상품 비교

이마트	공식수입	병행수입	가격차
칸켄백팩	8만9000	6만9800	21.6
리바이스캐주얼 벨트 워시아웃	6만1200	2만9000	52.6
프레드페리 티셔츠	15만8000	7만9800	49.5
폴로 아동 클래식스웨터	7만8000	5만9800	23.3
라코스테 여성폴로셔츠	12만8000	8만9800	29.8

롯데마트	공식수입	병행수입	가격차
캐나다구스 익스패디션	125만	79만9000	36.1
갭 아동 기모 후드티셔츠	6만9900	3만9900	42.9
아베크롬비 후드집업	14만9900	13만9900	6.7
키플링 백팩(챌린저)	15만5000	6만6900	56.8
세타필로션	3만6000	2만6990	25.0

CJ올리브영	공식수입	병행수입	가격차
에스티로더 어드밴스트 나이트리페어	15만5000	10만9000	29.7
SK-II 페이셜 트리트먼트 에센스	19만9000	13만9000	30.1

출처: 각 업체

내년 병행수입으로 새로 들어오는 외국제품

이마트	롯데마트
콜먼, 뉴발란스 키즈, 타미힐피거(여행용 가방), 소렐	탐스, 에어로포스테일, 레이밴, 토리버치, 코렐, 투미

출처: 손정희, 한국경제신문, 업계종합

코스트코는 전세계적으로 병행수입을 통해 유명브랜드의 가격을 낮춰 소비자들을 공략해 온 대표적인 유통업체이다. 이마트는 ‘트레이더스’를 통해 롯데마트는 ‘빅 마켓’을 통해 코스트코와 동일한 병행수입을 통해 가격경쟁력을 확보했으며, 소비자들이 다양한 브랜드와 종류의 상품을 소비할 수 있게 했다. 병행수입상품이 좋은 반응을 얻음에 따라 상품 종류와 물량을 대폭 확대하기로 했으며, 이마트는 현재 100여 개인 병행수입브랜드를 내년에는 120개까지 늘릴 계획이라고 발표했다.

그밖에도 병행수입은 환율의 국제수지 조절기능을 제고하는데, 환율의 차이는 병행수입을 유발한다. 다시 말해 국가별 환율차이의 폭이 큰 상태에서 현지가격이 경직되어 있다면 병행수입을 유발하게 될 것이고 이는 환율변동이 국제가격에 충분히 반영되지 않는 한 계속될 것이며 이러한 경제현상은 국제수지의 조절기능을 보다 원활히 할 가능성이 있다.

Ⅳ. 병행수입시장의 문제점 및 과제

1. 병행수입시장의 문제점

1) 가격하락효과 미미

병행수입은 공식 수입업체 외의 유통업자가 제품을 유통함으로써 시장경쟁을 유발해 국가별 가격차별을 방지하고 수입품의 소비자가격을 낮출 수 있다. 최근 병행수입에 대한 관심이 높아지면서 경제협력개발기구(OECD)의 경쟁법 · 정책위원회에서도 이에 대한 논의가 있었다. 호주는 저작물의 병행수입을 허용한 후, 음반 · CD가격이 25~30% 정도 하락했고 EU에서도 병행수입은 수입품 가격하락을 통해 시장경쟁을 높인 것으로 나타났다.

국제경제연구소 NERA(National Economic Research Associates, Inc.)는 "병행수입은 일반적으로 유통시장에서 경쟁을 직접 또는 간접적으로 제고시키는 하나의 수단이 될 수 있다"고 발표했다. 김주영 서강대 경영대학 교수는 "한 업체가 국내 판매를 독점하다 보면 가격이 지나치게 비싸진다"며 "외국에서는 중저가브랜드가 한국에서는 고가브랜드가 되는 사례도 있다"고 말했다.

병행수입시장의 규모가 3조 원 규모로 성장했으나, 이는 수입시장의 3~4%에 불과하다. 병행수입을 통한 가격하락이라는 선순환구조가 나타나기 위해서는 병행수입시장이 전체 수입시장의 20% 이상으로 늘어나야 가능하다는 전망이다.

2) 위조상품문제

병행수입은 검증된 루트를 통해 들여오는 물건이 아니다 보니 정확한 정품확인이 어려워 피해를 보는 사례가 빈번하다. 최근 소셜커머스 업체들이 가짜 화장품, 운동화 등을 판매하면서 소비자들의 불만을 심화시키기도 했다. 그 이유는 병행수입제품이 진품임을 증명하기가 쉽지 않기 때문이다. 이 때문에 소비자들은 병행수입제품의 가격에 만족하면서도 제대로 된 제품인지에 대한 의구심을 가진다. 이러한 약점을 보완하기 위해 관세청은 '병행수입통관인증제도'를 도입해 시행 중이나 그 효과가 미미한 것으로 나타났다.

3) A/S문제

A/S문제는 위조상품문제와 함께 병행수입의 고질적인 문제로 꼽힌다. 공식수입품의 경우 구입한 매장이나 지정 센터를 통해 A/S를 받으면 되지만, 해외도매업체를 통해 들여오는 병행수입제품은 해외업체를 통해 유통되다 보니 A/S가 원활하게 이루어지지 않는 경우가 있다. 뿐만 아니라 교환과 환불이 어렵다는 문제점도 발생한다.

A/S를 받지 못하고 정품 여부를 소비자가 확인하기 어려운 점도 병행수입의 문제점으로 지적된다. 캐나다구스의 국내 공식 판매원인 코넥스솔루션 관계자는 "공식 판매원을 통해 구입한 소비자는 평생 A/S를 받을 수 있지만 병행수입품을 산 소비자에게는 이런 혜택을 제공하지 않는다"며 "비싼 값을 주고도 공식 수입품을 사는 소비자가 많다"고 말했다.

미국 의류브랜드 Abercrombie & Fitch는 한국지사를 설립하면서 '병행수입과의 전쟁'을 선언하기도 했다. 이 회사 호거 쿤즈 법무팀장은 "가짜 병행수입상품이 진짜로 둔갑해 팔릴 수 있다"며 "브랜드 이미지를 관리하기 위해 병행수입매장을 없애는 데 집중하고 있다"고 말했다. 일부 온라인몰에서는 병행수입제품을 주문받은 뒤 제때 물량을 공급하지 못해 큰 비난을 받기도 했다. 또 독점수입업체들은 공들여 들여와 히트시킨 외국제품을 대형마트들이 병행수입하는 것은 횡포라고 지적하고 있다.

4) 무임승차 논란

지정된 공식 수입업체는 제품 광고와 사후서비스 등에 투자해 제품 품질 유지에 노력하지만 병행수입업자는 이런 비용을 부담하지 않는다. 공식 수업업체의 제품 또는 브랜드의 신용에 대한 투자로부터 공짜로 이득을 보는 '무임승차'현상이 발생하는 것이다. 또한 지정 수업업체 등은 상표권 독점에 따른 폐해가 문제된다면 이는 병행수입을 허용하는 것보다는 다른 제조업자의 시장 진입, 즉 브랜드 간 경쟁을 촉진해 해결하는 것이 바람직하다고 주장한다.

가장 문제가 되는 것이 지식재산권자 또는 수입대리점의 노력에 대한 무임승차 여부이다. 지식재산권자 또는 수입업자는 자신의 상품을 제조하거나 혹은 그 상품에 대한 소비자들의 인식과 신용을 얻기 위해 광고를 하고 판매서비스를 개선하고자 하며, 제품의 품질을 보증하기 위해 애쓴다. 그러나 병행수입업자는 이러한 비용을 지불하지 않고 지식재산권의 투자로 얻어진 상표권 등의 신용에 편승하여 상품을 판매함으로써 이익을 얻게 된다.

그러나 병행수입업자가 자체 광고를 하거나 품질보증 및 판매 후 서비스 등을 충분히 제공할 수 있는 능력이 있는 경우에는 무임승차의 부정적 효과가 반감될 수 있다. 다만 그 성질상 소비자들이 충분히 그 상품에 대한 정보를 수집할 수 없는 상품에 대해 병행수입업자들이 충분한 품질보증 및 판매 후 서비스를 제공하지 아니할 가능성이 높아지게 되며 소비자의 불만족으로 이어질 가능성이 크다는 것이 문제가 될 소지는 다분하다. 즉, 병행수입업자가 동일한 상표하에 생산되는 다양한 품질의 상품 중에 가격이 저렴한 저급상품을 수입하여 그에 관한 충분한 고지를 하지 않는다면 소비자 입장에서 예상치 못한 피해를 입을 수도 있다.

병행수입업자가 상품을 판매할 때 정식수입업체로부터 수입된 상품이 아니라는 점을 인식시키지 않고 소비자들에게 상품을 판매한 경우에, 지식재산권자 혹은 수입대리점의 입장에서는 병행수입상품까지 판매 후 서비스를 제공한다면 그만큼 비용이 부담될 문제가 발생할 것이고 판매 후 서비스를 제공하지 않는다면 이에 대한 신뢰 훼손이라는 손해가 발생할 수 있다.

또한 제품 안전상 품질에 대한 엄격한 규제가 필요한데도 불구하고 국내 기준에 맞지 않은 채 병행수입·유통될 수 있다. 최근 국내에서 인기를 끌고 있는 저가의 해외수입과자들의 유통이 바로 이러한 문제에 그대로 노출되어 있다.

상품에 제대로 된 경고 문구들이 적시되지 않아 공중에 심각한 피해를 가져올 수도 있다. 한편 경우에 따라 외국에서 생산되는 가짜상품이 병행수입업자의 엄격하지 못한 심사를 통해 국내에 수입될 가능성이 높다. 또한 제조업자가 각 국가의 실정에 맞도록 상품을 제조하여 각국의 수입대리점을 통해 공급하는 경우, 외국에서 병행수입되는 동일상품이 국내의 시스템에 맞지 않을 수 있고, 심각한 국민 보건 및 안전문제를 야기할 가능성이 있다.

2. 병행수입시장의 과제

1) A/S문제 해소

관세청은 2014년 4월 전국에 산재해 있는 12개 A/S 전문업체와 관세청 공인기관인 '무역관련 지식재산권보호협회(TIPA)'가 상호 양해각서를 체결하고 병행수입물품의 A/S를 소비자들이 불편 없이 받을 수 있도록 협력하기로 했다고 밝혔다. 우선 서울 5개, 경기 3개, 부산 2개, 대전 2개 업체를 선정해 이들 업체들과 함께 병행수입제품에 대한 A/S를 지원하기로 했다.

정부는 이를 통해 병행수입품의 A/S가 쉬워진다고 발표했다. 하지만 소비자가 느끼는 효과는 매우 미미한 것으로 보인다. 무상으로 A/S가 제공되는 정품과 달리 병행수입과 해외직접구매를 통해 구매한 제품은 A/S 비용이 만만치 않기 때문이다. 뿐만 아니라 정부가 공개한 사설 A/S업체 정보는 이미 알려진 업체들로서 전혀 새로운 업체가 없었기 때문이다.

이러한 이유로 정부가 최근 병행수입 및 해외직접구매 활성화 대책이 생색내기 홍보용이라는 지적이 제기된다. 관련 방안이 직구족들에겐 전혀 새로울 것이 없는 내용으로 가득 차 있기 때문이다. 정부는 최근 병행수입 및 직구 활성화를 위해 각종 개선안을 발표했는데 대표적인 방안이 A/S 관련 내용이다.

그러나 이들 업체는 병행수입 혹은 직구를 즐기는 사람들에겐 새로운 정보라고 할 수 없을 만큼 익히 알려진 업체들이다. 일부 직구족들은 이들 업체를 이미 활발히 이용하고 있다.

게다가 이들 업체는 대다수 직구족들이 원하는 정품에 대한 무상 A/S를 제공하지 않는다. 관세청이 설명했듯 A/S 사각지대 해소라고 홍보하기에는 민망한 수준이다. 선정된 품목도 극히 제한적이다. 12개 업체는 옷, 가방, 시계 등을 전문으로 수선한다. 직구족들에게 인기품목인 유모차, 전자기기 등은 A/S에서 여전히 제외되어 있다. A/S라는 병행수입의 고질적인 문제를 해소하기 위해서는 더 직접적인 대책이 필요하다.

2) 소비자의 인식개선

병행수입의 고질적인 문제로 꼽히는 것은 A/S문제뿐만 아니라 위조상품에 대한 소비자의 걱정이다. 일본의 병행수입시장이 40%에 육박할 수 있었던 이유는 위조상품시장이 형성되지 않았기 때문이다. '병행수입물품 통관인증제'는 그동안 정상적으로 수입된 병행수입물품이 위조상품인 것처럼 일부 소비자들에게 잘못 알려져 있어 성실업체가 병행수입한 물품에 통관표지를 붙여 소비자가 안심하고 물품을 구매할 수 있도록 하기 위하여 도입한 것이다.

이를 위해 관세청은 QR코드방식의 통관표지에 해당 물품의 통관정보를 수록하여 병행수입물품이 정식수입통관된 사실을 소비자가 바로 알 수 있게 했다. 이에 따라 소비자는 매장에서 스마트폰으로 품명, 상표, 수입자 등 통관정보를 즉시 확인할 수 있게 되어 위조상품에 대한 걱정을 한층 덜어낼 수 있게 됐다.

병행수입물품 통관인증제 시행으로 기대되는 효과는 우선 병행수입 활성화로 진정상품 권리자의 독점수입물품과 병행수입물품 사이의 합리적인 시장가격 유통경쟁으로 물가안정에 기여할 것으로 판단된다. 또한 국내 소비자 측면에서는 합리적인 가격으로 정상적인 병행수입물품을 구매할 수 있는 선택폭이 크게 늘어나고, QR코드를 부착할 수 없는 밀수품이나 위조상품 등 상표권 침해물품은 자연스럽게 유통시장에서 퇴출될 수밖에 없어 지식재산권 보호에도 큰 역할을 할 것으로 보고 있다.

하지만 이 제도의 시행에도 불구하고 여전히 문제점은 상존한다. 정부인증에 대한 소비자 신뢰로 병행수입 확대에 기여하고 있으나, 품목·상표수가 제한적이고, 인증업체 자격제한도 지나치게 엄격하여 당초 기대보다 활용도 저조하다. 2013년 말 QR코드 100만 개 발부를 예상했으나, 실적은 1/2 수준에 그쳤다. QR코드 인증을 받는 조건도 까다롭다.

QR코드를 부착하려면 최근 2년간 관세법·상표법 위반 사실이 없어야 하고 2년간 병행수입 실적이 연 1회 이상이어야 한다. 관세 체납 사실이 없어야 한다는 조건도 달려있다. 모든 상표가 다 해당되는 것도 아니다. 세관에 권리보호 신고된 상표 중에서 관세청장이 병행수입 가능 여부를 확인한 상표에 한해서 통관인증 표지를 붙일 수 있다. 영세한 병행수입 사업자는 까다로운 요건을 충족시키기 어려운 것 아니냐는 비판이 나오는 이유다.

통관인증제도가 직접적인 개선방안이 되기 위해서는 병행수입물품을 다양화하고 신뢰도를 제고하기 위해 통관인증제의 대상상표·품목 및 인증업체수를 확대해야 할 것이며, 현재 의류와 신발 등에 제한되어 있는 통관표지 발행을 소비자 관심이 높은 자동차, 전자제품, 화장품 등의 상표 위주로 빠른 시일 내에 확대해야 할 것이다. 뿐만 아니라 진입장벽으로 작용하고 있는 통관인증업체 선정기준을 완화하여 다양한 업체의 시장진출을 활성화해야 할 것이다.

CHAPTER 08

명품의 해외직접구매

Ⅰ. 개요

2030 세대를 중심으로 빠르게 확산되고 있는 해외직접구매 열풍이 여전히 거셀 것으로 보인다. 신세계 미래정책연구소는 '2014년 유통업 전망 보고서'에서 "해외직접구매 소비는 큰 폭으로 증가하고 있는데, 이 같은 추세는 올해에도 이어질 것"이라면서 "국내 온라인 쇼핑몰산업에 타격을 줄 것"이라고 예상했다.

미래정책연구소는 "스마트폰, 태블릿 등 모바일 기기 보급이 활성화되면서 모바일 쇼핑이 경쟁력을 갖췄고, 다양한 채널이 등장하면서 온라인 쇼핑을 하는 소비자의 선택폭이 넓어졌다. 그 중에서도 해외직접구매 건수 및 이용액은 지속적으로 증가하고 있다"라고 설명했다. 또한 2014년 유통 키워드로 '탈경계화(BEYOND)'를 꼽았다. 탈국경화(Borderless), 탈장소화(Everywhere), 탈연령화(Young & Old), 탈채널화(On & Off), 탈시장화(New Markets), 탈시간화(Day & Night)의 첫 글자를 조합한 것이다. 국경, 장소, 시간에 구애받지 않는 소비방식이 '대세'가 된다는 것이다.

해외직접구매에 대한 국내 소비자들의 관심은 가히 폭발적이다. 불과 몇 년 전만 해도 해외여행 시 물건을 사오거나 병행수입 혹은 구매대행업체를 통하는 게 일반적이었다. 해외온라인 쇼핑몰에서 물건을 직접구매한 후 배송받는 이른바 '해외직구족'은 20, 30대 여성이 많은 인터넷 커뮤니티, 카페 등을 중심으로 크게 늘더니, 이제는 온라인 쇼핑족 4명 중 1명이 해외직접구매를 경험한 시대가 됐다.

해외직구가 이처럼 빠르게 확산되는 근본적인 원인은 국내 소비시장의 개방도가 낮다는 점이다. 우리나라의 수입의존도는 OECD 국가 중 11위로 높은 수준이나, 소비의 개방도는 OECD 34개 국 중 29번째에 불과하다. 수입의 대부분이 원자재에 치중되어 있어 소비자가 직접구입하는 소비재 수입은 미미하기 때문이다. 소비자가 체감하는 개방도가 낮다는 점이 해외직구에 대한 폭발적인 반응으로 연결된 것으로 보인다. 실제로 시장이 덜 개방된 소비품목일수록 해외직구가 활발하게 이루어지는 모습을 찾아볼 수 있다.

Ⅱ. 구성

1. 해외직접구매의 정의

해외직구는 '해외직접구매'의 줄임말로 소비자가 해외온라인 쇼핑몰을 통해 제품을 직접구매한 후 한국으로 배송을 받는 방법이다. 한국의 소비자들은 해외온라인 쇼핑몰에서 구매 시 배송대행업체를 이용해 물건을 배송받으며 배송대행업체는 소비자의 제품을 받아 검수, 재포장 후 국내 주문자 주소로 상품을 배송한다.

해외직구의 장점으로 저렴한 가격을 들 수 있다. 해외직구 시 면세혜택을 받을 수 있어 물류비용을 절감할 수 있다. 이에 따라 실질적으로 소비자가 지불하는 금액은 상품구매비용과 배송대행금액뿐이다.

해외직구를 할 때 배송대행과 구매대행의 차이에 대해서도 알아 둘 필요가 있다. 배송대행은 구매자가 직접 해외온라인 쇼핑몰을 통해 제품을 구매한 뒤 배송대행업체를 통해 국내로 배송을 받는 서비스다.

배송대행업체는 상품 수령 후 제품을 검수, 포장해 국내로 안전하게 배송한다. 구매대행은 해외온라인 쇼핑몰의 구매부터 배송까지 구매대행서비스업체에서 모두 다 알아서 해주는 서비스를 말한다. 높은 수수료를 지불해야 하는 단점이 있지만, 모든 절차를 알아서 해주기 때문에 소비자 입장에서는 좀 더 편리하게 느껴질 수 있다. 이때 모든 절차란 구매자가 먼저 구매대행 견적을 요청하면 구매대행업체에서 수수료를 포함한 쇼핑비용을 통보하고, 구매자가 해당 비용을 결제하면 구매대행업체에서 구입 및 배송, 구매자가 수령하는 일련의 과정을 말한다.

그림 1_ 해외직접구매 유형 3가지

2. 해외직접구매의 현황

1) 해외직접구매 성장배경

국내에서 해외직접구매가 성장하게 된 배경은 인터넷을 통해 해외쇼핑할 때의 주요 문제인 언어의 장벽, 대금결제수단(미국 이외 지역에서 발행된 신용카드의 취급거절), 국제운송문제의 크게 3가지가 있다. 이러한 문제들 때문에 인터넷을 통한 해외쇼핑의 초창기에는 구매대행이 주류를 이루었다.

그러나 인터넷을 통한 정보의 공유와 신뢰할만한 배송업체들의 등장으로 구매대행을 대체할 수 있는 해외직구의 기반이 조성되었다고 볼 수 있다. 이로써 구매대행을 통해 해외쇼핑을 간접 경험한 사람들이 구매대행수수료 없이 직접구매하고자 하는 수요가 증가하였고, 미국 주요 물류도시에 진출한 국내 배송대행업체들이 국제항공운송과 국내 택배를 연결함으로써 항공운송-수입통관-국내 택배의 일관서비스가 가능해져 해외직접구매가 성장하게 되었다.

2) 소비자 구매 트렌드 변화

경기 불황 및 저성장 시대가 지속되면서 소비자들은 고품질 · 고가격 물품구매보다 가격과 품질을 모두 고려하여 소비하려는 합리적 소비에 관심을 보이고 있다.

자기만족을 위해 본인 가치판단에 따라 여러 정보를 취합하여 비교하고 구매하는 '가치 소비' 트렌드가 지속되고 있다. 또한 오프라인매장에서 원하는 물품을 직접 확인하고, 온라인에서 최저가의 물품을 구매하는 쇼루밍(showrooming)현상, 중저가에 높은 품질과 기능을 갖춘 '칩시크(cheap-chic)상품' 구매도 합리적 소비의 한 형태로 나타나고 있다.

3) 온라인 구매 증가

인터넷 이용 증가, 스마트폰 등 모바일 기기의 대중화로 유통채널이 크게 확장되고 언제 어디서나 편하게 쇼핑할 수 있는 환경이 조성되면서 인터넷 · 모바일 등을 이용한 온라인 구매는 지속적으로 증가했다. 국내 모바일 쇼핑시장은 2010년 3,000억 원에서 2012년 약 4조 원, 2014년에는 7조 6,000억 원 규모이다.

4) 글로벌 온라인 쇼핑몰 국내 진출

해외직구시장 성장으로 해외쇼핑몰 사이트에서는 한국어 지원 및 국내까지 직접 무료 배송 등의 서비스를 제공하기도 하며, 국내 온라인 쇼핑몰의 해외쇼핑 매출 증가와 병행수입에 대한 관심 증가로 이어지고 있는 상황이다. 한국어 지원으로 쉽고 간단한 구매방식 제공 등으로 외국어능력이 낮은 소비자들도 해외직구에 참여하게 되었다.

5) 적극적인 정보공유

SNS나 인터넷 커뮤니티 등을 통한 소비자들의 적극적인 정보공유도 해외직구 급증의 원인으로 지목할 수 있다. 제품구매 경험에 대한 각종 정보가 누적되면서 소비자들의 구매결정 문턱이 낮아진 것이다. 이들 커뮤니티는 해외직구방법, 관세율 계산뿐 아니라 가격비교나 할인기간 등 구매시점에 대한 다양한 정보를 제공하고 있으며, 제품 구매후기,

환불 경험, 파손 시 대처 요령 등의 공유를 통해 불확실성을 줄이고 있다. 배송구매대행업체들 또한 커뮤니티를 이용, 공동구매를 주도하는 방식으로 해외직구 수요층을 늘리고 있다.

6) 자유무역협정(FTA)으로 인한 통관금액 조정

한 · 미 자유무역협정(FTA) 발효로 서적, 의류, 신발 등에 한해 목록 제출만으로 통관이 가능한 금액이 기존 미화 100달러에서 200달러로 상향 조정되면서 소비자의 직구규모 및 신용카드 사용은 더욱 증가할 것으로 예상된다.

3. 우리나라 국외 소비지출 현황

2013년 우리나라 국외 소비지출이 사상 최대치를 기록했다. 한국은행의 국민소득 통계 잠정치에 따르면 지난 3분기 국외 소비지출은 6조 4,938억 원으로 해외여행 중 현지에서 쓴 현금과 카드결제, 유학 송금, 국내 거주자가 해외온라인 쇼핑을 통해 카드로 결제한 금액까지 모두 포함하여 전분기 대비 11.2% 증가했다.

또한 2013년 블랙프라이데이 쇼핑기간 중 G마켓, 11번가, 옥션 등 국내 오픈 마켓에서도 해외쇼핑 매출은 2011년 대비 80% 이상 증가했다.

그림 2_ 우리나라 국외 소비지출(가계의 최종소비지출)

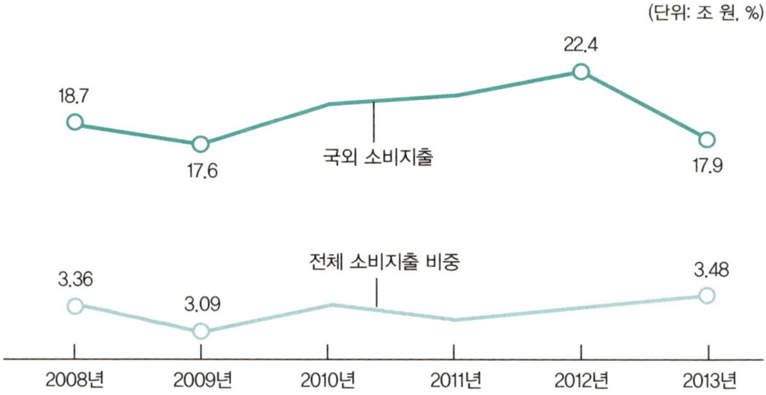

※ 2013년은 1~3분기 잠정치
출처: 한국은행

그림 3_ 블랙프라이데이 한국 내 배송건수

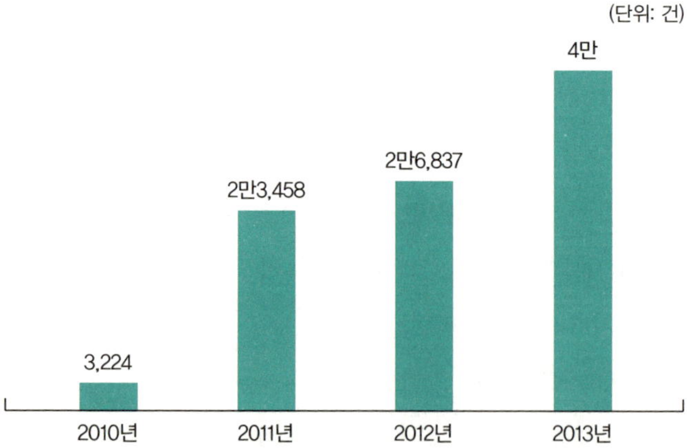

※ 11월 마지막 주 금요일(블랙프라이데이)과 다음 월요일(사이버먼데이) 사이 배송건수
출처: 해외직접구매 배송대행업체 몰테일

4. 우리나라 직접구매 현황

1) 해외직구 이용객의 증가

2013년 8월 대한상공회의소가 온라인 쇼핑족 1,650명을 대상으로 실시한 '해외직접구매 이용실태조사'에 따르면 전체 응답자의 24.3%가 "해외인터넷 쇼핑몰이나 구매대행 사이트를 통해 상품을 구매한 적이 있다"고 말했다. 해외 직구 선호 이유(복수응답 가능)로는 국내 동일상품보다 싼 가격(67%), 다양한 상품 종류(35%), 우수한 품질(20.3%) 등을 꼽았다.

해외직구족들은 지난 2년간 1인당 평균 5.7회에 걸쳐 총 93만 원 정도를 해외 인터넷 쇼핑몰이나 구매대행을 통해 쓴 것으로 조사됐다. 연령별로는 전연령대에서 비슷한 구매횟수를 보였으나 구매금액면에서

그림 4_ 해외 직구 선호 이유

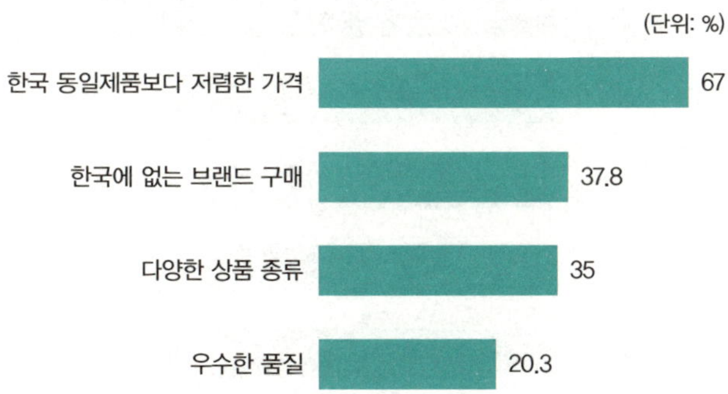

※ 대한상공회의소 설문조사 결과, 복수 응답
출처: 대한상공회의소

30대가 100.8만 원으로 가장 씀씀이가 큰 것으로 나타났다.

주요 구입품목으로는 의류(41.5%)를 가장 많이 꼽은 가운데, 구두, 액세서리 등 패션잡화(40.8%), 건강식품(34.5%), 유아용품 · 의류(29.3%), 가방 · 지갑(28%), 화장품(26.8%), 식품(14%), 전자제품(11%) 등의 순으로 조사됐다.

표 1_ 최근 2년간 연령별 해외직구 이용횟수 및 구매금액

구분	평균	20대	30대	40대 이상
이용횟수	5.7회	5.8회	5.8회	5.6회
구매금액	93만 원	80.6만 원	100.8만 원	93.7만 원

출처: 대한상공회의소

그림 5_ 해외직구로 가장 많이 판매되는 품목

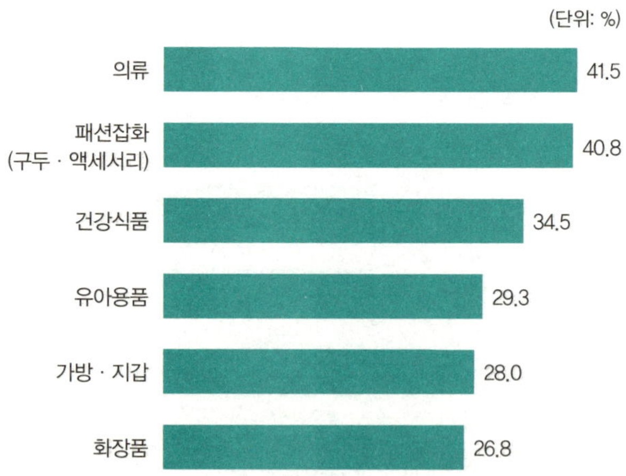

※ 복수 응답
자료: 관세청

2) 해외직구 현황

관세청은 해외직구가 소비자들에게 이점을 주는 것은 물론 결과적으로 국내 수입매장의 가격인하 등의 효과가 있는 만큼 간편통관을 위해 '목록통관' 허용물품을 현행 6개에서 10개로 확대하기로 했다. 목록통관은 개인이 본인 사용목적으로 반입하는 특정물품(목록통관 허용물품)에 대해 미화 기준 200달러까지 관세를 면제하는 것이다.

현재는 의류, 신발, 화장지, 주방용기, 인쇄물, 조명기기 등 6개 품목이 목록통관대상이지만 관세청은 완구 · 인형, 가전제품, 운동용품, 장신구 등 4개 품목을 연내에 추가할 방침이다. 아울러 간편통관 등 다양한 혜택을 주는 특별통관업체 지정 요건도 현행 자본금 1억 원, 월 통관실적 100건 이상에서 자본금 5,000만 원, 월 통관실적 50건 이상으로 완화하는 방안을 검토하고 있다.

특송이나 국제우편을 이용해 인터넷 직구, 구매대행을 하는 개인 무역에 의한 전자상거래 수입액은 2013년 10억 달러(1,100만 건)로 집계됐다. 전자상거래 수입액이 2011년 4억 7,000만달러(560만 건), 2012년 7억 달러(800만 건)였던 만큼 2년 새 금액은 113%, 건수는 96%나 증가한 것이다.

5. 해외직접판매를 통한 수익창출

국내 소비자들의 해외직접구매만 늘어난 게 아니다. 온라인 쇼핑몰을 통해 한국상품을 직접구매하는 해외소비자도 큰 폭으로 늘었다. 이른바 '역직구'의 등장이다. 역직구업체들은 날로 증가하는 해외소비자들의 니즈를 파악해 빠르게 대처하고 있다. 해외소비자들 입장에서는 국내 쇼핑몰에 들어와 물건을 구입하는 것이 바로 '해외직구'이기 때문이다.

그림 6_ 해외직접구매를 통한 전자상거래 추이

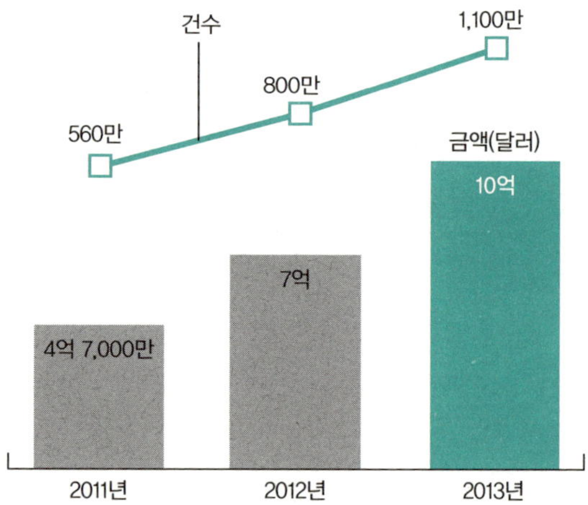

출처: 관세청

미국, 일본 등 외국 웹사이트에서 쇼핑을 한 뒤 한국으로 제품을 직접 배송받는 해외직접구매가 늘어나자 온라인을 통해 국내 상품을 직접 수출하는 해외직접판매도 크게 늘어나고 있다. 해외직판 시장규모는 지난 2010년 500억 원 정도였으나 2011년 1,000억 원, 2012년 1,600억 원으로 늘었고, 2013년에는 전년보다 30% 이상 증가한 2,100

억 원에 달할 것으로 추정되고 있다.

그림 7_ 해외직접판매 시장규모

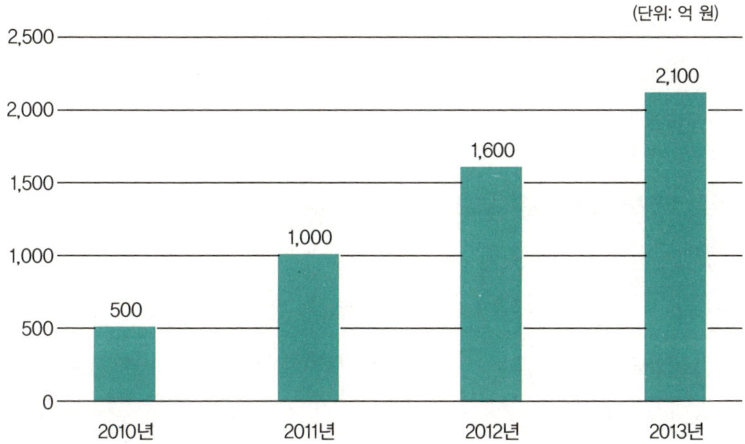

출처: 이베이코리아

Ⅲ. 해외직접구매의 실태분석

해외직구시장이 그야말로 '폭증'하면서 이와 관련한 소비자 불만도 증가하고 있다. 한국소비자원은 1372소비자상담센터에 접수된 해외직구 관련 소비자 불만이 2012년 1,181건에서 2013년 1,551건으로 31.3% 증가했고 2014년 1월에만 211건이 접수됐다고 발표했다.

2013년 7월부터 2014년 1월까지 접수된 소비자 불만 1,066건 불만 이유를 분석한 결과 '반품 시 과도한 배송료나 수수료 요구'가 315건

(29.5%)으로 가장 많았으며 '해외 거래를 이유로 구매취소 · 환불을 지연 및 거부'한 경우도 281건(26.4%)으로 나타났다. 또 배송지연 · 오배송 · 배송 중 분실 등 배송 관련 불만도 202건(19%)에 이른다. 이외에도 돈만 받고 사이트를 폐쇄하고 사라지는 등 구매대행 사이트와 '연락두절'로 인한 소비자 피해도 68건(6.4%)으로 나타났다.

1. 배송시간 지연 및 환불의 어려움

해외에서 배송되기 때문에 일부 사이트의 경우 배송기간이 10일 정도로 길고 교환이나 환불을 하기가 어렵다. 또한 국내 제품과 옷 사이즈 표기가 달라 사이즈를 잘못 사는 경우도 있다. 배송 중 분실 · 파손 등 제품 배송 사고도 빈번히 발생한다.

2. 신용카드 결제한도문제

카드업계와 관세청에 따르면 2014년 4월부터 신용카드회사는 해외 결제금액이 5,000달러가 넘는 고객의 결제정보를 관세청에 제출해야 한다. 이는 지난 2013년 1월 관세법 개정에 따른 것이다. 종전까지 관세청은 카드사로부터 고객의 결제정보를 받을 수 없었다. 관세청은 법 개정을 통해 카드사와 여신금융협회 등으로부터 과세자료를 요청할 수 있게 됐다. 관세법이 개정된 이유는 세수 확보를 위해서다. 해외 카드 결제금액이 높은 사람들을 따로 분류해 관세를 물리는 데 활용하겠다는 계획이다.

해외 신용카드 결제정보에는 여행자의 물품구매도 포함되지만, 해외 인터넷 쇼핑몰 이용금액도 포함된다. 따라서 해외쇼핑몰을 이용하는 이른바 '직구(직접구매)' 결제정보도 관세청 감시대상에 오른다. 민감한 카드 결제정보를 과세당국에 제출하다 보면 사생활 침해 가능성도 높다. 또한 해외 카드결제가 많은 소비자로서는 돈을 많이 쓴다고 탈세 예비자 취급하는 기분도 들 수 있을 것이라고 우려하고 있다.

3. 해외직접구매 대행업체문제

해외수입품 직접구매 대행업체 10곳 중 7곳이 불법제품을 판매하는 것으로 나타났다. 산업통상자원부 국가기술표준원은 2013년 수입품 구매대행(제품 수요자를 별도로 모집한 뒤 해외에서 수입해 판매)업체 100곳을 조사한 결과 불법제품을 판매한 업체가 74곳으로 위반율 74%를 기록했다고 밝혔다.

이는 9.7%를 기록한 대형마트 같은 일반판매업체 위반율의 7배가 넘는 비율이다. 제조업체와 수입업체의 위반율은 각각 40.3%와 35.7%였다. 해당 업체들은 관련법에 따라 지정된 시험기관에서 제품 안전테스트를 받고 KC인증마크를 받아야 하지만 이를 어긴 것이다. 불법제품 적발건수는 2009년 270건에서 2013년 695건으로 4년 만에 2배 이상 증가했다. 위반율도 2009년 9.8%에서 2011년 11.6%, 2013년 15.1%로 높아지고 있다. 품목별로는 조명기기가 19.4%로 가장 많았고, 완구

10.8%, 전기온수기 7.5% 순이었다.

또한 적용된 환율이 해외구매에 일반적으로 적용되는 관세청 고시환율보다도 훨씬 높았던 것이다. 일부 구매대행업체의 이와 같은 관행은 유의하지 않으면 쉽게 알아차릴 수 없다. 관세청 고시환율보다 높은 환율을 적용해 소비자들에게 청구하고 있었다.

2014년 4월 30일 기준으로 미화 100달러짜리 물건을 살 경우 소비자가 직접 결제하면 송금을 보낼 때 환율(전신환 매도율)에 카드사수수료를 합해 10만5,400원이 들지만, 구매대행업체를 거치면 물건값으로 내야 할 금액만 최대 11만 원을 넘기는 데다 송금수수료와 구매대행수수료를 따로 더 내야 한다.

그림 8_ 해외구매대행 사이트 피해상담 건수

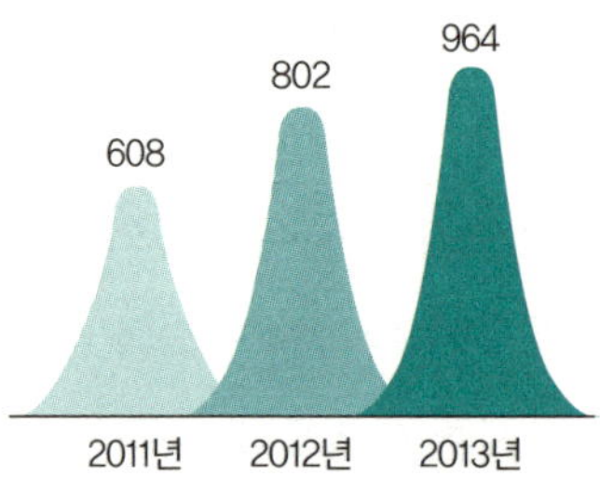

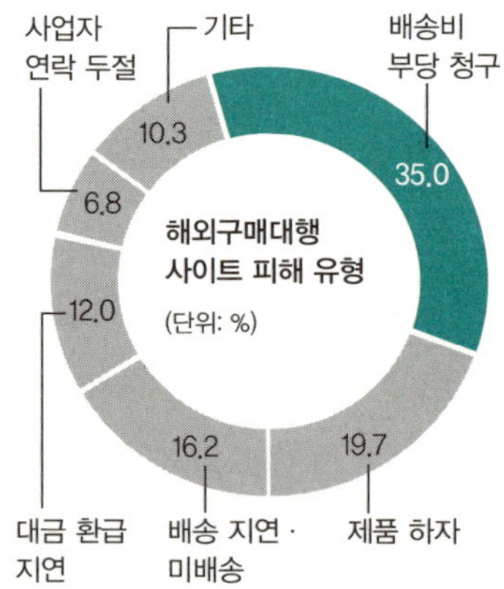

※ 2011~2013년의 피해구제 신고사례 117건을 유형별로 분류

출처: 한국소비자원

Ⅵ. 해외직접구매의 향후 과제

해외직구는 우선적으로 소비자 후생을 증대시키는 효과를 불러온다. 소비자들에게 제품 영역을 늘려줌으로서 소비자들의 다양한 선호를 충족시켜주기 때문이다. 내수시장이 커 다양한 기능, 종류의 제품들이 존재한다면 소비자들은 자신의 선호와 최대한 유사한 품목들을 구입할 가능성이 높다. 그렇지만 우리나라와 같이 내수시장의 규모가 제한적이라면 불필요한 기능, 선호하지 않는 스타일에 가격을 지불해야 하는 경우가 발생하게 된다.

해외직구는 국내 소비자들이 거대 소비시장에 접근할 수 있게 해줌으로써 소비자 후생을 증대시키는 것이다. 이에 정부는 해외직접구매 물품에 대한 수입신고절차를 간소화하고, 병행수입품에 대해서는 통관표지(QR코드) 발행을 확대하는 내용의 '독과점적 소비재 수입구조 개선방안'을 확정 · 발표했다. 이와 같은 조치를 통해 독점판매권을 가진 수입업자와의 가격경쟁을 촉진함으로써 가격하락을 유도하겠다는 취지이다.

해외직접구매의 경우 2014년 7월부터 통관절차가 대폭 간소화된다. 정부는 목록 제출만으로 통관이 가능한 '목록통관'대상을 100달러 이하(미국은 200달러 이하) 전소비재로 확대한다. 지금까지는 의류, 신발, CD, 인쇄물 등 6개 품목에 대해서만 목록통관이 허용됐다. 이에 따라 현재 전체 전자상거래의 34% 수준인 목록통관제대상 수입품은 50% 이상으로 확대될 것으로 예상된다. 소비자들은 최대 3일까지 걸리던 통관기간을 최소 4시간으로 줄일 수 있게 된다. 정식통관절차에서 지급하던 관세사수수료(건당 약 4,000원)도 절약할 수 있다.

해외직접구매의 문제점 중 하나인 반품문제가 좀 더 간편해질 전망이다. 해외쇼핑몰에서 직접구매한 물품을 반품하기 위해서는 수출신고를 해야만 구매 시에 납부한 관세를 돌려받을 수 있다. 하지만 개인이 수출신고를 하기는 쉽지 않다.

복잡한 증빙서류를 갖추고 관세사를 통해서만 수출신고가 가능한 구조인데, 앞으로는 소비자 개인이 직접 반품을 위해 수출신고를 하고 관세환급을 받을 수 있게 된다. 관세청 통관포털인 유니패스(UNIPASS)에서 직접 신고할 수 있으며 개인의 신고작성을 쉽게 하기 위해 신고매뉴얼도 보완하기로 했다. 아울러 구매나 배송대행업체 홈페이지에 예상되는 세금을 조회할 수 있도록 세액조회시스템을 연계해 구매단계에서부터 정보가 제공될 수 있도록 할 계획이다.

해외직접구매는 카드결제를 통해 이루어진다. 이에 온라인 쇼핑몰을 통한 상품직접구매가 늘면서 이들을 겨냥한 신용카드업계의 홍보전이 한창이다. 몇몇 카드사들의 경우 커져가는 해외직구 수요를 겨냥해 구매 시 할인혜택이나 관세 · 배송비 절감을 내걸고 있다.

CHAPTER 09

명품마케팅

Ⅰ. 개요

1. 현황

명품에 대한 수요가 점점 상류층에게만 국한된 것이 아닌 중산층과 서민층도 몇 개 정도의 아이템을 구매하는 형태를 보여주고 있고 명품을 구매하기 위해 무리한 지출을 하는 경우도 종종 볼 수 있을 만큼 사회 각계각층에 명품수요가 널리 퍼져 명품마케팅이 점점 중요해지고 있다.

국내의 여러 아웃렛기업들은 1980년대부터 매장을 영업하여 오늘날까지 이어져오고 백화점에서의 그들의 자리는 계속 커지고 있다. 2000년대까지 꾸준한 성장으로 국내 명품마케팅 활성화에 큰 영향을 미쳤다. 또한 백화점들이 명품판매에 뛰어들면서 경기를 타지 않고 안정적인 매출을 보장하며 높은 판매마진을 확보하면서 아웃렛기업들의 이미지를 가치 있게 만들고 있다.

이런 명품에 대한 열망은 쉽게 줄어들지 않고 이제 일종의 유행이 아니라 하나의 추세라고 할 수 있을 만큼 여러 사람들에게 각광받고 있다. 이에 따라 여러 혁신적인 명품마케팅의 방법을 생각하는 것이 중요해질 것으로 전망된다.

[그림 1]은 국내 아웃렛에서 주요 기업들의 비율을 보여준다. 명품매출비율이 증가하면서 명품마케팅의 중요성이 부각되고 있다.

그림 1_ 주요 백화점 명품매출비율

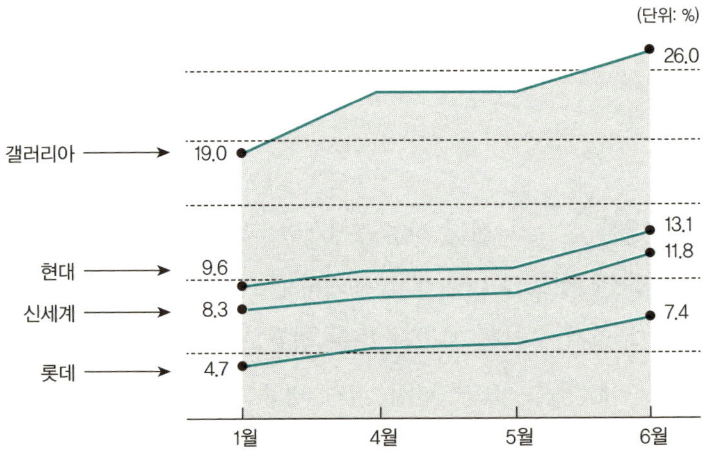

출처: 한국소비자원

Ⅱ. 구성

1. 국내 명품마케팅

국내 아웃렛기업들은 마케팅방식이 비슷하다. 백화점의 이미지를 결정할 정도로 중요한 요소이고 매장위치와 크기까지 세심하게 분석하여 결정하기 때문에 마케팅이 국내 아웃렛기업들 이미지에 큰 영향을 미치고 있다.

명품과 같은 경우는 아예 명품들만 모아놓은 전시장이나 명품관을 만들어 소비자들이 쉽게 접할 수 있게 만들어 놓았다. 또한 이런 곳에 전시된 아웃렛기업들의 이미지는 좀 더 좋아져서 소비자들의 선호도를 높이게 된다.

롯데 에비뉴엘이라는 국내 아웃렛기업은 복층 매장을 통해 소비자들의 관심을 샀고 신세계기업은 조명을 어둡게 해서 전시해 둔 제품을 돋보이게 하는 등 기업마다 다른 방식으로 마케팅을 하여 소비자들의 관심을 끌어냈다.

2. 집중마케팅

집중마케팅이란 명품을 사기 위해 충분한 재력을 가지고 있는 계층을 상대로 집중적으로 분석하고 조사하여 그들에게 맞춤마케팅을 준비하는 것으로 파레토의 법칙과도 일맥상통한다.

명품은 모든 것이 그런 것은 아니지만 보통 부를 가진 사람들이 대체적인 소비를 이루기 때문에 집중마케팅은 그런 계층에 초점을 맞추고 그들의 결과, 특성, 방향, 경향 등을 토대로 마케팅방식을 결정하는 것이다.

이런 부를 가지고 있는 계층에게 마케팅을 집중하려면 가장 중요한 것은 그들과의 신뢰를 쌓고 차별화된 매장 같이 즐길 수 있는 곳을 만들어 명품을 전시해 놓음으로써 판매효과를 기대할 수 있게 되기 때문에 중요하다.

3. 리미티드 마케팅

리미티드 마케팅이란 특별 제작된 한정판임을 앞세워 고객을 끌어들이는 마케팅으로 주로 명품의 고가제품 위주로 상품의 희소성을 강조해서 관심을 끄는 방법이다.

인터넷 쇼핑몰 등 온라인을 통한 명품유통채널의 확산으로 더 대중적인 명품유통망이 확대되어 소비자들이 인터넷을 통해 정보를 좀 더 쉽게 접할 수 있게 되어 한정판의 홍보가 더욱 활성화되었다. 또한 이런 한정판 명품들을 전시해 놓음에 따라 판매량이 올라가고 실제로 그런 고객들을 한정판 명품매장으로 끌어들일 수 있는 전시효과를 가져와 리미티드 마케팅이 점점 늘어나고 있는 추세이다.

4. 유행마케팅

이 마케팅방식은 한국이 유행에 민감하고 대세를 잘 따르는 경향이 있기 때문에 가능한 방식이다. 소비자들이 최신 선호하는 상품이나 구매하는 경향이 있는 명품을 자세히 조사하여 유행에 맞는 명품마케팅 방식을 갖춰 고객들의 입맛에 맞는 마케팅을 제공하는 것이다.

이러한 마케팅은 소비자들이 최신으로 원하는 상품을 조사하여 상품대에 진열해 놓음으로써 소비자들의 눈길을 끌며 전시효과도 발생하고 같은 종류지만 특수한 제품을 제작해서 희소성을 높여 이목을 집중시킬 수도 있다.

Ⅲ. 해외명품마케팅

해외에서의 명품마케팅도 국내에서의 명품마케팅과 큰 차이점은 없지만 디테일한 부분에서의 차이가 어느 정도 있고 명품 자체를 생산해서 유통하는 점이 있어 다양성에서 차이가 난다.

이탈리아나 프랑스와 같은 명품을 생산하는 나라에서는 장인들이 직접 제작한 명품을 판매하기 때문에 유통과 같은 부문에서도 이점을 가지고 있다. 또한 명품시장의 규모 자체가 크기 때문에 소비와 생산이 활발하게 이루어져 명품의 회전율이 좋고 제품의 정품이 잘 보장되어 있어서 소비자들이 사기를 당할 확률이 적어 신뢰성 부분에서도 뛰어나다.

1. 연계마케팅

명품을 구매한 소비자가 동시에 구입하는 물품의 종류와 형태를 추적함으로써 해당 상품 파트와 협업마케팅전략을 구사할 수 있는 마케팅방법이다.

각종 이벤트나 행사 등의 동시마케팅전략을 구사하여 동시에 매출을 증대할 수 있는 매력적인 전략 구사가 가능해짐으로써 비슷한 명품 브랜드끼리 묶어 전시를 해놓음으로써 마케팅적 효과를 볼 수 있다.

어느 특정브랜드의 특정품을 구매하기 위해 매장을 찾는 명품고객은 연계마케팅을 통한 타 상품군 구매에 대해 효과적으로 반응하기 때문에 이런 마케팅방식이 이목을 받는 것이다. 명품브랜드가 자체적으로 구사하는 마케팅전략과의 시너지효과를 노릴 수 있으므로 환경변화에 유의하면서 연계요소에 집중하여야 한다.

2. 공간마케팅

공간마케팅은 해외에서 주로 쓰이는 마케팅방식으로 이미지전략으로 생각한다면 좀 더 이해가 쉽다. 상품을 단순히 판매만 한다는 인식에서 벗어나 매장 자체를 꾸며 전략으로 삼는 것이다.

다양하고 풍부한 공간을 제공함으로써 고객으로 하여금 매장 자체에 빠져들게 만들어 하나의 공간예술작품으로 생각되게 만드는 것이다.

공간마케팅은 단순히 공간만이 아니라 명품의 이미지 제고효과도 있어서 브랜드 이미지를 강조하기 위해 공간디자인에 많은 신경을 쓰고 이것이 실제로 마케팅방식으로 이용되고 있다.

3. 집단마케팅

집단마케팅은 명품을 구매하는 소비자 집단에 끊임없이 정보적 영향이나 가치표현적 영향을 주는 것을 의미한다.

명품을 주로 소비하는 고객이나 소비할 의향이 있는 소비자들을 조사하여 그들 집단에게 SNS 등 여러 방법을 통해 명품에 대한 정보를 제공하여 홍보하면서 마케팅효과를 노리는 것이다.

또한 그런 고객들에게 다양한 서비스혜택 등을 제공함으로써 이미지를 제고시켜 좀 더 나은 판매력을 보일 수 있고 그런 혜택을 받은 고객들이 주변인에게 미치는 구전효과 등을 통해 마케팅효과를 볼 수 있다.

4. 면세점마케팅

면세점은 명품을 판매하기에 잘 어울리는 곳으로 부를 가지고 있는 고객들이 몰리기 쉬운 장점이 있고 여러 명품들이 잘 진열되어 있기 때문에 고객들의 눈길을 끌 수 있다.

면세점 안의 명품들의 퀄리티 또한 시간이 갈수록 높아지고 있기 때문에 고객들의 발걸음을 옮기기 더욱 쉬워졌다. 그리고 출국을 하기 전에 긴 시간을 이용할 수 있도록 연계성이 좋은 물품들을 전시하여 효과를 볼 수 있다.

공항에 매장이 위치하기 때문에 유통이나 물류 방면에서 시간을 절약할 수 있는 장점이 있고 공항의 서비스와도 연계할 수 있는 서비스혜택을 챙길 수 있어서 고객들 또한 이득을 볼 수 있다.

PART 2

면세점경영과 마케팅

CHAPTER 01 면세점의 기원과 역사

Ⅰ. 개요

1. 면세점의 정의

면세점이란 국내법상 보세판매장으로 정의된다. 국세청의 보세판매장의 정의를 살펴보자면 외국물품을 외국으로 반출하거나, 관세면제를 받을 수 있는 자가 사용하는 것을 조건으로 판매하는 특허보세구역이라고 하고 있다. 이러한 면세점은 공항이나 시내에 설치되어 있는 비과세상점을 말하는 것으로 듀티프리는 수입관세 및 부가가치세, 각종 목적세 등의 일체 세금이 면제되는 것이다.

면세점은 「관세법」 154조에 근거하여 보세구역 중 특허보세구역으로 구분되며 다시 특허보세구역 중 보세판매장으로 분류되고 정의된다. 보세판매장의 정의로는 「관세법」 제196조에 의하여 관세의 면제를 받을 수 있는 자가 사용하는 것을 조건으로 외국물품을 판매할 수 있는 장소라고 하고 「보세판매장 운영에 관한 고시」에서 그 분류, 내용, 자격 요건 등을 상세하게 정하고 있다.

또한 국산품을 판매하는 경우에는 외국으로 수출하는 것으로 보아 부가가치세 영세율, 관세를 환급하는 등의 적용을 받을 수 있다. 면세점은 일정한 금액이나 가격 또는 수량 이하의 과세물건에 대하여는 과세를 하지 않는 것으로서, 경제정책과 사회정책적 측면을 고려하여 설정된다.

면세점은 기초공제와 유사하지만 기초공제가 그 한도를 초과하는 과세표준을 전제로 하여 전체 과세표준에서 공제범위를 제외한 나머지의 과세표준에 대하여 과세를 하는 것과는 달리 면세점은 그 한도를 초과하지 않는 과세표준을 전제로 하여 과세를 면제하되 과세표준이 그 한도를 초과하는 경우에는 전체 과세표준에 대하여 과세를 하게 된다.

취득가액이 50만 원 이하인 때에는 취득세를 부과하지 않는 것(지방세법 제113조), 과세표준이 20만 원 미만이면 상속세를 부과하지 않는 것(상속세및증여세법 제25조), 간이과세자의 당해 과세기간에 대한 공급대가가 1,200만 원 미만인 경우에 부가가치세를 면제하는 것(부가가치세법 제29조), 일정금액 이하의 근로소득 · 연금소득 · 퇴직소득 · 산림소득 등은 그 전액을 소득금액에서 공제하여 소득세의 과세표준으로 하는 것(소득세법 제47조 내지 제49조) 등이 그 예라고 할 수 있다.

2. 면세점의 특성

면세점은 정부의 특허를 통하여 운영되고 있다. 면세점에서 판매된 물품은 국외로 반드시 반출되어야 하고 시내면세점에서 판매되는 경우에는 여권 및 항공 탑승권으로 반드시 출국 여부를 확인하며 판매된 물품은 판매자 책임하에 출국장에서 개별적으로 설치된 인도장에서 구매한 자에게 인도하는 등 엄격한 통제하에 운영되고 있다. 면세사업의 목적으로는 자국의 관광산업과 국가경제를 발전시키기 위한 것으로 외국인을 대상으로 쇼핑의 증진을 도모하여 외화 획득을 하고 내국인의 경우에는 해외제품 구입을 위한 소비활동을 국내 소비로 전환하여 최종적으로 외화 유출 방지를 위해 운영하고 있다.

첫째, 면세점은 규모가 중요하다. 일정규모 이상을 충족하지 못할 경우는 판매하는 제품에 대한 재고 및 판매관리비 부담이 커지기 때문에 규모의 경제가 중요한 산업 중 하나이다.

둘째, 면세점은 특수한 성격 때문에 허가를 받았다고 운영할 수 있는 사업이 아니라 특허사업이다. 면세점을 방문하는 소비자들이 충족할만한 제품, 특히 명품 또는 빅브랜드 구색을 갖출 수 없는 면세점은 소비자들로부터 외면받을 수밖에 없다.

셋째, 상품의 반 · 출입의 엄격한 통제가 있다. 면세점에서 가장 중요하게 생각하는 것은 면허의 취지와 취급상품의 특성으로 인하여 상품의 반 · 출입에 대한 관세를 엄격하게 관리하고 통제된다. 영업장과 창고는 보세지역으로서 구입, 판매, 관리, 반입, 출입이 정확하고 엄격하게 통제를 받음으로써 면세점의 판매와 특별성을 보존할 수 있다.

넷째, 면세점은 관광 경기에 따라 매출액에 큰 차이를 나타낼 수 있다. 이러한 특징은 면세업체들에게 큰 위험으로 적용된다.

다섯째, 면세점은 세계적으로 표준화되어 있는 산업으로 개별 브랜드들이 표준화된 글로벌 매뉴얼을 통하여 상품관리를 하게 된다. 따라서 면세점이 국제경쟁력을 갖추어 관광객 및 내국인의 구매를 촉구할 수 있는 방안을 마련해야 한다.

Ⅱ. 구성

1. 국내 면세점 역사

국내 면세점의 발달과정을 살펴보면 1962년 WCO의 보세판매장 설치와 운영에 관한 권고를 통해 외국인 쇼핑 증대라는 목적 아래 출국장 면세점으로 시작했으며, 김포국제공항의 출국장에 면세점을 설치한 것이 시초였다. 출국장면세점은 출국장에서 출국인 및 통과여객기의 임시 체류인에게 상품을 판매하는 보세판매장을 말한다.

이후 정부가 1978년에는 허가제를 통해 도입했으며 외국인의 관광편의를 목적으로 시내면세점을 최초로 설치하였고 1979년에는 롯데면세점과 동화면세점이 문을 열었다.

1984년에는 관세청에서 「보세판매장 운영에 관한 고시」를 제정하여 제도적으로 보완을 시작했고 전두환 전 대통령은 면세점 확대를 지시

그림 1_ 국내 면세산업의 주요 연혁

한국 면세점산업의 주요 연혁

1962년	김포국제공항 출국장면세점 설치
1978년	시내면세점제도 신설(허가제)
1979년	시내면세점 두 곳 허가(롯데, 동화)
1984년	대통령의 면세점 확대 지시로 '사실상의 등록제'로 전환
1989년	면세점 33곳으로 급증(시내면세점 29곳, 출국장면세점 4곳)
1995~2003년	외환위기 등에 따른 부도 및 폐업 속출
2008년	시내면세점 허가제 강화(신규 특허요건 신설)
2013년	관세법 개정안(사업권 5년으로 축소) 시행
2015년	서울 시내면세점 2곳 사업권 회수 및 5곳 신규 허가
2016년	서울 시내면세점 4곳 추가 허가, 사업권 10년으로 재연장 추진

국내 면세점 매출

(단위: 억 원)

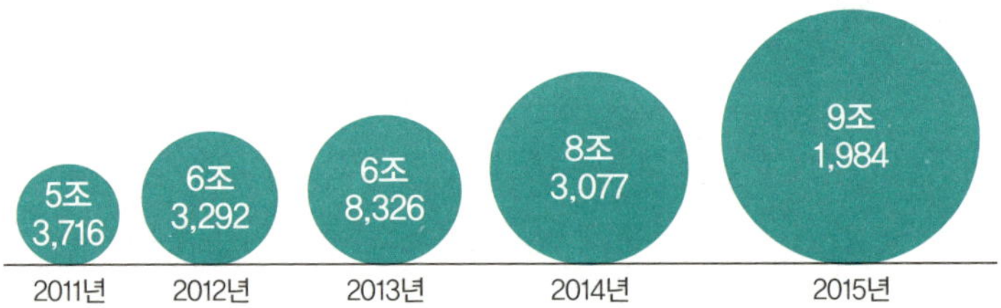

출처: 관세청

했다. 경제가 성장하던 시대로 해외관광객이 늘어날 것에 대비한 것이다. 정부가 허가해주는 방식에서 등록만 하면 문을 열 수 있게 했다.

국내 면세점이 크게 확대되기 시작한 계기는 올림픽 등의 국제행사를 계기로 1986년 아시안게임과 1988년에 서울올림픽을 통해 외국인 관광객의 쇼핑활성화 추진정책으로 면세점이 크게 증가하였다.

1989년까지는 전체 시내면세점은 29개, 출국장면세점은 4개까지 확대되었다.

1990년대 이후에는 외국인관광객 감소와 국내외 경제위기 등으로 지속적인 폐업으로 이어졌다. 시내면세점의 경우 10개 규모로 대폭 감소되었다. 면세점 간의 치열한 경쟁과 출국장면세점 대비 상품구색 미비, 명품브랜드 입점 실패 등으로 시내면세점 수익성이 악화되었다.

2003년에는 제주도에 지정면세점을 설치하였다. 지정면세점은 제주특별자치도 설치 및 국제자유도시 조성을 위한 특별법 및 조특법 제121조의 13 등에 의해 설치되었고 제주세관장이 특허를 내주고 19세 이상 제주도여행객과 제주도민은 이용이 가능하고 1회에 400달러 이하 연간 6회로 제한되며 제주도 외 대한민국의 다른 지역 반출이 가능하다. 세전가격으로 판매되며 관세, 내국세, 지방세가 면세되고 5곳이 운영되었다.

2008년에는 시내면세점 허가제를 강화하였다. 신규 특허요건을 신설한 것이다.

1) 면세점의 변화

2013년에는 면세점업계에 큰 변화가 찾아왔다. 이른바 '홍종학법'으로 잘 알려진 관세법 개정안 때문이다. 홍종학법이란 경제민주화가 화두였던 2012년 18대 대통령 선거를 앞뒀을 때인 2012년 11월 관세법 개정안이 처리되었는데, 홍종학 당시 민주통합당 전 의원이 면세점들이 대기업만 배를 불리고 있다며 대표 발의한 법이다. 이때부터 면세점업계는 전쟁을 치르며 최근 감사원 적발에 이르기까지 가시밭길을 걸었다. 2013년 1월 홍종학법이 국회를 통과한 후 면세점 특허기간은 종전 10년에서 5년으로 줄었고 특허가 만료되면 반드시 관세청의 입찰심사를 통과하는 방식으로 바뀌었다. 그 결과 면세점들은 5년마다 특허권을 놓고 싸움을 벌였다.

최근에는 지역경제 활성화 및 관광 진흥을 위해 중소 · 중견기업 대상 시내면세점 특허가 확대됨에 따라 시내면세점은 증가 추세이다. 현재는 관광객 유치가 늘었고 경제 성장으로 인해 시내면세점도 20개 규모로 성장했으며 공항 출국장면세점도 활성화되었다.

2015년 변경된 제도를 적용한 결과는 기존 면세점사업자의 특허갱신 실패로 돌아왔고 신규 면세점사업의 불확실성 등의 문제점이 나타났다. 기존 면세점의 특허갱신 실패로 해당 면세점에서 근무하는 근로자의 고용불안, 기존 투자에 대한 회수 곤란 등의 문제가 발생하게 되었다. 신규 면세점도 면세점의 한시적 특허기간(5년)으로 인해 투자가 위축되고 해외브랜드의 유치에 있어 협상력이 저하된다는 비판이 제기되었다.

2016년에 정부는 특허기간 연장과 갱신 허용 등의 대책을 발표했으나 신규 사업자의 참여방식에 대해서는 기존 제도를 유지했다. 면세점 특허기간을 10년으로 환원하고 갱신을 허용했으나 진입장벽 완화에 대해서는 신규 면세점 추가 허용이라는 대책만을 발표했다. 면세점의 신규 특허가 정부의 자의적인 판단에 따라 결정되는 구조가 정책의 예측가능성 저하는 물론 이해관계자 간 논란이 야기되었다.

2) 면세점의 성장

그림 2_ 성장하는 국내 면세시장

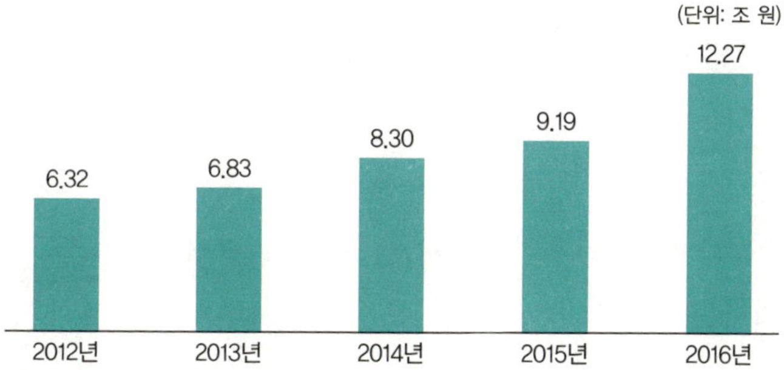

출처: 관세청

2016년 국내 면세시장의 규모가 사상 처음으로 10조 원을 훌쩍 넘어 12조 원을 돌파했다. 서울지역의 시내면세점이 전체 시장 성장의 견인차 역할을 했다. 한국을 방문한 외국인관광객이 전년보다 400만 명 가까이 늘며 외국인 매출이 급증한 덕이 컸다. 2016년 국내 면세시장의 전체 매출은 12조 2,757억 원으로 2015년(9조 1,984억 원)보다 33.5% 성장했다. 불과 1년 만에 3조 원 이상 시장규모가 커진 것이다.

서울지역의 시내면세점 전체 매출은 2015년 5조 332억 원에서 2016년 7조 1,607억 원으로 42.3% 급증했다. 2016년 국내 면세시장이 크게 성장한 이유는 방한 외국인관광객이 급증한 덕분이다. 한국관광공사에 따르면 2016년 한국을 찾은 외국인관광객은 1,700만 명 수준으로 2015년(1,323만 명)보다 28.5% 늘었다. 2016년 국내 면세시장에서 외국인 매출비율은 71.8%였는데 약 8조 8,140억 원을 외국인관광객이 쓰고 간 셈이다. 2015년 외국인 매출은 약 6조 1,170억 원, 매출비율은 66.5%였다.

2. 해외면세점 역사

면세점은 중세 항구를 중심으로 발전되었는데 상인들이 정부로부터 장기간 항해를 위해 필요한 물품들을 세금이 면제된 가격으로 공급받을 수 있게 하였다. 그 이유는 공급받은 물품들이 자국 내에서의 소비가 아닌 공해상에서 사용되기 때문이었으며 이러한 관습으로 현재에 이르러 국제항공에까지 확대된 것이다.

면세의 개념은 1500년대부터 배 안에서 사용할 목적으로 영국 선원들에 한해 술을 판매한 것이 시초가 되었다. 술과 담배가 주종을 이뤘으며 시간이 흐르면서 여행 중에 쓸 물품이나 향수 등이 점차 면세품목에 추가되었다.

세계 최초로 1947년 아일랜드 섀넌공항에 면세점을 시작했다. 당시 섀넌공항은 북미와 유럽을 오가는 대서양 횡단 항공기들이 기름을 넣기 위해 잠시 머무르는 중간 기착지였다. 승객들은 비행기가 기름을 채우는 약 3시간 동안 무료하게 시간을 보내야 했다. 섀넌공항은 이들을 위해 1943년 간단히 식음료를 제공하는 케이터링서비스를 시작했다. 공항 내에 승객들이 지루하지 않게 시간을 보낼 수 있는 작은 선물가게도 마련했다.

당시 항공여행은 부유층의 전유물로 북미와 유럽을 오가는 항공기

승객의 대부분 역시 부유층이었다. 이들의 구매 잠재력을 발견한 사람은 브렌단 오레간이다. 1930년대 독일과 영국에서 유학하고 돌아온 오레간은 셰넌공항에서 케이터링서비스를 하는 호텔리어인 아버지를 도왔다. 미국 출장길에 배 안에서 술을 파는 면세점을 보고 공항에도 도입해야겠다고 생각하여 관세와 세금을 면제해야 한다는 주장을 펼쳤다. 션 장관은 1947년 셰넌공항을 무관세지역으로 만드는 법을 통과시켰다. 이때 기존의 더블린 리엔나공항에서 셰년 듀티프리공항으로 바뀌었다. 이 듀티프리숍이 오늘날 면세점의 효시이다.

1955년에는 국제여행에 관한 국제협약을 통해 본격적인 공항면세점 시대로 돌입한다. 승객이 구매한 물품은 탑승할 때 게이트 앞에서 봉인된 백형태로 전달됐다. 이런 방식은 미국 등 여러 나라에서 지금까지도 이어져 오고 있다.

1959년 관세 및 소비세법에 따른 에어사이드면세점이 영국에서 허용되기 시작했다. 이곳에서는 처음에는 술만 허용이 되다가 1964년 담배와 향수, 기타 선물들을 팔 수 있게 되었다.

1) 면세점의 변화

1960년대 이후 면세산업은 급성장하기 시작했으며 세계에서 여행 유통업체로 가장 영향력 있는 듀티프리샤이 홍콩에서 사업을 시작하여 세계 면세산업에서 전환점 역할을 하였다. 듀티프리샤은 1960년대 일본 여행객 덕분에 성장했다고 할 수 있다. 1960년대에서 1970년대 중반까지 경제는 매년 10% 이상 상승했고 경기 호황으로 중산층 대열에 합류했다. 해외여행이 인기가 많아졌고 일본인관광객들이 명품을 사들이면서 명품시장이 형성됐다. 듀티프리샤은 일본인들이 수시로 드나드는 하와이 및 쇼핑객이 많은 LA, 앵커리지에 면세점 운영권을 확보하면서 비약적인 성장을 했다.

1970년대 해외여행의 대중화와 함께 면세산업은 폭발적인 성장을 이룬다. 거대 공항의 탄생과 대규모의 승객 수송이 가능한 점보 비행기 개발, 저렴한 항공료 등 항공여행의 여건이 발달하면서 공항 이용객이 늘었고 듀티프리 쇼핑을 위한 공간도 늘었다.

1980년대부터 1990년대에는 아시아시장이 경제성장과 함께 신흥시장으로 떠오르면서 명품중심의 면세시장이 급성장하였다.

2000년대 현재 면세사업은 항공여객 수요의 증가와 함께 발전하였다. 특히 세계 각국의 면세점 소재를 보면 약 60%가량이 공항에 소재하고, 그 외에도 시내면세점이나 기내 또는 유람선 등에서도 면세판매가 이루어지고 있다.

면세사업은 많은 수의 판매원을 고용하며 면세점 비용구조에서 제품구입비가 차지하는 비율이 전체의 50%이고 나머지는 국내 부가가치 창출로 연계되는 산업이다. 면세산업의 활성화는 높은 고용률 및 부가가치 창출효과를 가져다줄 것이다.

2) 면세점의 성장

면세산업에 대한 국가별 점유율은 비교기간이 2014년과 2015년으로 연간 비교가 이뤄졌다. 1위는 '한국'으로 2014년 대비 2015년에 5.0%

표 1_ 2015년 국가별 면세산업 점유율 (단위: %)

순위	국가	2014 VS 2015	점유율
1위	한국	5.0	14.4
2위	중국	-6.7	7.3
3위	미국	2.4	6.2
4위	영국	0.9	5.5
5위	독일	-0.1	4.6
6위	아랍에미리트	-0.6	4.5
7위	홍콩	-23.5	3.7
8위	태국	22.3	3.1
9위	싱가포르	5.1	2.9
10위	일본	36.9	2.8

출처: 관세청

성장, 전세계 시장점유율 14.4%를 차지했다. 2위인 '중국'은 -6.7% 하락했지만 7.3%의 글로벌 점유율을 차지했다.

전체 국가들 중에서 중국인관광객이 몰려들고 있는 '태국'이 22.3% 성장, 전체 글로벌 시장점유율 3.1%를 차지해 8위에 링크되었다. '일본' 역시 36.9%라는 기록적인 성장률로 글로벌 점유율 2.9%로 10위를 차지했다. 전년 대비 2015년 시장이 하락한 10위 이내 지역은 '홍콩'이 대표적으로 -23.5% 하락했다. 그 외에도 25위권에 해당하는 국가들 중 '브라질'이 -32.4%, '러시아'가 -36.8%, '이집트'가 -32.5% 하락해 대폭적인 매출 감소를 겪는 국가로 발표되었다. 이와 같은 결과를 종합해 글로벌 면세시장에 대한 지형도를 살펴보면 핵심은 역시 중국인관광객으로 파악된다.

10위권 이내 국가들 중 중국인관광객이 대폭적으로 증가하고 있는 '한국'과 태국', '일본'은 면세점 매출이 대폭 증가하고 있는 반면, '홍콩'과 같이 중국인관광객 러시가 멈춰지는 지역은 큰 폭의 하락이 불가피한 것으로 분석되었다.

표 2_ 글로벌 Top 10 면세업체 매출규모

순위	면세업체	매출액
1위	스위스 듀프리	56억8,300만 유로(7조 300억 원)
2위	미국 DFS그룹	37억7,000만 유로(4조 6,600억 원)
3위	한국 롯데면세점	37억5,000만 유로(4조 6,400억 원)
4위	프랑스 LS트래블리테일	35억7,000만 유로(4조 4,000억 원)
5위	독일 하이네만	28억 유로(3조 4,000억 원)
6위	한국 신라면세점	22억8,600만 유로(2조 8,000억 원)
7위	태국 킹파워그룹	19억7,100만 유로(2조 4,000억 원)
8위	아랍에미리트 두바이면세점	17억2,600만 유로(2조 1,000억 원)
9위	대만 에버리치면세점	15억7,000만 유로(1조 9,000억 원)
10위	중국 선라이즈면세점	13억4,400만 유로(1조 6,000억 원)

출처: 무디리포트

〈표 2〉의 면세업체 매출규모를 살펴보면 스위스의 듀프리(Dufry)가 압도적인 수치로 1위 자리를 지켰다. 한 해 매출규모만 우리 돈으로 7조 원이 넘었다. 듀프리는 2014년 당시 5위 사업자였던 미국 월드듀티프리(WDF)를 인수한 것이 크게 작용했다. 2위부터 4위까지의 격차

는 근소했다. 미국의 DFS그룹이 2위, 한국의 롯데면세점이 3위를 유지했는데 두 회사의 격차는 2,000만 유로에 불과했다. 2014년 두 회사의 격차는 2억1,500만 유로였다.

4위는 프랑스의 라가르데르였다. 신라면세점은 22억8,600만 유로로 전년도 7위(18억7,700만 유로)에서 6위로 한 계단 상승했다. 태국 킹파워그룹의 도약이 눈에 띈다. 킹파워는 2015년 전년 대비 매출이 67% 증가한 19억7,100만 유로를 기록하고 7위로 3계단 상승했다. 국영기업으로서 정부 지원에 힘입어 중국인관광객이 2014년 대비 20% 증가했고 방콕 시내면세점과 푸껫 시내면세점 확장에 따라 이들 관광객을 쇼핑고객으로 전환시키는 데 성공했기 때문이라는 평가이다.

무디리포트는 “세계 면세시장이 대형 사업자들의 영향력이 커지는 가운데 사업자 간 경쟁도 격화되는 양상”이라며 “빠르게 성장하는 야심찬 기업들의 순위가 크게 오르고 있어 아마도 몇 년 안에 상위업체들을 위협할 정도로 성장할 것”이라고 분석했다. 무디리포트는 특히 롯데면세점에 대해 “최근 여러 변화들이 롯데면세점에 장기적인 관점에서 영향을 주고 있다”며 “시내면세점과 관련한 각종 논란 속에 롯데면세점은 높은 수익을 내던 월드타워점 영업권을 잃었고, 롯데의 힘과 영향력이 전에 없이 의심받는 상황에서 한국에서의 면세사업이 불행한 시간을 맞고 있다”고 언급했다.

CHAPTER 02

면세점의 분류와 종류

Ⅰ. 개요

1. 장소에 따른 분류

1) 출국장면세점

출국장면세점이란 공항, 항만의 출국장에 위치하고 있는 면세점으로서 공항, 항만의 출국자를 대상으로 운영하는 면세점을 말한다. 국내 공항면세점으로는 인천공항, 김포공항, 제주공항, 부산공항 등이 있으며 항만면세점으로는 인천항, 부산항, 평택항, 제주항이 있다.

그림 1_ 인천공항면세점

2) 입국장면세점

입국장면세점이란 공항, 항만의 입국장에 위치하고 있는 면세점으로서 공항, 항만에 입국자를 대상으로 운영하는 면세점을 말한다. 2016년 중국은 공항과 항만의 입국장면세점 19개소 신설을 승인했고, 일본은 2017년 4월 입국장면세점 설치를 허용하는 세제개편안을 적용하고 9월 1일 나리타 국제공항에 입국장면세점을 개장하였다.

관련업계에 따르면 인천공항공사는 인천공항 제2여객터미널 등에 입국장면세점 설치를 검토 중인 것으로 알려졌다. 입국장면세점은 공항이나 항구 등에서 출입국심사대를 넘어 국내에 들어오는 공간에 설치되는 면세점을 말한다. 현재는 해외로 출국할 때만 면세품을 살 수 있지만 입국장면세점이 생기면 귀국할 때도 면세품을 구입할 수 있게 된다.

인천공항공사에 따르면 2002년부터 2012년까지 9차례에 걸쳐 공항 이용객 1만7,000여 명을 대상으로 조사한 결과 84%가 입국장면세점 설립에 찬성했다. 여행객 입장에서는 시간에 쫓기는 출국 길에 면세품을 사고 여행하는 동안 구입한 물품을 지니고 다니는 것보다 국내로 들어올 때 공항 입국장에서 면세품을 사는 게 훨씬 편리하기 때문이다. 붐비는 인도장에서 오랜 시간 기다렸다. 면세품을 찾아야 하는 불편함도 일정 부분 해소될 것으로 보인다. 단 입국 소요시간이 길어질 수 있다는 단점이 있다.

그림 2_ 일본 나리타공항 입국장면세점 안내도

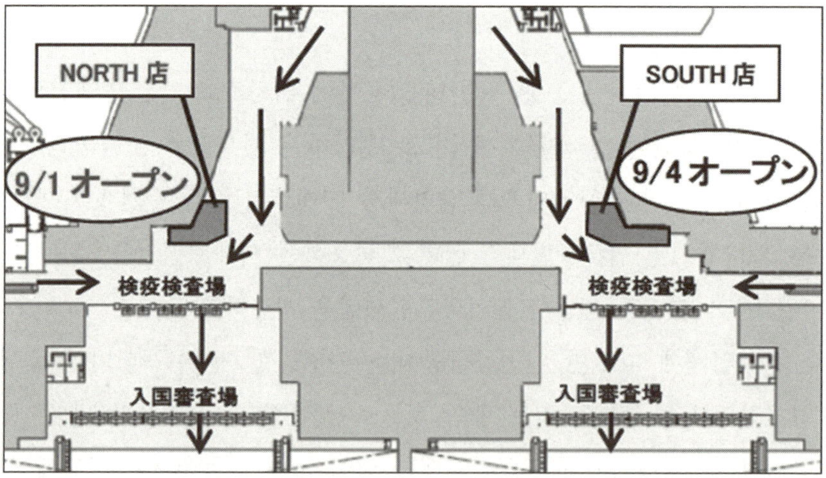

그림 3_ 시드니국제공항 입국장면세점

3) 시내면세점

시내에 설치되어 출국하는 내 · 외국인에게 물품을 판매하는 면세점이며, 출국 전 면세점에서 직접 물건을 보며 여유롭게 쇼핑할 수 있는 것이 장점이다. 다만 시내면세점은 별도의 방문이 필요하며 면세점을 방문하여 구매물품을 결제하고 교환권을 수령하여 공항 도착 후 지정 면세품 인도장에서 물품을 수령할 수 있다. 현재 국내에서는 22개의 시내면세점이 운영 중이다(2017년 4월 기준).

그림 4_ 2016년 5월 오픈한 동대문에 위치한 두타면세점

4) 내국인면세점

내국인면세점은 그 국가의 관광 유치를 중점으로 하는 도시에 설치되어 있다. 기존 면세점과 달리 국내선 이용자들을 대상으로 하고 있다. 우리나라에는 제주특별자치도 제주시와 서귀포시 등 총 5곳에서 운영되고 있다.

그림 5_ 제주 내국인면세점

5) 외교관면세점

우리나라에 주재하는 대사관, 영사관, 공사관 직원 및 가족 등에게 외국물품을 판매하는 면세점으로서 외교대사와 직계가족, 영사관 및 대사관 직원들은 물품 구입 시, 면세 통관신청서를 작성해야 한다. 주류와 담배는 구입한도가 정해져 있으며 명품시계, 주얼리 등 사치품에 속하는 제품군은 구매할 수 없다. 외교관면세점 전용매장에 진열된 상품들은 즉시 현장에서 가져갈 수 있다.

Ⅱ. 구성

1. 세금 감면 시기에 따른 분류

1) 사전면세점

외국인관광객 등 해외 출국 내외국인이 구입하는 물품에 대해서 부가가치세, 특별소비세 또는 관세 등을 미리 면세하여 판매하는 면세점이다. 사전면세점 영업은 허가제로 운영되는데 관세청의 허가를 필요로 한다.

2) 사후면세점

사후면세점은 상품에 세금을 포함해 판매하는 면세점으로 외국인만 이용이 가능하다. 사후면세점에서 3만 원 이상 제품을 구매한 고객은 환급절차신청을 거쳐야 부가세와 개별소비세를 돌려받을 수 있는데, 이 같은 불편을 해소하기 위해 2016년 1월부터는 즉시환급제가 시행되고 있다. 이는 별도 환급절차신청이 없어도 세금환급 전용계산대를 이용해 해당 매장에서 환급을 받을 수 있도록 한 제도이다.

표 1_ 사전면세점 사후면세점 비교

구분	사전면세점	사후면세점
사용 용어	Duty Free Shop, Tax Free Shop • Duty Free: 관세와 소비세(부가세, 개별소비세, 주세, 담배소비세 등을 모두 포함)가 면제 • Tax Free: 부가세와 개별소비세만 면제	Tax Refund Shop ※ 외국인관광객 등에 대한 부가가치세 및 개별소비세 특례규정에 따른다. • 사후면세점의 Duty Free', 'Tax Free' 문구 사용금지 • 판매장 내 '사후면세점'이란 안내문 표시 • 물건 구입 후 세금을 돌려받을 수 있다는 사실 안내 필수
용어 정의	세금 없이 구입하는 매장	제품 구매 시 세금(부가가치세, 개별소비세)을 낸 후 사후에 세금을 환급받는 매장
허가 관련	관세청의 허가 필요(관세법 적용)	관할세무서 신고(조세특례법 적용), 허가 불필요

CHAPTER 03 면세점정책과 판매특허제도

Ⅰ. 개요

1. 한국 면세시장 현황

면세점이란 소비를 목적으로 한국에 수입되는 외국상품에 부과되는 관세(tariff)와 자국에서 생산되어 유통되고 있는 상품에 부과하는 세금(tax)을 특정지역을 지정하여 자격을 갖춘 특정인에게 면세로 판매하는 점포를 말한다.

면세점제도의 법적 근거로는「세계 관세기구의 보세판매장에 관한 권고」(1960.6.16)에서 보세판매장은 부정수입의 위험이 크므로 세관에서 관할하는 개항인 항만 및 공항에 설치하고 외국으로 출국하는 여행자에게 물품을 판매하도록 권고함에서 비롯되었으며 고부가가치와 고용창출효과를 기대할 수 있는 외화 획득과 외국인의 쇼핑편의 도모를 위해 도입되었다.

면세산업은 면세점에서 판매되는 상품이 자국경제권 내에 면세된 가격으로 유입될 수 없으므로 이를 수출로 간주하여 면세가격으로 저렴하게 판매하도록 함으로써 판매를 촉진시켜 외화 획득 증가, 국제수지 개선 기여 및 내국인의 외화 유출을 감소시킬 수 있어 관광산업뿐 아니라 국가경제에도 크게 기여하고 있어 정책적으로 보호, 육성되고 있는 분야이다.

표 1_ 면세점의 유형

구분	보세판매장	종합보세구역 보세판매장	외국인관광객 면세판매장	외국인전용 관광기념품 판매업소	지정면세점
근거 법률	관세법 제196조	관세법 제199조의2	• 조세특례제한법 제107조 • 외국인관광객 등에 대한 부가가치세 및 특별소비세 특례규정	• 관광진흥법 시행령 제2조 • 부가가치세법 시행령 제26조	• 조세특례제한법 제121조의13 • 제주특별자치도 설치 및 국제 자유도시 조성을 위한 특별법 제177조
지정	관할세관장 (특허)	관할세관장 (신고)	관할세무서장 (지정)	지방자치 단체장(등록)	제주세관장 (지정)
이용 자격	출국자, 외교관	외국인여행자	외국인여행자	외국인여행자, 출국내국인	제주도여행객 (19세 이상)
판매 가격	면세가격	제세 포함가격	제세 포함가격	면세가격	면세가격
판매 조건	국외반출, 외교관 사용	국외반출	국외반출	외국인 사용 내국인 국외 반출	제주도 외 지역반출

출처: 한국관세무역개발원

면세점은 위치에 따라 시내면세점, 출국장(공항, 항만)면세점, 기내면세점(선박 포함), 외교관면세점 등으로 분류할 수 있으며, 세금을 감면해주는 시점을 기준으로 사전면세점과 사후면세점으로 분류된다.

이러한 면세점의 기능 및 특성으로는 첫째, 면세점은 특허사업으로 전국 어느 곳에서나 관세법에 의해 특허가 가능한 지역이나 장소로 외국인관광객이 이용하며, 시장규모에 따라서 특별히 점포의 수를 제한하고 있다. 둘째, 면세점은 수출 관련사업으로 내국인도 국외여행을 할 때 이용하지만, 대체로 외국인을 중심으로 판매하고 있어 외화 획득에 기여할 뿐만 아니라 관광사업 발전에 기여한다. 셋째, 면세점은 면허의 취지와 취급상품의 특성으로 인해 운영상 가장 중요하게 취급하는 것이 상품의 반입, 반출에 대한 것이다. 이때 관세가 엄격하게 관리, 통제를 받아 행해진다. 넷째, 면세점은 관광활동의 일부로 여행사나 호텔

표 2_ 면세점의 운영 현황

구분		운영 현황
보세 판매장 (45)	외교관(1)	• 서울(1)
	출국장 (22)	• 공항(17): 인천공항(7), 대구(1), 김해(2), 제주(1), 청주(2), 김포(2), 무안(1), 양양(1) • 항만(5): 인천(2), 부산(1), 평택(1), 군산(1)
	시내(22)	• 서울(9), 제주(3), 부산(2), 울산(1), 창원(1), 대전(1), 대구(1), 수원(1), 청주(1), 인천(1), 천안(1)
제주 지정면세점(5)		• 공항: JDC 제주공항점 • 항만: JDC 제주항 1점, 2점, JTO 성산포항 • 시내: JTO(국제컨벤션센터)

※ JDC(제주국제도시개발센터, 국토부 산하), JTO(제주관광공사, 제주도 지방공기업)

등과 같은 관광 관련사업체와의 긴밀한 협조 및 협력관계가 절대적으로 필요하다.

현재 우리나라에서 관세법상 보세판매장으로 규정되어 있는 면세점은 외교관면세점 1개, 출국장면세점 22개, 지정면세점 5개, 시내면세점 22개로 총 45개이며 운영 중인 귀금속류면세점은 없다.

표 3_ 연도별 면세점 매출액

(단위: 억 원)

연도	1997	2005	2009	2011	2012	2013	2014	2015
매출액	5,723	22,464	38,523	53,716	63,292	68,326	83,077	91,984

출처: 관세청

표 4_ 신규 면세점 매출액

(단위: 억 원, %)

구분		2016.5.	2016.6.	2016.7.	2016.8.	2016.9.	누계 (2016.1.~9.)
서울 시내면세점(전체)		5,729	5,817	5,889	6,221	6,134	51,253
신규 면세점(5개사)		614	803	957	1,176	1,372	6,142
	비중	10.7	13.8	16.3	18.9	22.4	12.0

출처: 관세청

국내 면세점 매출액 현황에 따르면 국내 면세시장은 꾸준히 성장 중이며 메르스 여파를 받은 2015년에도 높은 성장률을 기록했으나 〈표 4〉의 신규 면세점 매출을 살펴보면 서울지역 신규 면세점(5개사) 매출액이 총 6,142억 원으로 서울지역 전체 면세점 매출액 5조 1,000억 원에 크게 모자란 12%의 수준이다. 이는 면세점산업이 그 특성상 초기 투자비용이 커, 영업개시 이후 일정기간 적자가 발생하는 구조를 보여주는 자료이며 면세점정책과 규제의 방향이 중요하다는 것을 알려주는 자료이기도 하다.

Ⅱ. 구성

1. 한국과 외국의 면세점제도 비교

2013년 보세판매장의 특허제도에 대하여 기획재정부에서 관세법 시행령 등 관련사항 일부를 수정하였다. 전체 보세판매장의 일정비율 이상은 중소 · 중견기업에게 배정하고 상호출자 제한기업에게는 일정비율 이상 배정하지 않는 것으로 변경하며, 면세점사업을 대기업특혜로 규정한 뒤 10년짜리 사업권을 5년으로 줄이는 법안이 통과하였다.

이를 통해 중소기업의 면세점산업 육성을 통한 긍정적 효과와 최근 면세점 매출이 일부 대기업에 집중됨에 따른 시장 불균형문제 해소를 위한 중소기업의 적극적인 참여를 기대하였으나, 면세점사업권 심사에서 기존 사업자인 SK면세점과 호텔롯데가 각각 워커힐점과 잠실 월드타워점의 사업권을 잃으면서부터 약 2,200여 명이 일자리를 잃고 투자중단, 매출 감소 등의 결과를 가져왔다.

표 5_ 주요국 면세특허제도 현황

구분	한국	일본	중국	싱가포르
특허 성격	경쟁입찰 허가제	일정요건 확보시 특허권	국유기업에만 특허권	일정요건 확보시 특허권
특허기간	5년마다 원점 재검토	10년마다 자동갱신	1년마다 자동갱신	특이규정 없음
특허수수료	매출액 대비 대기업 0.05%, 중소기업 0.01%	면적당 150만~1,500만 원	매출액 대비 1%	연간 6,300만 원 정액제

출처: 매일경제

1) 주요국 면세점 재승인방식

미국	호주	태국	대만	인도네시아
자동갱신	자동갱신	10년 단위 자동갱신	독점사업권 자동갱신	3년 단위 관세청장 연장승인

출처: 한국투자증권

주요국 면세점 특허기간을 보면 한국에 비해 미국, 일본, 중국, 싱가포르 등 해외국가의 특허기간과 특허요건의 진입이 낮은 것을 확인할 수 있다. 또한 싱가포르, 홍콩, 마카오 등에서 공간 제약 등의 이유로 공항면세점은 입찰경쟁으로 운영되고 있지만 시내면세점은 요건만 갖추면 자율적으로 사업을 운영할 수 있는 '사실상 등록제'를 실시하고 있다. 등록제 입찰경쟁을 통해 신규 특허권 발급과 갱신과정에서 제기되는 불공정 시비를 원천적으로 차단하고 입찰경쟁에 따른 사회적 · 경제

한국		캐나다	호주	일본	홍콩	싱가포르	중국	말레이시아
대기업: 0.05% (매출액 대비) 중소기업: 0.01%	연간 수수료 (만 원)	50	460	150~1,500	325	6,300	1%	22
	한국 대비 (%)	0.005	0.046	0.15 (최고액 기준)	0.0325	0.63	-	0.0022

출처: 중앙일보

적 비용도 줄일 수 있기 때문이다.

주요국 특허수수료를 비교해보면 해외국가들은 연간 수수료가 정해져 있는 반면 한국과 중국, 일본은 매출액 대비 %로 계산하여 지불한다는 것을 알 수 있다. 연간 2억 원 매출이라고 가정했을 때 대기업의 경우 1,000만 원, 중소기업의 경우 200만 원의 수수료를 지불해야 한다. 이러한 수치로 보자면 한국이 면세 주요국 중 높은 수수료를 지불하고 면세사업을 유지하는 것을 알 수 있으며, 높은 면세점 진입장벽과 짧은 기간의 사업권에 더해 높은 특허수수료까지 부담하는 실정임을 알 수 있다.

2. 한국의 면세점정책 변화

오락가락하는 면세점정책으로 특허사업권기한, 특허수수료, 인력수급예측이 불확실해졌고, 외국인관광객 감소, 중국인관광객 구매금액 감소, 치열한 국제경쟁을 초래했다.

면세점사업 특성상 정부가 특허를 부여해 새로운 면세점이 문을 연다고 해서 당장 실적을 가져오지 않으며, 신규 면세점들의 경우 중국인 관광객에게 인기가 높은 명품업체 유치가 큰 숙제 중 하나이다. 그러나 명품업체 유치 협의 후에도 인테리어 공사 등을 마치고 매장이 정식으로 오픈하기까지 2년에 가까운 시간이 필요해 사실상 신규 면세점이 제대로 시장에 자리를 잡기까지는 2~3년의 시간이 필요하다.

하지만 국내 면세점은 5년마다 원점에서 특허를 재승인받아야 하며, 재승인 심사에 대한 공정성도 담보할 수 없다. 면세점업계의 특허심사 과정에서 심사위원 명단과 절차 · 채점표가 모두 비공개로 진행되기 때문에 '밀실심사'에 가깝기 때문이다. 따라서 면세점제도 개선을 위해 신규 면세점의 특허 진입을 완화하는 것이 필요하다.

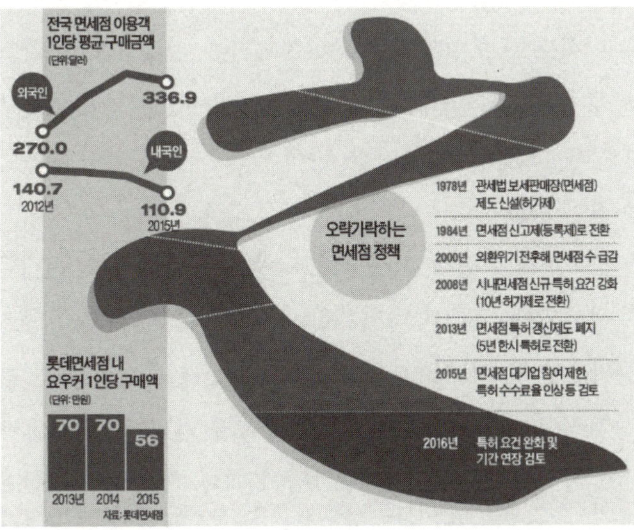

출처: 한국경제

Ⅲ. 면세판매 특허제도

1. 면세판매 특별허가제도의 과제와 주요 쟁점

우선 면세판매 특허의 기간제한을 폐지하고 항구적 면세판매 특허권을 보장해 특허권의 시장 내 거래 및 교환이 가능하도록 개선되어야 한다. 면세판매 특허의 기간제한의 폐지로 특허권에 대한 항구적 재산권이 보장된다면 특허권의 최초 분배와 상관없이 사후적 시장거래를 통해 가장 특허권을 효율적으로 활용할 수 있는 사업자에게 귀속된다.

면세판매 특허권의 추가 허가(즉, 신규 면세판매 특허권)의 경우 면세점 매출규모의 일정 증가에 따라 자동으로 면세판매 총특허의 수를 증가시키는 제도를 도입해야 한다. 면세판매 시장규모의 확장은 기존 사업자의 투자규모에 따라 결정되는 속성을 가지나 시장의 역동성을 유지하기 위해 시장규모에 따라 탄력적으로 면세판매 총특허의 수를 유지하는 것이 중요하다.

면세판매시장에 독점적 시장구조로 야기되는 폐해가 존재한다면 면세판매 특허제도에 포함된 차별조항이 아닌 공정거래법에 근거해 시정되어야 한다. 면세판매 특허제도는 특허의 신규 심사 및 인·허가에 국한되어 사후적 현상이 아닌 사전적으로 특허권의 가치 제고에 집중해 실시되어야 한다. 또한 미래 시장환경에 대한 제한적 정보하에 인·허가를 실시해야 하는 특성상 신규 면세판매 특허권 인·허가제도에 가격입찰제를 도입해야 한다. 가격입찰제는 개별사업자가 보유한 시장의 정보를 최대한 활용하여 최초 특허권 인 · 허가에 이용할 수 있는 유일한 방안이다. 가격입찰제와 함께 사후적 매매 등 재산권 범위를 확충하는 방안이 동시에 추진된다면 시장기능을 최대한 활용하는 국내 면세판매시장으로의 탈바꿈이 가능하다.

면세판매 특허제도는 대다수 정부정책과 마찬가지로 [그림 1]과 같이 4단계의 수직적 법적 체계에 근거해 운영 중이다. 면세판매 특허제도는 [그림 1]과 같이 관세법에 근거해 기본적 법적 체계가 마련되며 세부적 시행안 및 운영은 대통령령, 기획재정부령, 그리고 보세판매장 운영에 관한 고시를 통해 규정한다. 따라서 면세판매 특허제도에 관련된 관세법 개정안이 도입되었을 경우 하위 3단계의 법적 체계 또한 관세법 개정안에 근거해 순차적으로 개정한다.

면세판매 특허제도에 관련된 특례조항은 신설한 2013년 관세법 개정안에 따라 3단계의 하부 법적 체계 또한 개정되었다. 관세법 시행령 및 시행규칙의 경우 2013년 11월에, 그리고 보세판매장 운영에 관한 고시의 경우 2년 후인 2015년 7월에 관세법 개정안의 내용이 반영된다.

면세판매 특허제도를 대폭 변화시켰다고 알려진 2013년 관세법 개정안의 주요 내용은 특허보세구역의 특례조항 신설이며 〈표 1〉과 같은 내용이다.

그림 1_ 면세판매 특별허가제도 관련 법적 체계

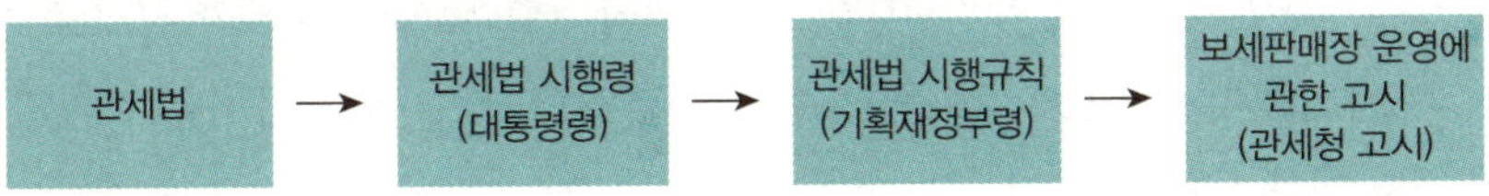

표 1 _ 면세판매 특허제도: 보세판매장 운영에 관한 고시(국가법령정보센터, 2014d, 2015)

보세판매장 운영에 관한 고시 [시행 2014.3.12] [관세청고시 제2014-35호, 2014.3.12, 일부개정]
[제3-5조(특허기간의 갱신)] ① 제3-4조제1항에 따라 보세판매장의 특허기간 갱신을 받고자 하는 자는 보세판매장 설치 · 운영특허기간 갱신신청서(별지 제3호 서식)에 다음 각 호의 서류를 첨부하여 특허기간 만료 30일 전에 세관장에게 신청하여야 한다. 다만, 시내면세점의 경우에는 제2항부터 제5항까지를 따른다. 1. 제3-1조 제4항 제1호의 서류 2. 「전기사업법」 제65조에 따른 정기검사필증(단, 3년 이내에 발행된 것에 한함) 3. 소방시설완공검사필증(신축건물에 한함) ② 시내면세점의 특허기간 갱신요건은 해당 시내면세점의 최근 5년(임차인 경우에는 임차기간)의 특허기간 동안(신청일이 속하는 달은 제외) 이용자수 및 매출액의 외국인에 의한 구성비가 이용자수는 35% 이상, 매출액은 50% 이상을 충족하여야 한다. ③ 제2항에 따라 특허기간 갱신요건이 충족되어 시내면세점 설치 · 운영특허기간 갱신을 받고자 하는 자는 보세판매장 설치 · 운영특허기간 갱신신청서에 제1항 각 호의 서류를 첨부하여 특허기간 만료 60일 전에 세관장에게 신청하여야 한다. ④ 제3항에 따라 신청서를 접수한 세관장은 접수일로부터 8일 이내에 관세청장에게 특허기간 갱신승인 신청을 하여야 한다. ⑤ 관세청장은 갱신승인 신청을 받은 날로부터 30일 이내에 제2-4조에 따른 특허심사위원회를 개최하여 갱신승인 여부를 해당 세관에 통보하여야 한다. ⑥ 제1항 또는 제5항에 따른 특허기간 갱신 신청자의 관할세관장은 영업개시일 이전까지 특허 여부를 결정하여 특허기간을 5년의 범위 내로(임차인 경우에는 임차기간 내로 하되 5년 이내) 정하여 특허기간 갱신 신청자에게 통보하여야 한다. [2008.1.15. 전문신설]

- 제176조 제1항에 따라 10년 동안 부여되던 면세판매 특허기간을 5년으로 축소했으며 특허의 갱신은 중소기업 및 중견기업을 대상으로 제한한다.

- 중소기업 및 중견기업을 제외한 면세판매사업자의 특허기간이 만료되었을 시 신규 특허의 허가와 동일한 절차 및 평가기준에 따라 심사 및 부여한다.
- 중소기업 및 중견기업에 일정비율 이상의 특허권을 발급하는 반면 상호출자 제한기업집단에 소속된 사업자에게는 일정비율 이하의 특허권을 발급한다.
- 타 보세구역에 부과되는 특허수수료와 차별화된 특허수수료를 보세판매장에 부여하며 보세판매장별 매출액을 국회 소관 상임위원회에 보고한다.

〈표 1〉의 관세법 개정안에 따라 대통령령인 관세법 시행령 또한 개정되었으며 보세판매장의 특허비율, 심사 및 특허절차, 그리고 중소기업 및 중견기업을 대상으로 갱신에 대한 조항을 신설한다.

- 10년의 특허기간 조항의 적용에서 제외된 보세업종(보세전시장 및 보세건설장)에 보세판매장을 추가시켜 관세청장이 특허기간을 따로 규정하도록 개정한다.
- 보세판매장 총특허수 중 30% 이상의 특허권이 중소기업 및 중견기업에게, 그리고 60% 미만의 특허권이 상호출자 제한기업집단(즉, 대기업)에 속한 기업에 할당되도록 규정한다.
- 면세판매 특허의 심사 시 평가기준에 면세판매 경영능력과 관련없는 경제 · 사회 발전을 위한 공헌도, 기업이익의 사회 환원 정도, 그리고 중소기업 및 중견기업 간의 상생협력 노력 정도를 포함한다.

• 중소기업 및 중견기업을 대상으로 특허기간 5년의 범위에서 1회의 면세판매 특허권 갱신을 허용하는 특혜조항을 추가한다.

〈표 1〉의 관세법 개정안에 따라 신설된 면세판매장에 대한 특허수수료 차별조항은 기획재정부령인 관세법 시행규칙을 통해 규정한다. 기존에 보세구역의 면적에 따라 차등 적용되던 특허수수료를 면세판매장의 경우 차별화해 매출액의 0.05%로 규정한다. 반면 1회의 갱신이 가능한 총특허권수 대비 30% 이상의 특허권을 부여받는 중소기업 및 중견기업의 경우 특허수수료도 매출액의 0.01%로 규정해 추가적 특혜를 제공한다.

또한 기존 면세판매 사업자의 특허권이 만료된 경우 신규 특허와 동일한 심사절차 및 평가기준의 적용을 반영하기 위해 보세판매장 운영에 관한 고시는 〈표 2〉와 같이 변화하였다.

2013년 관세법 개정이 보세판매장 운영에 관한 고시에 반영되기 전에는 시내면세점의 특허기간 갱신요건이 존재했으나 〈표 2〉와 같이 이를 폐지했다. 기존 관세청 고시에 따르면 시내면세점의 특허기간 갱신요건은 최근 5년간 이용자수 및 매출액의 외국인 구성비가 이용자수는 35% 이상, 매출액은 50% 이상을 충족하였다. 반면 2013년 관세법 개정안이 반영된 관세청 고시에 따르면 특허의 갱신은 중소기업 및 중견기업 사업자에 국한된다.

〈표 1〉 및 〈표 2〉에서 나타난 법적 체계의 개정에 따른 면세판매 특허제도의 주요 변화는 〈표 3〉과 같이 정리가 가능하다.

표 2_ 보세판매장 운영에 관한 고시

보세판매장 운영에 관한 고시 [시행 2015.7.1] [관세청고시 제2015-23호, 2015.7.1, 일부개정]
[제13조(특허의 갱신)] ① 시행령 제192조의6에 따라 보세판매장의 특허 갱신을 받으려는 자는 "별지 제3호 서식의 보세판매장 설치 · 운영 특허 갱신신청서"에 제10조제2항 각 호의 서류와 법 제176조의2제1항에 따른 중소기업 및 중견기업의 자격을 증명하는 서류를 첨부하여 특허기간 만료 6개월 전까지 세관장에게 신청하여야 한다. ② 세관장은 법 제176조의2제1항에 따라 중소기업 및 중견기업에 대한 보세판매장의 특허를 받은 자에게 특허를 갱신받으려면 특허기간이 끝나는 날의 6개월 전까지 특허 갱신을 신청하여야 한다는 사실과 갱신절차를 특허기간이 끝나는 날의 7개월 전까지 휴대폰에 의한 문자전송, 전자메일, 팩스, 전화, 문서 등으로 미리 알려야 한다. ③ 제1항에 따라 신청서를 접수한 세관장은 제8조제2항의 사항과 중소기업 및 중견기업의 자격 여부를 확인한 후 이상이 없을 경우 갱신을 승인하고 특허장을 교부하여야 한다.

표 3_ 면세판매 특허제도의 주요 변화

쟁점 사안	내용
특허의 사용권 제한	특허기간: 면세판매 특허의 경우 특허기간을 10년에서 5년으로 축소
	인 · 허가 심사: 면세판매 특허기간이 만료되는 경우 기존 사업자와 신규 사업자를 동일한 선상에서 심사절차를 적용
진입장벽의 차등 적용	시장지배적 제한: 중소기업과 중견기업에 면세판매 특허권의 30% 이상을 할당하고 대기업에 면세판매 특허권의 60% 이하만 할당
	특허수수료 차별화: 중소기업과 중견기업 사업자의 경우 특허수수료를 매출액의 0.01%, 대기업의 경우 매출액의 0.05%를 부과

〈표 3〉이 나타내는 바와 같이 면세판매 특허제도의 주요 변화는 특허기간의 축소, 기존 특허권의 갱신 불가, 기업규모에 따른 특허권 부여 및 수수료의 차별이다. 이러한 변화는 면세판매 특허의 사용권 제한과 기업규모에 따른 진입장벽의 차등 적용이라는 2개의 범주로 구분이 가능하다.

면세판매 특허의 사용권 제한은 면세판매 특허권에 귀속되어 있는 재산권 범위를 축소시키는 것과 동일한 의미이다. 또한 진입장벽의 차등 적용은 면세판매 시장구조를 고착화시켜 거래비용의 증가와 부정적, 즉 음의 외부효과를 야기한다.

〈표 3〉과 같은 면세판매 특허제도의 변화에 따라 2013년 관세법 개정안이 2015년 하반기부터 본격적으로 적용되며 국내 면세판매시장에 영향력을 발휘한다.

기존에 발급된 시내면세점 특허권 중 기한이 만료된 3개의 특허권에 대한 인·허가를 위해 2013년 관세법 개정안에 따라 수정된 보세판매장 특허의 평가기준 및 심사절차가 최초로 적용되었다. 〈표 2〉 및 〈표 3〉에서 거론된 바와 같이 기존 시내면세판매사업자의 특허권 갱신조항이 폐지되어 기존에 발급된 시내면세점 특허권도 신규 특허권 신청과 동일한 절차를 거쳐 특허권을 인·허가하였다. 중소기업과 중견기업에 발급된 특허의 경우 1회에 한해 5년간의 갱신이 가능하나 2015년에 만기가 도래한 시내면세점 특허권은 상호출자에 속한 기업에게 발급된 상태이다. 이전에 2013년 관세법 개정에 따라 도입된 시내면세판매 특허권의 평가기준 및 심사절차가 적용된 사례가 존재하나 기존에 발급된 특허권이 아닌 신규로 추가된 특허권을 인·허가한다.

특허기간이 만료된 3개의 면세판매장 특허권의 (재)취득을 신청한 사업자의 평가 및 심사에 2013년 관세법 개정안에 따른 평가기준 및 심사절차를 적용한 결과 2개의 특허권이 신규 업체에게 부여되었다.

2013년 관세법 개정안의 적용 후, 즉 2015년 하반기 이후 〈표 4〉가 나타내는 바와 같이 5개의 서울지역 면세판매 특허권(3개의 신규 특허권과 2개의 기존 특허권)이 신규 사업자에게 부여되었다.

2013년 관세법 개정안으로 인해 기존에 취득한 면세판매 특허권의 재취득이 불확실해지고 면세판매사업의 영속성이 저해된 사례로 인식되며 국내 면세점시장에 대한 사회적 관심이 고조되었다.

면세판매사업은 대규모의 초기 투자가 불가피하다고 알려져 있어 특허권 재취득의 불확실성이 투자 유인구조에 미치는 부작용이 주요 문제점으로 제기되었다. 즉 획득한 면세판매 특허권이 불과 5년 만에 회

표 4_ 서울지역 면세판매사업장 및 특허만료

면세점	점구분	만료기간	특허 사업자 변경	계약기간(추정)
롯데 면세점	본점	2015.12.	재허가	2020.12.
	월드타워점	2015.12.	두산(2016.5.)	2021.5.
	코엑스점	2017.12.	–	2017.12.
신라면세점		2014.4.	재허가	2019.4.
동화면세점		2015.12.	재허가	2020.12.
워커힐면세점		2015.11.	신세계디에프(2016.4.)	2021.4.
HDC신라면세점		–	신규(2015.12.)	2020.12.
갤러리아듀티프리		–	신규(2015.12.)	2020.12.
에스엠면세점		–	신규(2016.1.)	2021.2.

수될 위험에 노출되어 있어 특허권의 자동갱신을 통한 항구적 사업이 보장되었을 경우보다 소극적 투자는 불가피하다. 반면 10년의 특허기간을 5년으로 축소시킨 개정조항만이 사업의 영속성과 투자 유인구조를 훼손시킨 주요 원인으로 부각된 상황이다. 하지만 특허기간의 축소에도 불구하고 〈표 2〉의 갱신조항이 유지되었다면 예전과 같은 갱신이 가능해 동일한 투자 유인구조가 부여되었다. 면세판매사업에 대한 투자 유인구조를 훼손하는 2013년 관세법 개정안의 핵심조항은 기존에 취득한 면세판매 특허권의 갱신 불허 및 불가조항이다.

2013년 관세법 개정안 및 이에 따른 법적 체계의 변화는 차후 특허기간이 만료되는 면세사업 특허권의 인 · 허가 심사에 순차적으로 적용될 예정이다.

〈표 5〉가 표시하는 것과 같이 총 46개의 면세판매 특허권이 2015년 말 현재 분배되어 면세점사업장이 시내, 공항, 항구, 그리고 제주특별자치도에서 운영 중이다. 제주특별자치도의 면세판매사업장을 제외한 41개의 면세판매사업장이 5년 주기의 신규 인 · 허가절차를 요구하는 2013년 관세법 개정안의 적용대상이다.

반면 공항 및 항만에 발급된 22개의 면세판매 특허권은 공항 및 항만의 운영 주체(공항 · 항만공사)가 사업장의 공항 · 항만 입주권을 위해 별도 실시하는 경쟁입찰에서 선정된 사업자에게 자동부여한다. 또한 특허수수료는 아니나 면세점 운영 5년간 공항 · 항만공사에게 지급하는 사업장의 임대료에 대한 경쟁입찰을 통해 사업자를 선정하는 방식이다.

표 5_ 전국 면세판매사업장 현황(2015년 말)

구분	시내	공항	항만	제주특별자치도
개수	19개	17개	5개	5개
지역별	서울(8), 부산(2), 제주(2), 대전(1), 대구(1), 울산(1), 창원(1), 수원(1), 청주(1), 인천(1)	인천(7), 김포(2), 김해(2), 대구(1), 양양(1), 무안(1), 청주(2), 제주(1)	부산(1), 인천(2), 군산(1), 평택(1)	제주공항(1), 제주항(2), 제주(1), 성산항(1)

따라서 〈표 5〉의 면세판매사업장 중 2013년 관세법 개정안이 적용되며 가장 많은 변화가 예상되는 사업장은 〈표 4〉에서 제시되었던 서울지역 시내면세판매사업장이다. 관세청 자체만의 인 · 허가 평가 및 심사에 따라 특허권이 부여되는 경우는 시내면세판매 특허권이며 그 중 서울지역 면세판매사업장이 대부분의 국내 면세점시장 수익을 차지한다.

2. 면세판매 특허제도의 문제점 및 미래

효율적 시장의 구축을 위해 재산권의 중요성은 재산권에 대한 경제학의 다양한 분석을 통해 밝혀졌으며 명확한 재산권은 미래에 대한 기대를 형성시키는 주요 요인이다.

반면 특허권이 부여하는 재산권의 범위가 축소된다면 자원의 잘못된 분배와 함께 재산권의 비효율적 사용이 불가피하다. 또한 명확한 재산권의 확립은 주어진 무형 및 유형의 재산을 가장 생산적으로 사용하도록 유도하며 생산적 사용을 위한 투자의 유인구조를 구축하며, 재산권 범위 및 내용에 따라 자원이 어떠한 방식으로 사용되고 분배될 것인가에 대한 예측이 가능하다.

이론적 검토에 앞서 시내면세판매사업장이 운영 중인 주요 국가의 면세판매 특허제도를 살펴보면 앞서 〈표 3〉에서 제시된 우리나라의 제도적 기반과 상이하다.

〈표 6〉은 시내면세판매사업장이 운용되는 주요 국가의 면세판매 특허제도를 〈표 3〉과 동일한 구분으로 소개한다.

특허기간을 명시하는 대만과 인도네시아는 우리나라보다 짧은 3년의 특허기간을 부여하나 특허권의 갱신이 가능해 실제로는 영구적 면세판매사업장의 운영이 가능하다. 태국은 자국인 소유비율에 근거한 시장참여의 제한이 존재하나 우리나라와 같은 기업규모에 따른 시장 차별적 조치는 부재하다. 특허수수료의 경우 일본은 2013년 관세법 개정안이 도입되기 전 우리나라에서 시행되던 면적당 수수료제도를 적용하

표 6_ 주요국 면세판매 특허제도 현황

구분	일본	태국	대만	인도네시아
특허기간	10년 이내 (실제로 6년)	명시된 바 없음	3년	3년
인·허가 심사	갱신 가능 (8년 이내)	–	갱신 가능	갱신 가능
시장지배적 제한	명시된 바 없음	자국인 소유 51% 이상	부재	부재
특허수수료	면적당	연간 30,000바트 (약 100만 원)	–	–

고 있으며 태국은 연간 고정수수료제도이다.

특허권의 미래 불확실성 확대에 투자하여 기존에 발급된 면세판매 특허권을 5년마다 회수해 타 사업자에게 양도하는 상황이 가능해져 면세판매 특허권의 재취득에 대한 불확실성이 생성되고, 특허권에 귀속된 영속성의 축소는 재산권 범위의 축소와 동일한 의미를 가지며 특허권에 귀속된 재산권의 범위가 축소될수록 특허권이 회수될 확률이 증가하였다.

자금조달비용의 상승과 투자로 특허권에 귀속된 재산권 범위의 축소는 위에서 고려된 미래 불확실성 확대에 따른 투자유인의 훼손뿐만 아니라 투자자금의 조달에도 부정적 영향을 주었고, 특허권에 귀속된 재산권 범위의 변화가 자금조달비용에 미치는 영향을 분석하기 위해 자본시장을 통해 조달된 자금으로 투자하는 면세판매사업자의 투자 편익에 대한 고려가 가능하였다.

면세판매시장의 활성화를 위한 최선의 정책은 특허제도의 폐지와 함께 허가제를 도입해 일정요건을 갖춘 모든 사업자에게 시장 진입을 허용하는 방식이다.

면세판매 특허제도는 원칙적으로 인위적 시장 진입장벽을 설치해 사업자 간의 시장경쟁을 저해하는 제도이다. 특히 파괴적 창조라는 시장의 기본적 역할을 통해 수요자의 다양한 선호를 동시에 충족시키기 위한 혁신을 가로막는 부작용이 우려된다. 하지만 우리나라를 방문한 외국인관광객을 주요 대상으로 관세를 포함한 각종 세제의 면제를 허용하는 면세판매제도 자체의 특수성이 존재한다. 따라서 면세판매 특허제도는 현실적으로 폐지가 어려운 측면이 존재하며 제도 자체를 유지하며 가장 시장과 투자에 친화적인 방식의 고려가 요구된다.

면세판매 특허제도를 유지하는 경우에도 특허권에 귀속된 재산권 범위의 확대를 통해 시장 발전을 도모할 수 있는 방식은 다음 부록과 같다.

부록

[면세판매 특허기간의 폐지 및 매매 허용]

본 장의 이론적 분석이 제시하는 바와 같이 2013년 관세법 개정안의 가장 큰 폐해는 사업자의 특허권 유지에 대한 불확실성 부여이다.

① 2013년 관세법 개정안은 자동갱신을 불가하게 만들어 사업자가 취득한 면세판매 특허권의 재취득에 대한 불확실성을 생성시키고 투자 유인을 훼손한다.

② 투자와 가장 친화적인 요건은 확실한 재산권의 부여이며 특허권에 귀속된 재산권 범위의 확충을 위한 면세판매 특허기간을 폐지하는 방안의 모색이 가능하다.

③ 기존 사업자에 비해 특허권을 효율적으로 사용해 특허권의 가치를 증가시킬 수 있는 잠재적 사업자가 존재한다면 특허권이 양도될 수 있는 방안도 필요하다.

④ 반면 기존 사업자와 신규 사업자 간의 특허권 매매를 허용한다면 특허권은 좀 더 면세점 시장을 확대시킬 수 있는 사업자에게 귀속된다.

[면세판매 특허권의 자동 추가]

면세판매 특허제도로 야기되는 인위적 시장 진입장벽 문제는 면세판매 특허권의 자동 추가제도의 도입으로 어느 정도 해소가 가능하다.

① 면세판매시장의 확대는 기존 사업자의 투자 및 경쟁을 통해 가능한 결과이나 제한된 수의 특허권으로 인해 소위 지대추구활동으로 탈바꿈될 높은 위험에 노출된다.

② 일정 매출액의 증가 등 시장규모의 확대에 따라 자동적으로 신규 면세판매 특허권이 추가된다면 시장 진입장벽의 문제를 어느 정도 해소해 혁신과 경쟁을 유도하는 시장환경을 조성한다.

[면세판매시장의 독점과 공정거래법]

2013년 관세법 개정안의 발의 취지 중 하나는 대기업의 시장지배력 확보에 따른 각종 부작용의 방지이나 이는 기존의 공정거래법을 통해 해소해야 할 사항이다.

① 면세판매시장에 참여하고 있는 두 개의 대기업이 상대적으로 높은 시장점유율을 차지하고 있으나 이는 면세판매 특허권의 독점이 아닌 시장경쟁의 결과이다.

② 면세판매 특허제도에 적용되는 관세법의 목적은 시장독점의 문제를 해결하기 위한 것이 아니며 시장독점문제를 위해서는 이미 공정거래법이 존재한다.

③ 즉, 독점시장의 통제는 주파수시장에 대한 분석을 통해 코즈(Coase)가 제시한 것과 같이 관세법의 영역이 아니며 공정거래법을 활용해야 하는 문제이다.

[특허권의 가격입찰제도 도입]

특허권에 귀속된 재산권을 명확하게 설정하는 동시에 가격입찰제를 도입해 최고입찰자에게 특허권을 부여한다면 현재 관찰되는 대다수의 문제해결이 가능하다.

① 다양한 법적 체계의 경제적 목적은 명확한 재산권의 설정을 통한 재산권의 자발적 시장 거래 및 재결합의 활성화이다.

② 가격입찰제를 통해 특허권을 최고입찰자에게 부여한다면 제한된 정보가 아닌 특허권의 재산가치에 대한 시장의 정보를 종합한 분배가 가능하다.

③ 특히 가격입찰제를 통해 특허권을 개별사업자에게 부여하고 명확한 재산권 설정을 통해 사후적 시장 거래 및 재결합을 허용한다면 면세판매 특허제도의 대다수 문제에 대한 해결이 가능하다.

④ 한 예로 사후에 적용되는 특허수수료가 불필요해져 수수료의 적정성에 대한 사회적 논란인 특혜 시비도 불식이 가능하다.

CHAPTER 04

인터넷면세점

Ⅰ. 개요

요즘 길거리나 대중교통을 이용하는 사람들 사이에서 자주 목격되는 광경 중 하나가 스마트폰을 손에서 놓지 않거나 혹은 아이패드, 갤럭시 탭 등을 이용하여 인터넷을 즐기고 있는 모습이다. 언제 어디서나 인터넷에 접속할 수 있기 때문에 움직이는 사무실 개념으로 공적인 업무 혹은 개인 용무를 24시간 진행하고 있으며 모든 곳에서 와이파이가 가능하다. 이렇듯 현대인들은 인터넷 세상 속에서 살아가고 있다.

이 같은 풍조는 면세점을 통해서도 나타나고 있다. 지금까지는 면세품을 구매할 때 직접 면세점을 찾아가거나 출국 전에 구매하는 경우가 많았다. 하지만 최근 들어 스마트폰 도입이 활성화되면서 현대인들은 인터넷을 통한 물품을 구매하는 횟수가 늘고 있다. 또 가격에 민감한 여행객들의 저가항공사 이용이 증가하고 있다. 대부분의 저가항공편 출발시간이 야간 및 새벽시간으로 면세점 쇼핑 이용이 제한적이었고,

그 결과 공항면세점을 대신해 인터넷면세점을 찾는 고객이 늘어나고 있다.

실제로 인터넷면세점의 강점은 면세가격보다 더 저렴하게 구매할 수 있다는 점이다. 오프라인면세점과는 달리 할인쿠폰을 무제한 사용할 수 있으며 적립금을 이용하면 할인쿠폰 적용이 불가한 브랜드 제품에도 이용할 수 있다. 인터넷면세점시장의 성장에 따라 인터넷면세점업계도 모바일면세점을 구축한 데 이어 해외 사이트 오픈 등 고객 유치에 힘쓰고 있다.

인터넷면세점의 수요가 늘어나면서 이용객의 성향을 파악하여 계획구매 및 추가 구매를 유도할 수 있는 온라인서비스품질의 개발이 필요하다. 인터넷면세점의 온라인서비스품질이 고객신뢰와 만족에 영향을 미치는지, 이를 통한 고객의 재구매가 이루어지는지에 대해 파악할 수 있다면 인터넷면세점의 수입창출에 크게 이바지할 것이다.

Ⅱ. 구성

1. 인터넷면세점의 개념과 특성

1) 인터넷면세점의 개념

인터넷면세점이란 "면세점에서 판매하고 있는 면세품을 인터넷을 통하여 구매할 수 있도록 서비스를 제공하는 전자상거래 면세 쇼핑몰"이라고 정의한다. 인터넷면세점은 면세점에서 통상적으로 이루어지는 거래를 지리적 · 공간적 제약에서 벗어나는 인터넷이라는 공간을 통해 이루어지는 상거래를 말한다.

인터넷면세점은 전세계 관광객을 대상으로 하며 인터넷면세점의 프로세스는 인터넷면세업체에서 제공하는 인터넷면세점에서 원하는 상품을 쇼핑하고 인터넷 주문을 한 후 전자지불을 통하여 결제를 한다. 일반인터넷면세점 쇼핑몰과의 차이점은 쇼핑한 면세품을 면세구역 내 인도장에서 직접 인도해야 한다는 것이다. 특히 사전면세인 국내 인터넷면세점은 출국인 및 국내거주 외국인에 한하여 물품을 판매하며 면세구매한도는 일반면세점과 동일하게 3,000달러까지 구매 가능하다.

2) 인터넷면세점의 특성

인터넷면세점의 특성으로 시간과 공간의 제약 없이 언제 어디에서나 구매가 가능하다는 점이다. 출국 전 시간의 압박에 의해 면세점을 이용하지 못하는 경우와 제한된 시간으로 인해 원하는 물건을 구매하지 못하게 되는 경우를 미연에 방지할 수 있으며 자유로운 구매활동을 할 수 있다. 출국 당일 인천국제공항 출국자는 3시간 전, 김포국제공항 출국자는 5시간 전까지 구매가 가능하여 출국 당일은 물론, 태블릿 PC 혹은 노트북을 이용하여 공항으로 이동하는 동안에도 이용할 수 있다.

또한 할인혜택을 통한 경제적 혜택과 인터넷이라는 공간을 통해 누구나 손쉽게 이용할 수 있는 접근성이 있다. 최근 소비성이 강한 젊은 연령층을 타깃으로 공격적인 마케팅을 통해 이용시장을 넓혀가고 있다. 인터넷면세점은 홈페이지에서 회원가입을 하는 것과 동시에 공항에서 사용할 수 있는 선불카드가 지급되기도 하며 또한 가입과 함께 지급되는 할인쿠폰과 바로 사용 가능한 적립금으로 인해 금전적인 혜택을 높여준다.

이는 소비층이 기존의 같은 가격의 물건에 면세가 적용되어 가격이 저렴한 면세품을 이용하게 되는 점에 착안하여 더 많은 할인혜택을 줌으로써 소비자들에게 경제적 혜택은 물론, 인터넷면세점에 대한 긍정적인 생각으로 이어지게 만든다.

최근에는 모바일을 이용한 서비스 확대로 페이스북, 카카오톡과 같은 소셜네트워크서비스 가입을 통한 적립금혜택을 늘려 모바일 사용자에게까지 소비층을 확대하여 이용을 늘려 가고 있다. 또한 모바일 하나로 쇼핑 및 카드결제까지 가능한 점을 최대한 활용하여 사용 연령층을 더 낮은 연령층까지 확대하고 있다.

인터넷면세점을 이용하는 방법은 기존의 인터넷 쇼핑몰과 유사하여 누구나 쉽게 사이트에 접근하여 이용이 가능하다. 현재 워커힐인터넷면세점, 롯데인터넷면세점, 신세계인터넷면세점, 신라인터넷면세점, 동화인터넷면세점, 제주관광공사 인터넷면세점 등이 운영되고 있으며 기내면세점 또한 인터넷면세점을 운영하고 있어 그 수는 점점 증가하고 있다.

3) 인터넷면세점 선택 속성

속성(attribute)은 일반적으로 상품이 가지는 유형 및 무형의 특징을 의미하며, 상품은 이러한 속성들의 묶음이다. Jarvenpaa & Todd는 "초점집단 면접조사를 통해 인터넷 쇼핑몰 선택에 영향을 미치는 요인들은 제품가치, 서비스품질, 쇼핑경험, 그리고 구매위험이라는 4가지 유형"으로 분류하였다.

인터넷 쇼핑몰은 인적 및 제품과의 실제 접촉이 발생하지 않는다는 점에서 오프라인매장에서의 쇼핑과는 확연한 차이가 있다고 할 수 있다. 따라서 인터넷 쇼핑몰에서의 상품 구매과정과 오프라인점포에서의 상품 구매과정은 서로 다르기 때문에 인터넷 쇼핑몰의 온라인점포 속성과 오프라인점포 속성에 차이가 있다.

2. 인터넷면세점의 시장과 실태

1) 세계 면세점시장 현황

우리나라 면세점시장은 세계에서 규모가 가장 크다. 국내 양사 롯데와 신라면세점 역시 글로벌 랭킹 톱10 안에 선정될 만큼 세계시장에서 우위를 점하고 있다. 2015년 기준 세계 면세점업계 1위는 스위스의 듀프리(Dufry)그룹(56억8,300만 달러)이며 미국의 DFS(37억7,000만 달러)와 한국의 롯데면세점(37억5,000만 달러)이 뒤를 이었다. 롯데면세점은 2015년 세계 면세점업계에서 3위를 기록하며 2위와의 매출액 차이가 2,000만 달러에 불과했다. 신라면세점은 22억8,600만 달러로 6위를 기록하였다.

1위 기업인 듀프리는 미국의 월드듀티프리(WDF)를 인수하면서 2015년 매출이 56억8,300만 달러로 급상승하여 2위와의 매출실적을 크게 벌렸다. 또한 10위 사업자 중 태국의 킹파워그룹의 빠른 성장세가 크게 눈에 띄었다. 킹파워그룹의 2015년 매출액은 전년 대비 67%나 급증한 19억7,100만 달러로 7위를 기록하였다. 킹파워그룹은 국영기업이며 정부지원으로 인하여 중국인관광객이 2014년 대비 20% 증가하였으며, 방콕 시내면세점과 푸껫 시내면세점 확장으로 관광객을 소비고객으로 전환시킨 것이 매출성장의 원인으로 분석되었다.

또한 우리나라 면세점의 세계 시장점유율은 12.3%로 세계 1위를 달성하였으며, 2014년 세계면세점 시장규모는 2010년 대비 46.9% 증가한 635억 달러 수준이다.

표 1_ 세계 면세시장 현황

순위	국가	점유율(%)	순위	국가	점유율(%)
1	한국	12.26	6	독일	4.54
2	중국	7.94	7	UAE	4.21
3	미국	5.91	8	터키	3.32
4	영국	5.36	9	싱가포르	2.65
5	홍콩	4.67	10	태국	2.42

출처: 산업통상자원부

2000년 들어 외국관광객수가 급증하면서 국내 면세사업은 폭발적으로 증가했다. 인터넷면세점 또한 이 시기에 시작되었으며 최근 3년간 급격한 성장세를 이루었다. 현재 국내 면세점시장은 2011년 기준 약 5

조 2,950억 원 규모로 롯데호텔이 2조 7,000억 원(51%), 호텔신라가 1조 5,000억 원(28.3%)의 매출을 올리며 시장을 양분하고 있다. 뒤를 이어 제주관광공사(4,000억 원), 한국관광공사면세점(2,000억 원), 워커힐면세점(1,500억 원), 신세계면세점(1,450억 원) 순이다.

표 2_ 사업자별 면세점 매출액 및 점유율 (단위: 10억 원, %)

구분	2011년		2012년		2013년		2014년	
	매출액	점유율	매출액	점유율	매출액	점유율	매출액	점유율
롯데	2,725	50.7	3,234.1	51.1	3,575.8	52.3	4,217	50.8
신라	1,523.5	28.4	1,917.9	30.3	2,090.4	30.6	2,537.6	30.5
JDC	338.3	6.3	342.7	6.1	345	5	366.6	4.4
동화	219.8	4.1	244.6	3.9	309	3.1	292.6	3.5
SK워커힐	151.3	2.8	183.2	2.9	195.8	2.9	274.7	3.3
신세계	143.8	2.7	133.9	2.1	159.3	2.3	260.2	3.1
관광공사	224.3	4.2	229.5	3.6	210.7	3.1	198.6	2.4

출처: 관세청

2) 국내 인터넷면세점 실태

급속하게 발전하는 정보기술로 인터넷 이용이 대중화되면서 전자상거래의 인터넷면세점 역시 급격한 성장세를 이루었다. 롯데인터넷면세점과 신세계인터넷면세점이 제공한 2011년 자료에 따르면 롯데인터넷면세점의 경우 당해(2011년) 매출이 전년 대비 45% 증가한 데 이어 2012년 15% 정도 성장하는 등 두 자릿수 성장세를 이어가고 있다. 인터넷면세점은 시간과 장소에 구애를 받지 않아 구매가 용이한 장점이 있고, 최근 저가항공사(Low Cost Carrier)들의 국제선 영업 확장에 따라 심야 시간대 출국자가 증가하면서 인터넷면세점 이용자가 증가하였다.

롯데면세점에서 인터넷면세점이 차지하는 매출 비중은 약 10% 정도다. 신세계면세점의 온라인 매출 성장률을 보면 2010년 41.9%, 2011년 28.9%, 2012년 13.4%로 최근 3년간 약 45% 급증했다(최수안, 2014).

표 3_ 국내 인터넷면세점 매출 비중 추이

연도	롯데	신세계
2010년	160%	41.9%
2011년	45%	28.9%
2012년	15%	13.4%

출처: 이데일리 기사

3) 인터넷면세점 매출 현황

유통업계에서 온라인 쇼핑 비중이 나날이 확대되는 가운데 면세점 온라인 매출도 급속도로 증가하고 있는 것으로 나타났다.

2016년 8월 28일 롯데면세점에 따르면 전체 매출에서 온라인 매출이 차지하는 비중은 2016년 상반기 약 23%에 달했다. 온라인 매출 비중은 2014년 상반기 11%에서 2015년 상반기 17%로 상승했으며, 2016년에는 20%를 훌쩍 넘어선 것이다. 2015년 상반기 온라인면세점 매출은 2014년 같은 기간보다 78% 급증했으며, 오프라인을 포함한 전체 매출 증가율 28%의 3배에 가까운 가파른 상승세다.

표 4_ 인터넷 면세점 매출 현황

(단위: 원)

업체명	2011년	2012년	2013년	2014년	2015년	2016년
롯데면세점	2,176억4,200	2,474억6,200	3,086억9,700	4,762억2,000	9,310억44	1조1751억6,100
신라장충점	1,292억7,400	1,412억1,200	1,486억5,200	1,993억900	4,312억3,500	6,905억6,800
신라신제주점	7억2,500	1억1,500	4,200	2,700	10억800	22억4,300
두산						247억8,900
에이치디씨신라						885억1,600
갤러리아63						368억5,100
에스엠						63억3,300
동화면세점	297억1,700	342억7,300	373억4,800	303억8,600	365억8,900	398억3,300
SK워커힐	149억9,900	154억5,500	140억6,200	216억4,100	294억1,200	폐업
신세계면세점						728억6,500
신세계부산점	261억1,200	297억5,700	536억8,800	635억4,700	801억2,600	2,146억7,200
그랜드면세점				9억100	39억3,100	47억4,500
JTO			11억500	23억7,500	32억1,600	33억2,000
엔타스						43억4,000
(주)신우면세점						0
합계	4,184억6,900	4,682억7,400	5,635억9,400	7,944억600	1조5165억6,100	2조3,642억3,600

※ 롯데는 점별 구분이 아닌 롯데소공, 잠실, 코엑스, 부산, 제주점 합계 매출
출처: 박광온 의원실

신라면세점도 온라인면세점의 매출이 최근 3년간 연평균 약 60% 증가했다고 밝혔다.

온라인면세점은 해외명품브랜드들이 입점하지 않은 한계가 있음에도 편의성과 할인 및 적립금 등 각종 혜택 등으로 사용자가 빠르게 늘고 있다. 스마트폰 사용자가 급속히 늘어나면서 모바일 쇼핑 이용객이 급증하는 것도 온라인 매출 비중이 커지는 요인이다.

특히 각 면세점이 중국인 전용 홈페이지와 애플리케이션을 개설하면서 외국인들의 온라인면세점 이용이 급증하고 있다. 면세점 관계자는 "최근 특히 중국인들이 온라인으로 미리 면세 쇼핑을 하는 경우가 크게 늘고 있다"며 "더 많은 중국인을 한국으로 유치하기 위한 첨병인 온라인 쇼핑 강화에 적극적으로 나서고 있다"고 말했다.

면세점들은 인터넷과 모바일 쇼핑환경 구축에 공을 들이고 있으며, 이와 연계해 각종 관광정보 제공에도 신경을 쓰고 있다.

롯데면세점은 2000년 10월 세계 최초로 인터넷면세점을 개설했으며, 2012년에는 모바일 쇼핑을 위한 애플리케이션을 선보였다. 또한 자유관광객을 위한 지하철 노선도 기반의 맛집 콘텐츠, 고객별 추천상품을 제공하는 개인화서비스 등을 도입했다. 2016년에는 업계 최초로 위치기반 스마트 쇼핑 가이드 서비스도 시작했다. 이러한 노력으로 롯데면세점은 2016년 6월 일본 후쿠오카에서 열린 '2016 아시아 통신판매 비전 어워드'에서 인터넷 쇼핑 부문 최우수상을 받았다. 한국, 중국, 일본 온라인 쇼핑단체가 주관하는 이 시상식에서 면세점브랜드가 수상한 것은 처음이다.

신라면세점도 중국판 페이스북인 웨이보(微博) 등을 통해 적극적인 온라인 마케팅을 펼치며 인터넷면세점을 알리고 있다. 신라면세점은 2016년 시나웨이보 여행채널이 주관한 행사에서 한국기업으로는 유일하게 '가장 주목받는 여행 · 엔터테인먼트' 부문 '네티즌 인기상'을 받은 바 있다.

갤러리아면세점63, 신라아이파크면세점, 신세계면세점, 두타면세점 등 신규 면세점들도 저마다 온라인 쇼핑부문을 강화하고 있다. 신세계면세점 명동점의 인터넷면세점은 중국인대상 서비스를 시작한 작년 8월 23일 하루 매출 10억 원을 올렸다. 이날 오프라인을 포함한 전체 매출 26억 원의 40%에 육박하는 수치이다.

4) 중국인관광객의 현황

중국은 초기의 사회주의체제하에서의 여행은 많은 제약을 받았지만 차츰 중국에서 관광시장이 활성화되기 시작한 것은 1978년 10월 개혁개방정책 이후 정치, 경제와 더불어 관광산업의 개발에 대한 긍정적 역할을 강조하면서 국무원 직속기관인 중국여유유람사업관리국을 설치하고 관광체제를 확립하기 시작하면서부터였다(장성수, 2013).

이전까지만 해도 관광산업은 하나의 산업으로 규정되지 못하고 국가외교와 관련된 외국손님들의 환대와 연관된 서비스 부분의 일종이었지만 관광산업의 발전과 함께 중국은 1990년대부터 매년 10% 안팎의 경제성장률을 보이면서 2000년대에도 평균 8%의 경제성장률을 기록하고 있다(송우택, 2016).

최근에 중국의 신속한 경제발전에 따라 중국소비자의 개인처분 가능소득은 가파른 상승곡선을 그리고 있으며 이에 따라 소비행동도 증가하고 있다. 중국의 소비변화 주요 추세는 다음과 같다.

첫째, 고소득층을 중심으로 명품소비가 빠르게 확산되고 있다. 중국의 사치품 소비자는 총인구의 13%인 1억6,000만 명인 것으로 나타나고 있으며 2010년에는 약 50% 증가한 2억5,000만 명으로 빠르게 증가하고 있다(임왕건, 2013).

둘째, 건강, 친환경, 웰빙 추세의 태동이다. 2003년 사스 사태 이후 건강, 위생 관련 제품 및 절수, 절전 등 친환경 소비가 증가되고 있다(장성우,2013).

셋째, 1세대 소황제들이 구매력을 구비한 소비계층으로 성장하여 향후 디지털 제품소비를 주도할 것으로 예상된다(이구서, 2011).

넷째, 상하이, 베이징 등 대도시에 있는 중산층을 중심으로 개인의 대출을 통해 고가상품을 구입하는 '고소비시대'로 진입하고 있다(장성수, 2013). 이러한 사회 현황의 변화는 관광수요적인 측면에서도 새로운 변화를 야기시켜 환경, 웰빙지향, 건강지향의 고품격 여행에 대한 수요를 증가시킬 것으로 예상된다.

또한 최근 중국에서는 개인과 가족중심의 생활을 중시하는 경향이 증가하고 금전적 보상보다는 여유로운 삶을 선호하며 개인의 여가활동과 가족과의 조화로운 삶을 위해 많은 돈을 지출한다(이구서, 2011). 이는 여행, 레저 등 관광 관련 소비로 직접적으로 확대될 수 있다는 점에서 중요하며 지금까지 저가형 단체관광의 패턴에서 보다 양질의 가족중심 상품으로 그 수요가 점차 옮겨질 것으로 예상되는 대목이다(장성수, 2013).

여행목적지 측면에서는 최근 중국국가여유국이 태국 등 동남아여행 덤핑판매상품에 제재조치를 가함에 따라 이들 지역으로 출국하는 관광객이 다소 감소하고 있으며 다른 해외여행 자유국가로 포함된 유럽지역으로의 관광이 확대되고 있는 트렌드이다(지애니, 2007). 양적인 측

표 5_ 방한 중국인관광객 방문 중 주요 활동

(단위: %)

활동	2011년	2012년	2013년	외래객 평균
쇼핑	80.6	85.7	82.8	70.9
식도락관광	51.7	60.0	47.7	39.0
유흥/오락	19.5	12.0	11.4	9.6

출처: 한국관광공사

표 6_ 방한 중국인 쇼핑 10개 품목

(단위: %)

품목	2011년	2012년	2013년	외래객 평균
향수/화장품	68.9	68.5	73.1	50.1
의류	43.7	51.3	40.8	38.5
식품류	32.4	29.8	32.7	34.6
신발류	14.6	21.4	13.5	14.4
인삼/한약재	26.8	19.1	18.9	12.9
피혁제품	7.0	10.9	14.8	10.5
액세서리/보석류	8.0	9.6	11.0	9.2
김치	15.8	8.0	9.3	12.8
주류	5.9	3.6	3.7	5.8
전통민예품/칠기/목각제품	-	2.5	3.8	5.4

출처: 한국관광공사

면에서는 중국이 앞으로 15년 안에 연간 1억만 명이 해외여행을 나설 것으로 전망했다.

또한 중국국가여유국이 발표한 2006~2020년까지의 관광발전계획에 따르면 2006년에 3,500만 명을 기록했던 중국인 해외여행객은 매년 크게 증가하여 향후 2020년에는 1억5,000만 명에 달할 것으로 예상되며, 중국은 명실공히 세계 1위의 관광객 유치국가는 물론 관광객 송출규모에 있어서도 세계 4위에 이를 것으로 예상되고 있다(장성수, 2013).

표 7_ 외래관광객의 국적별 현황 및 경제파급효과

경제효과	국적	2011년		2012년		2013년	
			비중(%)		비중(%)		비중(%)
방문인원 (명)	전체	9,794,796	100.0	11,140,028	100.0	12,175,550	100.0
	중국인	2,220,196	22.7	2,836,892	25.5	4,326,869	35.5
	일본인	3,289,051	33.6	3,518,792	31.6	2,747,750	22.6
	미국인	661,503	6.8	697,866	6.3	722,315	5.9
관광수입 (억 원)	전체	137,371	100.0	151,544	100.0	156,624	100.0
	중국인	42,843	32.2	54,341	35.9	76,722	49.0
	일본인	35,373	25.7	36,714	24.2	21,231	13.6
	미국	9,235	6.7	9,099	6.0	8,281	5.3

출처: 한국관광공사

5) 온라인면세점 중국인 이용객의 영향

중국인관광객들의 온라인면세점 쇼핑이 늘며 2016년 역직구를 뜻하는 온라인 해외직접판매액(수출)이 직구인 온라인 해외직접구매액(수입)을 처음으로 역전했다.

통계청이 발표한 '2016년 12월 및 연간 온라인 쇼핑 동향'을 보면 2016년 온라인 해외직접판매액은 2조 2,825억 원으로 1년 전보다 82.0% 늘었다. 해외직접구매액은 1조9,079억 원으로 12.1% 늘었다. 해외직접판매액이 해외직접구매액보다 연간 기준으로 많은 것은 2014년 관련 통계가 작성된 이후 작년이 처음이다. 특히 중국을 상대로 한 해외직접판매액이 8,620억 원에서 1조 7,905억 원으로 2.1배나 늘었다. 전체 해외직접판매액에서 중국이 차지하는 비중은 78.4%에 달했다. 대(對) 중국 해외직접판매액이 늘어난 것은 중국관광객들의 온라인

그림 1_ 온라인 해외직접판매 및 구매액 추이

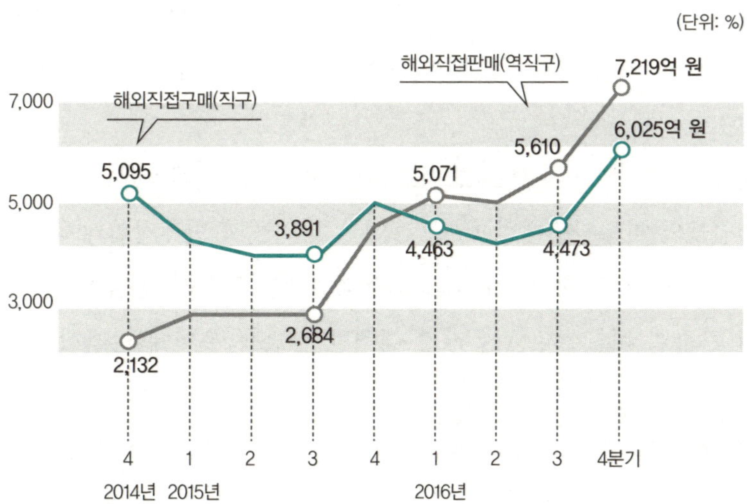

출처: 통계청

면세점 구매가 늘었기 때문이다.

2016년 한화갤러리아, 신라아이파크, 신세계 등 온라인면세점이 새롭게 열리고 중국인 온라인 간편결제서비스가 확대되며 한국으로 관광오기 전 중국에서 온라인으로 쇼핑한 뒤 한국면세점에서 상품을 받는 중국관광객들이 증가했다. 2016년 연간 온라인 쇼핑 거래액은 64조 9,134억 원으로 20.5% 늘었다.

온라인쇼핑 거래액 중 스마트폰을 활용한 모바일 쇼핑 거래액은 34조 7,031억 원으로 41.9% 증가했다. 온라인 쇼핑 중 모바일 거래 비중은 53.5%로 8.1%포인트 뛰었다.

화장품의 온라인 쇼핑 거래액이 46.7%로 가장 많이 늘었고 가방은 42.7%, 음·식료품은 29.5% 증가했다. 모바일 쇼핑에선 소프트웨어 거래액이 1년 전과 견줘 73.2%로 가장 큰 폭으로 늘었다. 2016년 12월 온라인 쇼핑 거래액은 15.4% 늘어난 6조 1,881억 원이었다. 모바일 쇼핑 거래액은 30.2% 증가한 3조 4,870억 원이었다. 모바일 쇼핑 비중은 56.3%로 나타났다.

정국정부가 한반도 사드(고고도미사일방어체계) 배치에 불만을 품고 중국인들의 한국관광제한(15일) 보복에 나서면서 면세점업계가 매출절벽에 빠져들고 있다. 이에 따라 면세점업계는 일본과 동남아, 중동 등지의 관광업계를 상대로 유커를 대체할 관광객 유치에 안간힘을 쏟고 있다.

면세점업계에 따르면 중국정부의 한국관광제한조치가 시행된 지난 15일 이후 면세점시장의 '큰 손'인 유커의 발길이 끊기면서 지난 24일까지 롯데, 신라, 신세계, 갤러리아63, 두산타워 등 주요 시내면세점의

그림 2_ 중국의 한국여행 제한 후 면세점 매출 감소율(이전 동기간 대비)

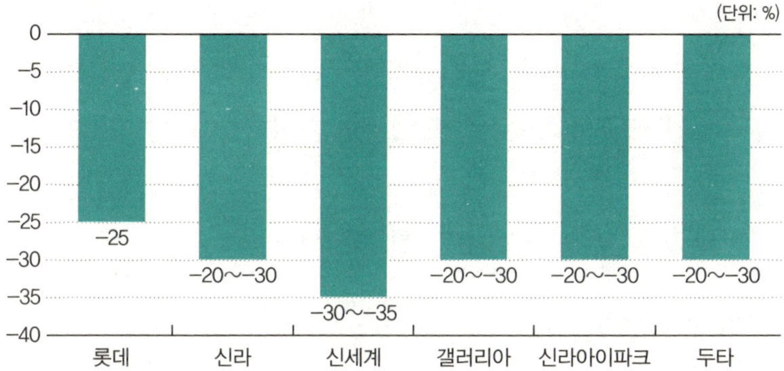

※ 추정치, 2017년 3월 15~24일 기준
출처: 파이낸셜 뉴스

매출이 이전에 비해 최대 35% 줄었다(2017년 3월 기준).

(1) 면세점 매출 최대 30% 감소

업계에 따르면 중국의 한국관광제한 이전 기준으로 국내 면세점의 매출을 100으로 봤을 때 내국인의 매출 비중은 30% 정도다. 나머지 70% 중 중국인이 60% 이상이고 일본인이 3~5%, 동남아 및 기타 국가가 5% 정도다. 국내 1위 면세점인 롯데면세점의 경우 한국여행금지령 후 첫 주말인 18~19일 이틀간 중국인 매출이 30% 줄었고 전체 매출은 25% 감소했다. 롯데면세점 관계자는 "일본인의 경우 방문객수 기준으로는 전체 외국인 중 15% 정도지만 매출로는 2% 정도고 동남아인도 1.5% 정도"라며 "1인당 구매액이 낮아 사실상 매출증가효과는 크지 않다"고 귀띔했다.

신세계면세점의 지난 15일 이후 일본 고객이 지난 1월 하루 평균과 비교해 각각 85%, 55% 늘었다. 하지만 전체 매출은 30~35%가량 줄었다. 신라면세점과 갤러리아63면세점, HDC신라면세점, 두타면세점 등도 지난 9일간 매출이 20~30% 줄었다고 밝혔다(2017년 3월 기준).

(2) 유커 대체 관광객 유치 안간힘

유커 방문이 줄어들자 면세점들이 유커 대체 관광객 유치에 사활을 걸고 있다. 롯데면세점은 롯데호텔, 롯데물산, 롯데월드어드벤처 등 4개사가 공동으로 지난 23일과 24일 각각 일본 도쿄와 오사카에서 '한국여행상품 박람회'를 진행했다. 이번 행사에는 도쿄 60개, 오사카 40개 등 100여개 현지 여행사들이 참가했다. 롯데면세점 관계자는 "면세점, 롯데월드타워전망대, 놀이공원, 호텔로 구성된 상품에 일본여행사의 관심이 높다"면서 "일본, 동남아 등 관광객 다변화를 위해 노력하고 있다"고 말했다.

갤러리아63면세점은 동남아, 중동지역 관광객 유치를 위해 오는 4월부터 동남아와 중동 현지에서 열리는 각종 여행페어에 참가해 설명회를 가질 예정이다. 갤러리아63면세점 관계자는 "중동관광객의 경우 주로 의료를 겸한 관광목적으로 방한해 중국인보다 구매력이 30% 정도 높다"고 말했다. 이 관계자는 "일본관광객 확대를 위해 JTB, 한나라, 이코리아 등 일본여행사와 계약을 완료했고, 다음 주부터 일본 현지 여행사와의 계약을 확대할 것"이라고 설명했다.

신라면세점은 일본관광객 유치를 위해 지난 1월 일본 온라인 개별관광객 유치 1위 여행사인 라쿠텐 트래블과 제휴를 맺었으며 동남아 항공사들과도 전략적 제휴를 추진 중이다(2017년 3월 기준).

내국인을 대상으로 한 마케팅도 활발하다. 신세계면세점은 5월 10일까지 내국인을 대상으로 구매금액에 따라 호텔뷔페 이용권, 놀이공원 이용권, 공연티켓을 증정하는 이벤트를 진행 중이다. 신라아이파크면세점도 내국인을 위해 명품브랜드 사전구매 예약서비스인 '프라이빗 세일'을 5월 말까지 시범 운영한다.

3. 인터넷면세점의 운영과 과제

1) 인터넷면세점의 문제점

응답자들이 인터넷면세점을 이용하지 않는 가장 큰 이유는 현재 익숙한 방법으로 이용하는 것이 더 쉽다가 53명(31.18%), 인터넷면세점이 쇼핑관광과 관련한 정보서비스를 충분히 제공하지 않기 때문이다가 24명(14.12%), 인터넷면세점에 대해 들어 본 적이 없었기 때문이다가 21명(12.35%) 등의 순으로 응답하였다.

기타 의견으로 면세점 쇼핑은 대체로 고가의 제품을 대상으로 하는데, 정찰가격 등 오프라인면세점과 동일한 가격을 유지한다고 볼 때, 인터넷면세점은 오프라인의 효과적인 디스플레이와 점원의 친절 등과 같은 기타 요소를 갖추지 못해 고가품 쇼핑의 즐거움을 주지 못한다는 것과 가격비교검색이 되지 않아 불편하다는 의견이 있었다.

표 8_ 인터넷면세점을 이용하지 않는 이유

인터넷면세점을 이용하지 않는 이유	빈도	비율(%)
인터넷면세점에 대해 들어 본 적이 없다.	21	12.35
이용함에 있어서 보안이 불안하다.	13	7.65
현재 익숙한 방법으로 이용하는 것이 쉽다(오프라인중심).	53	31.18
이용할 시간이 없었다.	6	3.53
이용방법을 충분히 알지 못하였다.	11	6.47
이용해서 실질적인 이점을 볼 수 없었다.	19	11.18
이용하는 데 시간과 비용이 많이 든다.	6	3.53
쇼핑관광정보서비스를 충분히 제공하지 않는다.	24	14.12
기타	17	10.00

그 밖에 제품을 실제로 볼 수 없고 설명에만 의존해야 하기에 고가품 쇼핑의 즐거움을 제공하지 못한다는 의견이 있었다. 또한 면세품을 미리 구매해야 하는 제약을 불편한 이유로 꼽고 있다.

환불 및 기타 각종 절차가 복잡하며 신용카드가 없을 시 결제의 제약이 있으며 오프라인면세점에 비해 물품의 제한이 많고, 검색이 안 되는 상품도 많아 Special Order 이용 시 문의→응답확인→제품확인→구매의 추가적인 절차를 거쳐야 하는 점을 가장 큰 불편함으로 보았다. 결정적으로 고객이 느끼기에 인터넷면세점 이용에 대한 권유를 받지 않았다는 의견이 많았는데 이는 면세점기업에서 인터넷 쇼핑 홍보의 부재를 의미한다고 볼 수 있다.

2) 인터넷면세점 이용방법

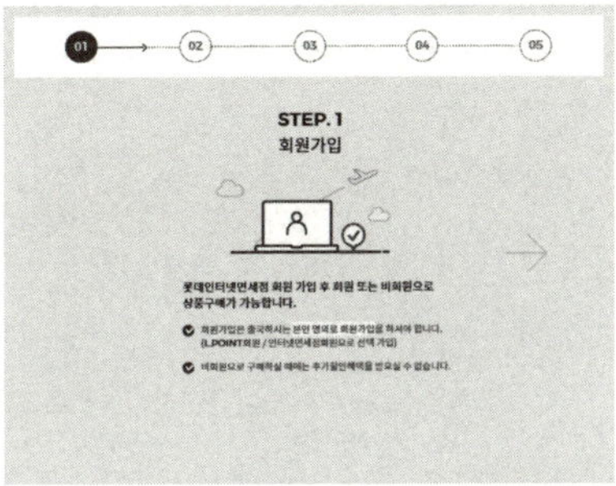

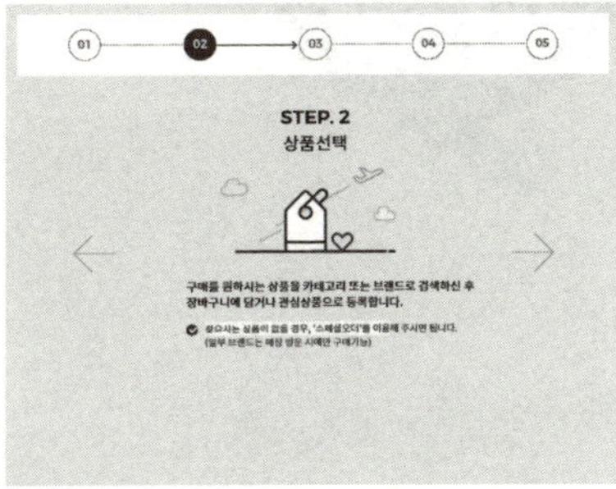

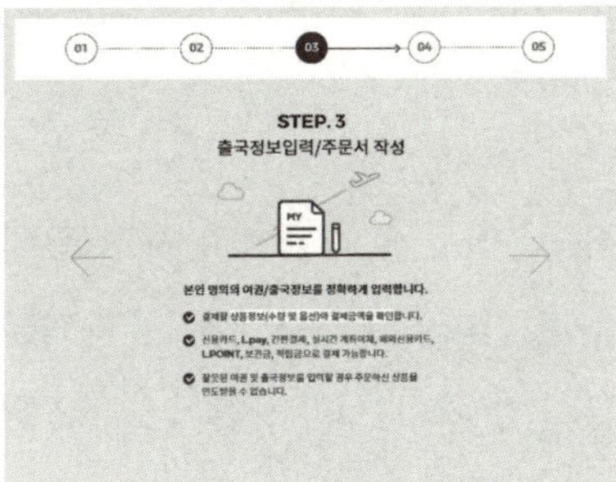

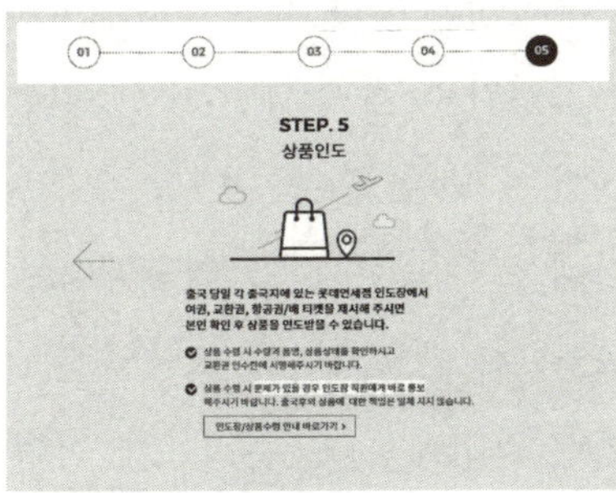

CHAPTER 05

우리나라의 면세점기업

Ⅰ. 개요

면세점(Duty Free Shop)이란 '외화 획득'이나 '외국인 여행자의 편의를 도모'하기 위한 비(非)과세 소매점을 말한다. 여행자에게 부과되는 세금인 소비세, 주세, 수입품의 관세 등이 면제되므로 상품 값이 비교적 싸다. 공항, 항만, 도시의 번화가, 국제선의 항공기 내에서 판매가 이루어지고 있다.

그렇다면 왜 할인을 하는 걸까? 예를 들어 '코냑(cognac)'은 프랑스에서는 30만 원에 구매할 수 있다. 하지만 코냑을 한국으로 들여와서 판매하면, 파는 사람 입장에서는 운송비를 포함한 관세를 매기기도 하고, 특히 한국에서의 코냑의 희소성 때문에 값을 훨씬 더 올릴 것이다. 이런 과정에서 '밀수'라는 범법행위도 벌어지고 있다. 하지만 면세점에서는 세금을 제하고 판매하므로 이제는 30만 원에 한국에서도 코냑을 구매할 수 있다. 세계를 하나로 만드는 중요한 역할을 하는 것이다.

면세점은 일정한 금액 또는 수량 이하의 물건에 대해서는 과세를 하지 않지만, '면세한도'를 정해 범위 이상의 물건의 값에 대해서는 과세한다. 2014년 9월부터 해외여행자 면세한도가 기존 US$400에서 US$600로 상향 조정되었다. 이에 따라 해외여행객들의 면세점 쇼핑이 더욱 활발해지고 있다. 여행 시작 출국부터 입국까지 구매한 면세품의 전체 가격 합계액이 US$600를 초과한다면 반드시 세관에 신고해야 한다. 신고하지 않는다면 가산세 30%가 함께 부과된다.

면세점에는 시내면세점, 공항면세점, 인터넷면세점, 기내면세점 등이 있으며, 화장품, 향수, 패션, 액세서리, 주류, 담배, 포장식품, 전자제품, 특화제품, 명품까지 다양한 면세품들이 판매되고 있다. 한국의 경우 주류는 한 병, 담배는 한 갑, 향수는 60ml로 한정되고, 제품별로 면세 수량은 별도로 정해져 있다. 최근 한국의 담뱃세 인상으로 면세담배에 대한 인기가 높아지면서 한국정부에서는 면세담배 한도를 반 갑으로 줄이는 방안을 검토하고 있다.

여행이 시작되는 곳, 면세점은 소비자들에게 더 현명한 소비를 가능하게 하며, 또 면세점이 주는 이득이 커짐에 따라 시간이 지날수록 면세점의 인기는 상승하고 있다.

Ⅱ. 구성

1. 면세점의 종류

1) 시내면세점

시내면세점은 가장 보편적이고 일반적인 면세점이다. 출국장 이외의 곳에서 출국자들을 대상으로 물품을 팔고 있다. 대형 백화점이나 별도의 면세점 쇼핑몰에 주로 위치하고 있다. 최근 해외로 출국하는 해외여행객이나 한국으로 입국하는 사람들이 급격히 많아지면서 면세점에서의 내국인들의 수요가 급격히 커지고 있다.

시내면세점은 출국 예정인 내외국인 모두 여권과 항공권을 소지했다면 출발 한 달 전부터 출국 바로 전날까지 자유롭게 면세점을 이용할 수 있다. 시내면세점에서 구입한 물품은 그 자리에서 수령할 수 없고, 구매기록표를 받아 쇼핑한 뒤 결제하고 교환권을 받아, 출국 시 공항 또는 항만에서 출국심사를 받은 이후 면세점 인도장에서 구입한 물품을 받을 수 있다.

시내면세점의 특별한 점은 한 상품에 대해 다양한 브랜드를 직접 착용하고 사용하며 비교 후에 가장 적합한 물건을 구매할 수 있다는 장점이 있다. 또 시내면세점은 인터넷면세점보다는 비싸므로 시내면세점에서 윈도우 쇼핑을 하고, 원하는 상품 발견 시 사진을 찍어 인터넷으로 구매한다면 같은 상품을 저렴한 가격으로 구매할 수 있다. 또 백화점의 특별할인기간이나 '쿠폰북'으로 보다 더 저렴한 가격으로 상품을 구매할 수 있다. 요즘 면세점들의 경쟁이 더 치열해지면서 소비자들에게 주어지는 할인혜택은 더 다양해지고 더 확대되고 있다고 한다.

하지만 시내면세점의 경우에는 주요 도시가 아닌 지방에 있는 소비자의 경우에는 시내면세점을 찾아가는 것은 쉽지 않을 것이다.

2) 인터넷면세점

보딩타임 때문에 면세점을 제대로 이용하지도 못한 채 떠나야만 했던 적이 있는 여행객들에게는 '인터넷면세점'을 추천한다. 인터넷면세점은 시간과 공간의 제약을 받지 않는다는 것이 가장 큰 장점이다. 면세점에서 사야만 하는 물건을 직접 가지 않아도, 언제든지 인터넷만 연결된다면 쉽게 비교분석하여 최적의 제품을 구입할 수 있다.

인터넷면세점은 중간 유통비나 인건비 등이 절감되서 가격경쟁력도 굉장히 높다. 공항면세점이 5~20% 면세한다면, 인터넷면세점은 공항면세점의 할인가격에서 10~15%를 더 면세한다. 하지만 인터넷면세점에는 입점해 있는 브랜드가 다양하지 않다는 단점이 있다. 고가의 제품의 경우는 면세점에 직접 방문해야 하는 경우가 많다.

인터넷면세점에 가입하고 여권번호, 출국장소, 출국일시 등의 정보를 입력하여 집에서도 면세점을 방문할 수 있다. 지방 소비자를 위한 가장 좋은 면세점 방문 경로이다. 결제완료 후 교환증을 출력하거나 교환번호를 메모하여 공항 면세물품 인도장에서 여권과 함께 제시하면 물품을 인도받을 수 있다.

인터넷면세점을 이용할 경우 쿠폰이나 카드사혜택, 특별행사, 매월 주는 월혜택과 적립금쿠폰 등 제공되는 추가할인과 같은 혜택을 빈틈없이 이용할 수 있다. 그리고 할인결과도 정확하게 바로 알 수 있고, 특히 환율이 하락하면 때를 놓치지 않고 언제, 어디서든 저렴하게 쇼핑을 할 수 있다. 시내면세점과 같은 오프라인면세점을 방문하기 전, 인터넷면세점에서 여러 브랜드의 상품을 비교한 후 오프라인면세점으로 와서 직접 사용해 본 후에 구매한다면, 가장 안전하고 확실한 구매를 할 수 있을 것이다.

3) 외교관면세점

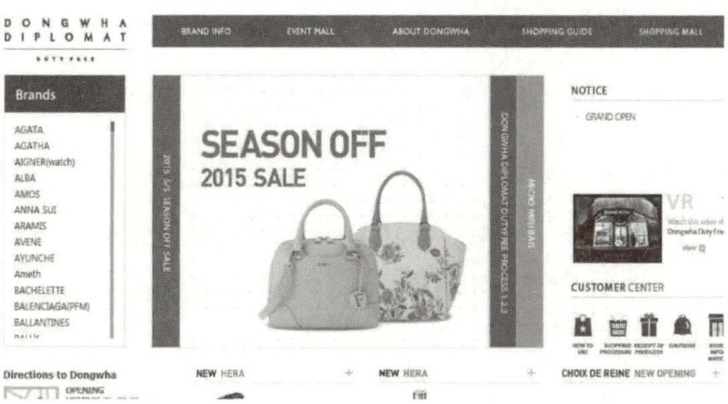

외교관면세점은 서울에만 특허되며, 판매자는 한국 「관세법」 27조에 의해 면세받을 수 있는 주한 외교관 및 외국공관에게 외국

물품을 판매할 수 있다.

이외에도 국경면세점, 군인면세점(PX: Post Exchange), 국제유람선 면세점이 있다.

4) 공항면세점

공항에 위치한 공항면세점(Airport Duty-Free Shop)은 출국하는 소비자가 보딩타임 직전에 이용하는 면세점이다. 출국심사를 마친 후, 출국 대기장에서 이용할 수 있으며 해외의 지인을 위한 선물, 해외여행 시 필요한 제품을 저렴하게 구매할 수 있다. 특히 제품을 구입 후 바로 수령할 수 있다. 하지만 여행할 국가의 관세규정을 알아보고 구매해야 한다. 보딩 타임에 쫓겨 쇼핑을 제대로 할 수 없을 수도 있으므로 인터넷면세점에서 제품에 대해 알아본 후 즉각 구입하길 추천한다.

바로 구매하여 사용할 수 있다는 장점이 있지만 시내면세점이나 인터넷면세점과 비교했을 때 비싸다는 것이 단점이다. 그러므로 공항면세점에서는 크고 너무 비싸서 조심해야 할 면세품은 오히려 짐이 될 수 있으므로 여행 가서 사용할 물건인 화장품이나 술, 담배와 같은 물건을 구매할 것을 추천한다.

공항면세점에서 탑승권을 검사하는 이유는 첫째, 공항 상주직원의 면세점 이용을 막기 위함이다. 상주직원의 수는 약 15,000명인데 그들이 면세점을 출입하는 것은 허용되지만, 마음대로 이용하는 것은 불법이기 때문이다. 둘째, 신용카드의 도용을 막기 위함이다. 탑승권을 받아 신용카드와 탑승권의 이름과 서명이 일치하는지 확인하여 도용을 막기 위함이다. 셋째, 기내 액체류 반입에 대해서는 목적지와 경유지의 면세 범위와 액체 허용 여부를 확인해야 하므로 비행기 편명을 영수증에 기입한다.

5) 기내면세점

기내면세점(In-Flight Duty-Free Shop)은 비행기에 탑승한 후에 이용할 수 있는 면세점이다. 탑승 후 좌석마다 비치되어 있는 카탈로그, 면세점 책자를 보고 원하는 상품을 면세품 신청서에 써서 승무원에게 제출하면, 판매시간에 물품을 가져다준다. 그래서 다른 면세점보다 훨씬 빠르고 간편하다. 한 제품에 관해 다른 승객들이 많이 구매하면 당일에는 수량이 부족할 수 있으므로 기내면세점의 인터넷 홈페이지를 이용해 미리 주문하고 기내에서 수령할 것을 추천한다.

기내면세점에서 구매하면 항공사마다 별도의 마일리지를 적립해주기도 한다. 그리고 깨어지기 쉽거나 운반이 불편한 물품의 경우에는 돌아오는 항공기에서 다시 받을 수 있도록 하는 서비스도 있다. 하지만 기내판매의 경우 공항면세점보다 가격은 저렴하나 물건의 종류가 화장품, 향수, 술, 담배 정도로 다양하지 않다. 항공사마다 기내면세점을 운영하지 않는 경우도 있다. 또 기내면세점은 반송이 되지 않는다는 단점이 있다. 면세 허용량은 국가별로 상이하기 때문에 입국국가별 면세 허용량을 참고하여 물품을 구매해야 할 것이다.

6) 페리면세점

페리면세점(Ferry Duty-Free Shop)은 항만에 있는 면세점을 뜻한다. 구입한 물건을 바로 받을 수 있으며 출국심사 후 출발 대기장에서 이용할 수 있다. 대개 출국장에 있지만 입국장에 자리 잡은 경우도 있다. 점포나 체인형태가 많으며 시내면세점보다 가격이 비싼 것이 특징이다. 항만면세점은 선박권을 받고 출항 30분부터 승선 검색 후 이용한 후 승선할 수 있다. 최근 제주에서 도외로 출항하는 만 19세 이상 내국인, 외국인만 면세점 이용이 가능했으나, 이제는 만 19세 미만자도 신분증 확인 후 구매가 가능해졌다. 단 주류와 담배는 제외된다.

2. 우리나라 대표 면세기업

1) 롯데면세점

감히 면세점 1위라고도 말할 수 있는 면세점계의 절대강자, ㈜호텔롯데 롯데면세점(Lotte Duty Free)은 1980년 2월 1일에 ㈜호텔롯데 면세사업부 아래에 시작된 면세점이다. 소공동에 위치한 본점의 오픈 이후 로비점, 월드점, 인천공항점, 부산점, 제주점, 코엑스점, 롯데인터넷면세점, 롯데부산인터넷면세점 등 9개점을 지점으로 두고 있다. 입점브랜드는 총 550여 개로 브랜드와 상품 종류가 다른 곳에 비해 많다. 일본, 괌, 싱가포르, 인도네시아 그리고 한국에 지점을 두고 있다.

롯데면세점은 전국적 유통망을 정립하고 업계 최초로 인터넷면세점을 도입했다.

2005년에는 인천공항 내 'One Packaging Service'를 도입했다. 국내 최대규모 면세점으로 입점브랜드는 총 550여 개, 브랜드와 상품의 종류가 다른 곳에 비해 많다. 특히 화장품분야에 특화됐다. 예컨대 소공동 롯데백화점 본점 9층에 있는 면세점매장의 경우 전체 면적 중 90%가 화장품으로 채워졌을 정

도다. 화장품브랜드만 총 95개에 달한다.

가격할인뿐 아니라 유명가수의 공연과 문화행사 등으로 구성된 이벤트가 연중 진행 중이다. 최근 창립 35주년을 맞아 '롯데면세점 패밀리 콘서트'를 열어 그룹 '신화' 등 국내 최고의 가수들을 모아 콘서트를 열었고, 수익금을 불우한 이웃과 네팔 지진구호기금 모금도 진행했다. 면세점 구매실적이 있는 고객이 대거 초청됐다.

2) 신라면세점

신라면세점(新羅免稅店, Shilla Duty Free)은 주식회사 ㈜호텔신라가 운영기관이다. 1985년 10월 장충동에 위치한 본점의 오픈 이후 제주점, 인천공항점, 김포공항점, 대구공항점, 청주공항점, 인터넷면세점 등 6개 점을 지점으로 두고 있다. 종업원은 920명을 두고 있으며 매출액이 1조 원에 달한다.

신라면세점 서울점에서는 브랜드의 독점입점(지미추: 신발 · 가방, 멀버리: 가방, 시어리: 의류, 슈콤마보니: 여성용 의류)이 되어 있다. 또 최근 남성용 고급시계 수요가 늘어나는 것을 보고 IWC와 위블로 등 명품시계브랜드를 편집매장에 입점시키는 등 브랜드 수를 대폭 확대했다. 인천공항점은 화장품 · 향수매장과 패션 편집매장 등을 확대했다.

신라면세점만의 고급스럽고 세련된 분위기는 그들의 강점이라고 할 수 있다. 더불어 품목별 인기브랜드로 구성된 편집매장이 그 장점을 더 강하게 하고 있다.

옥상에는 유러피언 스타일 카페 '아티제'를 설치해 쇼핑에 지친 고객들이 쉬어갈 수 있다. 야외정원에서는 재즈콘서트, 최신 영화상영 등 이벤트가 열린다.

HDC신라면세점은 한류 · 관광 · 문화 · 쇼핑이 한 곳에 복합적으로 어우러진 '도심형 면세점'을 콘셉트로 'DF(Duty Free)랜드'를 만든다. 무려 400여개 브랜드가 입점해 있는 국내 최대면세점이다. HDC신라면세점의 나머지 공간에는 연예기획사, 한류 공연장과 관광홍보관, 관광식당과 교통인프라, 주차장 등 연계시설을 조성하여, 한 번에 이뤄지는 '원스톱 면세관광'이 가능해지도록 할 것이다. 지방의 발전을 위해 지역 특산품 전용관도 설치한다고 한다. 지역 상생도 역점 추진사항이다. 일본 도쿄의 '아키하바라'가 모델이다.

3) 신세계면세점

주식회사 신세계조선호텔(신세계면세점, 新世界免

稅店)이 운영하는 신세계면세점은 2013년 부산에서 신세계면세점을 열었다. 총 194개의 브랜드가 입점해 있으며, 부산점에는 177개, 김해공항점에는 101개의 브랜드가 입점해 있다.

신세계 부산점의 경우 면세 쇼핑과 휴양을 함께 즐길 수 있다. 해운대의 천혜 자연을 누리며 휴식과 면세 쇼핑을 함께 이용할 수 있다는 장점이 있다. 김해공항점에서는 백화점과 같은 세련된 인테리어와 서비스로 출국 직전 면세점 쇼핑이 가능하다.

단 두 장뿐인 서울 시내면세점 사업권을 따내기 위해 신세계가 그룹의 상징인 서울 본점 명품관(본관) 전체를 신규 면세점 후보지로 내놓고 주식 일부를 팔며 대비하고 있다. 성영목 신세계디에프(DF) 사장은 "본점에 면세점이 들어서면 명동 상권과 연계해 남대문시장 상권도 활성화될 것"이라고 강조했다.

한편, 신세계 면세점 측에서는 1,000달러 이상 구매한 고객에 한해서 콘서트 티켓을 증정하는 이벤트를 했다. 단 4일간 하는 이벤트인데다가 하루에 선착순 7명으로 한정하고 그 구매기준을 무려 1,000달러로 설정해 놓은 것을 보았을 때, 경쟁률을 높이고 구매율을 높일 의도로 보인다. 소비자 입장에서는 너무 약이 오르지만, 이러한 이벤트에 반응하는 소비자들을 끌기는 꽤 괜찮은 아이디어로 보인다.

4) 인천공항면세점

2001년 3월 29일 인천국제공항이 개항하면서 인천공항면세점도 함께 개점되었다. 현재 화장품, 향수, 주류, 담배, 포장식품, 명품 등 다양한 제품을 판매하고 있으며, 이 제품들은 롯데면세점과 신라면세점, 한국관광공사에서 제공하고 있다.

2014년 인천국제공항면세점의 총매출액은 20억 달러를 돌파했다. 2011년부터 인천공항면세점은 '세계 공항면세점 매출 1위'의 자리를 지켜왔다. 인천공항면세점처럼 큰 허브공항인 두바이공항면세점이 2014년 약 19억 달러로 인천공항의 뒤를 쫓는다.

인천공항면세점의 월등한 매출의 원인은 유커들의 덕이 크다. 급격히 발전하는 중국인관광객들이 한국으로 쏟아져 들어오면서 한국의 백화점, 면세점들은 꽤나 호황을 누리고 있다. 이성태 한국문화관광연구원 국제관광연구센터 부연구위원은 "올해 한국을 방문할 중국인은 794만 명으로 2014년(620만 명)에 비해 28% 증가할 것으로 예상된다"고 전망했다. 또 연합뉴스는 "그렇게 되면 중국인관광객은 총외래관광객(1,620만 명)의 49%를 차지하게 된다"고 전망했다.

인천공항면세점에서 잘 팔리는 물건의 순위는 1위 화장품과 향수, 2위 가죽제품, 3위 술과 담배, 4위 패션과 액세서리로 나타났다.

5) 동화면세점

동화면세점은 1979년 12월 24일 대한민국 제1호 시내면세점 설영특허를 취득했고, 1973년 대한민국 최초로 서울 시내에서 가장 먼저 문을 열었다.

루이비통, 에르메스, 페라가모, 불가리, 제냐, 구찌를 포함해 250여 개의 세계 유명명품브랜드가 입점되었으며, 다양한 수입상품이 전시 · 판매되고 있다. 특히 타 면세점에는 판매하지 않는 세븐진, 트루릴리전과 같은 프리미엄진 코너도 있다.

매장 입구에 들어서면서부터 유명브랜드의 향수, 화장품, 시계, 캐주얼브랜드 등 많은 브랜드가 즐비해 있다. 상품과 브랜드의 구성이 다양하다는 것과 이들을 구경하기 좋게 효율적인 동선을 계산해 배치해 놓은 것은 동화면세점의 장점이기도 하다.

동화면세점의 또 다른 장점은 타 면세점에 비해 교통이 편리하다는 것이다. 지하철 5호선 광화문역과 1, 2호선 시청역에서 도보로 3~5분 거리에 있다. 그리고 주변에 경복궁, 덕수궁, 청계천, 시립미술관 같은 관광명소가 많아서 외국인 고객에게 쇼핑과 관광을 함께 제공할 수 있다.

동화면세점은 직장인을 위해 매일 오후 8시 30분까지 연중무휴로 연장 운영하고 있으며 또한 모든 고객들에게 주차대행서비스를 제공한다. 또한 동화면세점은 결제수단이 매우 다양해 편리함을 준다. 갤러리아백화점과 롯데백화점, 삼성플라자 등 백화점 상품권을 비롯해 SK, GS칼텍스, 현대 오일뱅크 등의 주유권, 국민관광상품권, 다음상품권,

해피21 외식상품권 등 시중에 유통되는 거의 모든 상품권으로 결제가 가능하다.

6) 워커힐면세점

워커힐면세점에서는 쇼핑과 휴식과 관광을 한 번에 즐길 수 있다. 세계적인 5성급 호텔 쉐라톤 그랜드 워커힐과 W서울 내에 위치해 럭셔리 면세 쇼핑과 도심 속 아름다운 자연경관을 즐길 수 있고 최상급 호텔서비스까지 즐길 수 있다.

1992년에 개점한 워커힐면세점은 한강 전경을 볼 수 있는 쉐라톤 그랜드 워커힐호텔 내 위치해 있다. 특히 워커힐면세점은 방한하여 관광지를 돌아보고 호텔로 돌아온 외국인 고객들에게 호텔 내에서의 면세와 고품질의 서비스를 제공해왔다.

워커힐면세점은 세 개의 층으로 200여 개의 브랜드를 한 자리에서 즐길 수 있다. 지하 1층 매장에는 롤렉스, 오메가, 브레게, 블랑팡, 프랭크뮬러, 쇼메, 피아제, 다미아니 등의 최고급 하이엔드 워치 주얼리 매장이 있고, 호텔 로비와 연결되는 1층 매장에는 살바토레 페라가모, 토즈, 코치, 에트로 등 세계 유명패션브랜드들의 부티크 숍이다. 2층

매장에는 에스카다, 막스마라, 오즈세컨 등의 패션브랜드 및 에스티로더, 크리니크, 겔랑, 랑콤, SK-II 등의 럭셔리 코스메틱 브랜드가 있다.

워커힐면세점의 특별한 것 중 하나는 지하 1층에는 한국 토산품매장이 있다는 것이다. 한국의 화장품, 피혁, 홍삼, 김 등의 정말 다채로운 한국상품들과 브랜드들을 판매하고 있다. 이 매장은 한국이 세계로 나아가는 데 크게 한몫을 하고 있다. 워커힐면세점은 할인권과 이벤트, 택시비 지원 등 많은 혜택을 제공해 고객들에게 더 큰 만족감을 선사하고 있다. 그리고 특별한 것은 면세점과 이어져 있는 호텔 내부의 워커힐 카지노가 있어 면세점 고객들에게 인기가 있다.

7) 한화갤러리아면세점

2014년 한국공항공사 제주지역본부와 임차계약하여 4월 20일 제주국제공항 내에 면세점 임시영업을 시작하였으며, 6월 28일 갤러리아면세점 상표로 정식 개점하였다.

갤러리아타임월드에서 제주면세점은 2014년 면세점 순매출액 336억

원, 영업이익 1억 3,000만 원으로 사업 첫해부터 흑자를 기록했다. 이 굉장한 흑자의 원인은 역시 유커였다. 중국 전체 출국자 수는 연평균 19.6%가 증가하고, 그 중 한국 비중이 증가하고 있으며, 한국을 방문하는 유커 중 46.7%가 제주도를 방문하기 때문이었다. 또 환승관광 무비자 입국 허가제도 덕에 관광객은 더 늘어날 것이므로 2015년 제주면세점 예상 순매출액은 635억 원, 영업이익은 47억 원으로 예상했다.

최근 한화그룹은 서울 신규 면세점 특허권을 따낼 경우, 황금색 외관 때문에 유커들에게 인기 있는 '골드바' 63빌딩을 면세점으로 꾸밀 것을 발표했다. 만약 63빌딩에 시내면세점을 열게 되면, 도심 속 한강, 국회, IFC 등 관광자원 인프라의 매력으로 외국인 관광객을 끌어모을 수 있을 것으로 보인다. 문화관광을 하면서 쇼핑도 할 수 있는 구조인 것이다.

63빌딩 5km 내에는 8개의 특급호텔을 비롯한 12개의 숙박시설이 있고, 여의도 성모병원, 중앙대학교 병원 등 여러 시설들을 이용해 호텔과 면세점을 잇는 셔틀버스를 운영하고 이용 고객을 대상으로 할인쿠폰을 증정하는 등 이벤트를 개발할 것이라고 말했다. 또 새로 생길 면세점에는 신토불이 명품 농수산물을 입점시켜 글로벌 판로를 개척할 수 있는 교두보 역할을 해낼 것이라고 말했다.

한화갤러리아는 이외에도 시내면세점 사업성과를 여의도, 영등포지역에 환원하는 '갤러리아 63 플랜'도 준비하고 있다.

3. 국내 면세점의 경쟁력

1) 계층별 서비스

대한민국 면세점은 다양한 서비스를 제공함으로써 다양한 계층의 수요를 늘리고 있다.

우선 영유아 및 어린이를 저격한 '어린이 날 Happy Festival' 이벤트이다. 어린이날을 맞아 어린이들이 선물받길 원하는 제품을 응모하면, 추첨을 통해 수령할 수 있다. 또 요즘 한류보다 더한 인기를 끌고 있는 뽀통령 '뽀로로'의 얼굴이 붙어 있는 제품을 판매하고 있다.

둘째, 10대 학생들을 저격한 면세점 특강 및 콘서트가 있다. 고등학교에 올라가 진로를 고민하는 학생들을 위한 특강을 지원한다. 최근 롯데면세점에서 '패밀리 페스티벌'이 열렸다. 한류를 사랑하는 외국인 고객들에게 면세점에서의 소비에 감사하는 의미에서 한류 아이돌을 초대해 콘서트를 열기도 한다. 이 이벤트는 사실 한국 내 학생들에게 적용되기도 한다.

셋째, 20대를 위한 여행과 봉사단 등 다양한 경험의 기회를 제공한다. 롯데면세점에서는 1달러 이상 구매한 내국인이라면 호주 시드니로의 원정대를 구성해 한국의 20대의 다양한 경험을 지원한다. 수험생활을 마치고 대학생이 되었지만, 스펙 때문에 고민하고, 취업난에 압박되며 힘겹게 사는 한국의 20대를 위한 대규모 이벤트이다. 그리고 행사기간 동안 1달러 이상 구매한 고객 중 총 20명을 추첨해 라오스 3박 5일 여행권을 증정한다. 롯데면세점은 여름방학을 맞아 영플레저(Young Pleasure) 이벤트를 펼친다.

또 면세점은 20대를 위한 특강을 준비하기도 한다. 요즘 트렌드에 맞춘 특강 주제로 이미지 메이킹, 인생 특강, 취업 특강 등 다양한 주제로 20대를 위한 여러 가지 특강 이벤트를 제공하고 있다.

넷째, 30대를 위한 이벤트로는 주로 신혼부부나 임산부, 그리고 그들을 겨냥한 특강들이 있다. 롯데면세점에서 스포츠 트레이너 '숀리'를 초대해 다가오는 여름철을 맞아 30대 여성 고객을 대상으로 다이어트 방법과 운동법에 관한 특강을 진행했다. 또 신혼부부를 공략해 웨딩 고객 등록 후 본점과 월드타워점, 코엑스점에서 1,000달러 이상 구매할 경우 5만 원 선불카드를 추가로 준다. 이외에도 롯데면세점 본점과 코엑스점에서는 기준금액 이상을 구매한 웨딩 고객에게 롯데호텔 라운지 이용권, 홍삼, 스파 이용권 등을 제공한다. 코엑스점에서는 신혼부부를 위한 신혼여행박람회를 열었고, 롯데면세점은 결혼 예정 고객 중 부부 합산 4,000달러 이상 구매한 임산부 고객을 저격한 '괌 태교 여행권'을 제공한다.

또 30대와 40대는 나이대별 할인혜택을 누릴 수 있다. 롯데면세점이 30주년이 되는 해에는 'For The 30' 이벤트를 제공했다. '30'주년에 오직 '30'대에게만 U$30 쿠폰을 제공하는 것이다. 그리고 최근에는 20대에게는 U$20, 30대에게는 U$30, 40대에게는 U$40 쿠폰을 제공하는 이벤트를 했다. 40대 주부들을 위한 할인이벤트는 가장 효과가 클 것으로 예상된다.

2) 유커 집중 공략

한 면세점에서는 중국말로 물건을 팔던 직원이 "한국인은 들어올 수 없어요! 나가세요!"라고 소리쳤다. 그 면세점은 유커만을 대상으로 물건을 판매하는 면세점이었다. 중국경제가 커질수록 증가되는 방한 유커를 집중 공략해야 한다. 유커들이 한국 내 쇼핑에 쓰는 돈은 1인당 평균 1,431달러(약 155만 원)로 전체 외국인관광객 평균의 2배에 달한다. 대다수 유커가 명동 등 서울 도심 관광 · 쇼핑을 선호해 롯데면세점 본점의 매출증대로 이어졌다는 분석이다(2015년 기준).

중국의 엄청난 성장세에 주변 나라들이 호황을 누리는 가운데, 그 혜택을 가장 많이 보는 나라가 바로 우리나라이다. 그 중에도 특히 우리나라 면세점사업에 커다란 호황을 가져다주었다.

우리 수익의 가장 큰 요인인 유커를 해외로 빼앗기지 않기 위해 경쟁력을 더 극대화하기 위해 노력해야 한다. 우리는 유커의, 유커에 의한, 유커를 위한 서비스와 상품을 만들어야 한다. 특히 어떤 면세점에서는 중국어 가능한 한국인을 포함해 판매인력 100명과 보안, 안내, 청소 등의 지원인력 50명이 투입된다. 그렇게만 한다면 지금 우리가 누리는 유커의 덕을 더 크게 늘릴 수 있을 것이다.

면세점의 전략은 우선 중국 유커들이 많이 찾는 핵심매장, 브랜드를 찾는 것이다. 그 매장에 우리 상품을 입점시킨다면 우리 브랜드와 상품을 더 알릴 수 있는 기회가 되는 것이다. 또 유커의 마음을 사로잡는 전략을 펴는 것이다. 최근 한국의 화장품이 인기를 끌었는데, 특히 마스크 팩은 가장 인기가 있었다. 이에 따라 많은 화장품회사들은 유커를 겨냥해 마스크 팩을 더 많이 개발하고 출시한다. 물론 화장품이 인기 있지만, 그 중에도 인기 있는 상품을 특별히 더 연구 · 개발하는 것이 최고의 전략으로 보인다. 이런 상품들을 적절한 할인혜택을 주면서 판다면 최고의 수익을 얻을 수 있을 것이다.

젊은 층을 노린 전략으로는 가장 빠르고 값싸지만 가장 효과 있는 SNS 광고를 이용하는 것이다. 중국의 웨이보를 이용해 광고를 한다면, 정말 짧은 시간 안에 가장 멀리, 가장 손쉽게 알릴 수 있다. 그야말로 최고의 광고방법이다.

롯데면세점에서는 유커 추가 유치를 위해 한류스타 배우 박신혜가 크루즈 선상 팬미팅을 가졌다. '2014 롯데면세점 박신혜 러블리 데이'를 통해 한류 퀸으로 통하는 박신혜 씨의 애장품 증정행사, 현장에서 직접 제조한 칵테일 선물 등 다양한 이벤트를 진행해 큰 호응을 얻었다. 팬미팅 등 제주관광을 마친 중국관광객들은 "특히 드라마 '상속자'에서 명연을 펼친 박신혜 씨를 만날 수 있는 팬미팅이 열린다고 해서 이번 크루즈여행에 참여하게 됐다"고 말했다.

외국인 열 명 중 일곱 명은 한국 방문의 첫 번째 목적으로 쇼핑을 꼽고 있다. 무엇보다 눈여겨볼 대목은 2013년 제주를 찾은 크루즈관광객들이 제주에서 쇼핑에 사용한 돈이 1인당 70만 원이 넘는다. 그들이 주변의 시설물까지 이용할 경우에는 제주 지역경제에 미치는 부가가치는 상상할 수 없을 정도로 커진다. 그것이 롯데면세점이 업계 최초로 크루즈 팬미팅으로 유커 유치에 본격적으로 나선 이유이기도 하다.

또 우리 면세기업은 중국 유커들을 위해 중국문화를 공부하고 그들만을 위한 서비스를 준비하고 있다. 한국인들도 해외의 면세점을 사용할 때 문화가 다르기 때문에 서비스에 대한 불쾌감을 느끼는 경우가 많다. 그런 것처럼 유커들에게도 한국의 서비스가 그렇게 느껴지는 부분이 있을 것이다. 그러므로 한국면세점에서는 오로지 중국만을 위한 마케팅 교육을 받고 있다. 그러한 교육은 한국브랜드의 중국 VIP 고객이나 신규 고객을 확보할 수 있는 요인이 될 것이다.

3) 한국만의 특별한 서비스

첫 번째로 한국만의 특별한 강점은 '빨리 빨리' 정신이다. 성격이 급하기로 소문난 한국의 '빨리 빨리' 정신은 예전에는 너무 급하다는 이유로 그리 좋지 못한 시선을 받아왔다. 하지만 시간이 차차 지나면서 사람들은 빠르고 완벽함의 중요성을 강조하기 시작했고 그러한 시선 속에서 우리나라의 '빨리 빨리' 정신도 더 응용되고 활성화되어 왔다. 우리 면세업계에서는 '빠르고 완벽하게'라는 단어를 중시하고, 이런 서비스를 받은 외국인들의 반응도 좋다. 면세점을 이용하는 외국인들은 그렇게 무시하던 '빨리 빨리' 정신의 편리함을 느끼고, 이제는 빠르지 않으면 만족스럽지 못하게 느낀다.

둘째, 사회 소외계층 및 환우들에게 희망을 선물하는, 일종의 후원서비스이다. 일부 면세점들은 면세점의 혜택 범위 내에 다가오지도 못하는 환아들에게 여러 가지 혜택을 직접 제공하고 있다. 한화갤러리아는 위시데이 이벤트를 열어 신경모세포종 난치병을 앓는 6세 허○○ 양의 '외조부모의 결혼 축가 연주'라는 소원을 이루게 해주었다.

또 바리스타 · 제빵사를 꿈꾸는 '전신홍반성루푸스'를 앓고 있는 김○○ 양에게도 라떼 아트, 제빵 실습 등 여러 가지 이벤트를 제공했다. 제주 갤러리아면세점 진○○ 점장은 "○○이가 하루 빨리 완쾌해 우리나라를 대표하는 피아니스트가 되기를 바란다"며 "앞으로도 갤러리아는 난치병 환아들에게 희망을 주기 위한 다양한 행사를 진행할 계획"이라고 말했다. 갤러리아는 지난 2012년 공주가 돼 무도회에 가고픈 백혈병 환아, 2013년 스파이더맨이 되고 싶은 백혈병 환아의 소원을 들어주는 등 매년 크리스마스를 난치병 환아들의 소원 성취 행사를 진행해 왔다.

CHAPTER 06 해외면세점기업

Ⅰ. 개요

1. 국제면세시장 현황

1) 세계 면세시장규모

스웨덴에 위치한 통계전문그룹 Generation Research의 2016년 8월 발표자료로서, 1985년부터 2015년까지의 면세산업과 여행산업의 규모를 나타낸 그래프이다. 그동안 서브프라임 모기지, 우크라이나 사태 등으로 대표되는 14개의 위기가 있었음에도 불구하고 처음 조사를 시작한 이래로 꾸준한 성장세를 보이고 있으며 2010년 432억 달러, 2011년 510억 달러, 2012년 556억 달러, 2013년 600억 달러, 2014년 약 638억 달러, 2015년 620억 달러의 추세로 급격히 성장하고 있음을 볼 수 있다.

최근 5년간의 성장률을 계산해보면 성장률은 연평균 약 7.4%의 준

그림 1_ 1985~2015 세계 면세시장규모

수한 값을 나타내고 있으며, 최근 5년간 거의 매 해마다 위기로 볼 수 있는 상황이 나타났음에도 불구하고 앞서 상기한 꾸준한 여행객의 증가세로 인해 이러한 요인들이 면세시장규모 성장에 악영향을 거의 끼치지 않는 것을 볼 수 있다.

2) 지역별 점유

2015년 기준 아시아 · 태평양지역이 약 252억 달러의 매출을 올리며 전체의 40.8%를 차지하는 가장 높은 점유율을 가지고, 그 뒤를 이어서 유럽지역이 약 188억 달러의 매출을 올리며 30.4%를 차지하였다. 아메리카대륙이 18.2%, 중동지역이 9.4%, 아프리카지역이 1.2%를 점유하고 있는 것을 볼 수 있다. 이를 보면 면세시장에서의 큰 시장은 아시아 · 태평양지역과 유럽지역이며 지리적으로 아시아 · 태평양지역에 속한 대한민국의 입장에서는 아시아 · 태평양지역을 우선적으로 공략함이 효율적으로 생각된다.

그림 2_ 면세시장 매출의 지역별 분포

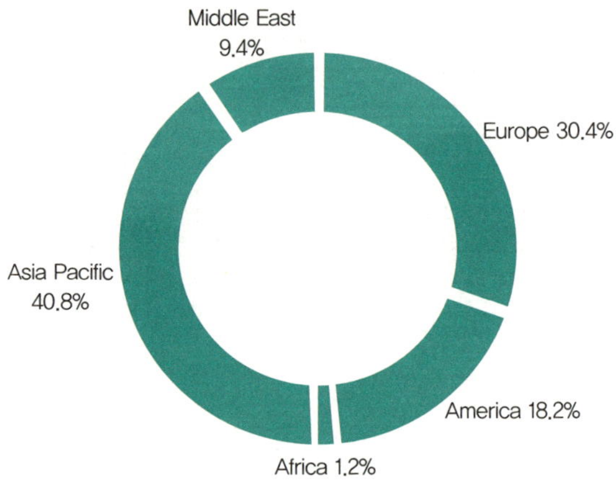

3) 유통경로별 분류

같은 맥락으로 유통경로로 나누어 분석해 보았을 때 전통적 시장인

그림 3_ 유통경로별 매출 추이

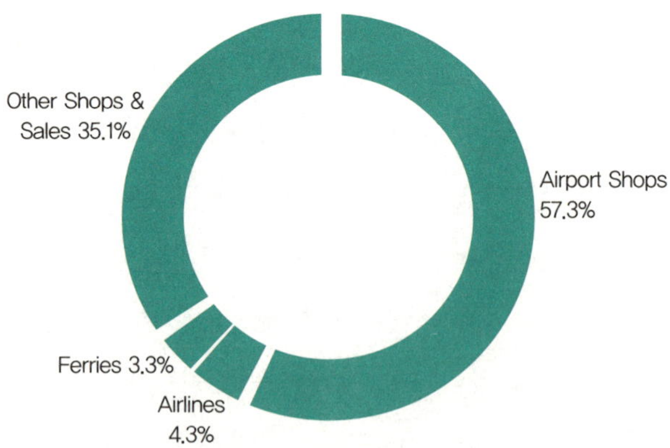

출국장면세점이 과반수를 넘는 57.3%의 점유율을 보이고 있고, 그 뒤를 해외직구, 시내면세점 등을 포함한 기타 경로가 35.1%의 점유율을 보이고 해상면세점이 3.3%, 기내면세점이 4.3%의 점유율을 보이며 명맥을 유지하고 있다.

4) 품목별 분류

같은 방법으로 품목별 점유율을 분석해 보면, 향수와 화장품이 31.9%의 점유율로 가장 높은 분포를 보이고, 그 뒤를 이어서 주류가 16.4%, 패션 & 액세서리 14.5%, 담배 11.9%, 시계주얼리 9.6%, 당과제품이나 고급식품과 전기제품과 선물용 품목 등 기타 품목이 각 7.9%의 점유율을 보이고 있다.

그림 4_ 품목별 매출 추이

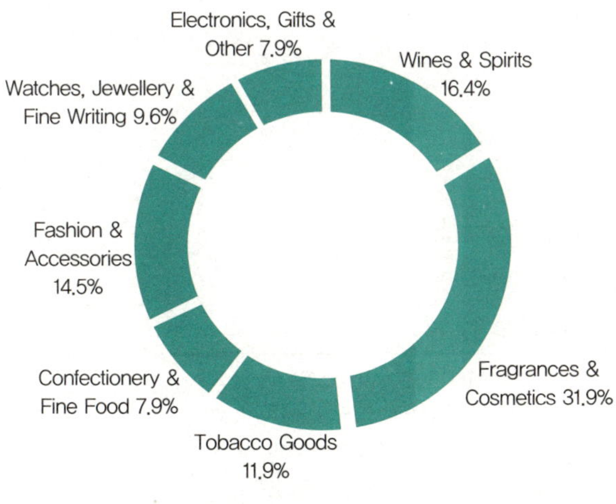

5) 전세계 면세점사업자 순위

2015년도 글로벌 면세사업자 순위는 다음과 같다. 1위는 2015년 한 해 약 56억 8,300만 유로의 매출을 올린 스위스의 듀프리, 2위는 2015년 한 해 약 37억 7,000만 유로의 매출을 올린 홍콩의 DFS그룹, 3위는 약 37억 5,000만 유로의 매출을 올린 한국의 롯데면세점, 4위는 약 35억 7,000만 유로의 매출을 올린 프랑스의 라가르데르 등으로 집계되었다. 같은 출처의 2014년 자료에 의한 매출액과 비교했을 때, 상위 5개 기업은 평균 11%의 준수한 성장률을 보이고 있다.

표 1_ 2015년 글로벌 면세사업자 순위

순위	사업자명(전년도 순위)	2015년 매출(한화 기준)
1	스위스 듀프리(1)	56억 8,300만 유로(7조 321억 원)
2	미국 DFS그룹(2)	37억 7,000만 유로(4조 6,649억 원)
3	한국 롯데면세점(3)	37억 5,000만 유로(4조 6,402억 원)
4	프랑스 라가르데르(4)	35억 7,000만 유로(4조 4,175억 원)
5	독일 하이네만(6)	28억 유로(3조 4,647억 원)
6	한국 신라면세점(7)	22억 8,600만 유로(2조 8,236억 원)
7	태국 킹파워그룹(10)	19억 7,100만 유로(2조 4,839억 원)
8	UAE 두바이면세점(8)	17억 2,600만 유로(2조 1,357억 원)
9	대만 에버리치면세점(9)	15억 7,000만 유로(1조 9,427억 원)
10	중국 선라이즈면세점(11)	13억 4,400만 유로(1조 6,631억 원)

※ 원-유로 환율 1237.40원(1,021 환율 적용 시)
롯데면세점 공식 발표 2015년 총매출액은 4조 7,390억 원
출처: 무디리포트/작성: 인베스트조선(www.investchosun.com)

6) 국가별 점유율

표 2_ 매출기준 국가별 면세시장 점유율

순위	1위 한국	2위 중국	3위 미국	4위 영국	5위 홍콩	6위 독일	7위 UAE	8위 터키	9위 싱가포르	10위 대만
M/S	12.3%	7.7%	5.9%	5.3%	4.7%	4.5%	4.4%	3.4%	2.7%	2.5%

※ % Sales(2014 Generation Research)

Generation Research의 2014년 조사자료에 따르면 2014년 기준 한국이 세계 매출액의 12.3%를 견인하며 1위를 차지하고, 그 뒤를 중국, 미국, 영국 등이 뒤따르고 있다. 상위 10개국 중에 아시아 · 태평양지역이 5개를 차지하며 미주가 1개소, 유럽이 3개소, 중동이 1개소를 차지하고 있다. 이는 앞서 언급한 지역별 점유율 추이와도 일맥상통하며, 아시아 · 태평양지역에 상위 매출처의 반 이상이 몰려 있는 것으로 보아, 면세시장 내의 아시아 · 태평양시장의 중요성을 알아볼 수 있다.

Ⅱ. 면세시장 동향

1. 아시아 · 태평양지역에 집중하는 성장

TFWA의 2017년 최신자료에 따르면 최근 면세시장의 동향은 아시아 · 태평양지역에 집중하는 것으로 나타난다. 특히 2015년 약 40.8%의 시장점유율을 나타내던 아 · 태지역 점유율이 2016년 들어서 43.4%를 나타내는 등 매우 괄목할 만한 성장을 보인다. 특히 2015년과 대비하여 2016년에는 아 · 태지역을 제외한 모든 지역에서의 역성장이 나타났다.

또한 아 · 태지역의 향후 성장성도 매우 준수하다. ACI(Airports Council International, 국제공항협의회)의 2020년까지의 아 · 태지역을 이용하는 여행객에 대한 전망은 매우 긍정적이며 2017년 기준 세계 여행객의 약 35.8%를 차지하고 2020년의 전망은 약 37.8%로 점진적으로 증가하는 추세를 예측하고 있다.

같은 출처의 다른 자료를 보면, 아 · 태지역의 여행객의 유출은 전체의 39% 정도로 상당히 낮은 수치를 보이며, 아 · 태지역 국가 중에서도 최근 베트남과 인도네시아의 아웃바운드(outbound)가 급격히 증가하는 추세를 보인다. 특히 인도네시아는 아 · 태지역으로의 아웃바운드의 약 33%를 차지하며 아 · 태지역의 큰 손으로 성장하고 있다.

그림 5_ 아시아 · 태평양지역 아웃바운드 추이

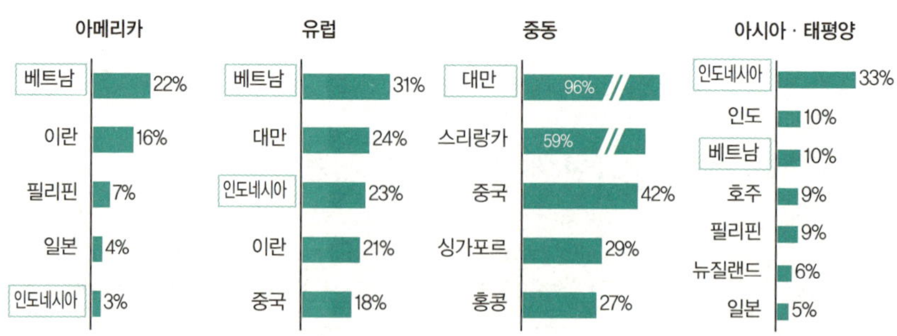

2. 시장 불확실성 증가

최근 국제정치적인 불확실성의 증가와 세계 면세시장을 견인하고 있는 아 · 태지역에서의 대한민국의 사드(THAAD) 설치, 북한의 핵무장 위협 등의 지역적인 문제들은, 아 · 태지역 면세시장에 매우 큰 영향을 끼치고 있다. 일례로 대한민국의 사드설치 이후, 그에 대한 반발로 중국의 대한민국 입국을 금지하고 한국과 관련된 상품을 기피하자는 '한한령'이 생긴 이후, 대한민국의 산업연구원 자료에 따르면 그에 대한 피해는 최소 5조 6,000억 원에서 최대 15조 2,000억 원에 이르는 피해를 볼 것으로 예상하고 있다.

표 3_ 한한령 시나리오별 직간접 효과 (단위: 십억 원)

	6개월간 지속			1년간 지속		
	최소	중간	최대	최소	중간	최대
직접피해액	−5,518	−6,862	−8,205	−9,775	−12,356	−14,937
간접피해액	−112	−139	−137	−200	−253	−304
총피해액	−5,631	−7,001	−8,373	−9,975	−12,610	−15,242

※ 방한 중국인관광객수와 그들의 총지출액으로 한정

유럽지역의 상황을 알아보자면 가장 큰 이슈는 영국의 '브렉시트'다. 현재 영−EU 간 관련 논의가 이루어지는 상황에서 기존의 '리스본조약'이 영국과 EU 간에 적용이 되지 않는 측면에서 면세시장의 규모가 늘어날 수 있다는 긍정적인 시야도 있지만, 영국의 EU 탈퇴로 인한 일자리 감소로 향후 유럽시장 침체를 불러일으킬 수 있다는 점에서 불확실성이 늘어나고 있다. 마지막으로 아메리카지역에서는 중남미국가들의 불황과 트럼프정권의 미국우선주의와 미국 내 입국 문턱이 높아짐에 따라 아메리카대륙 내 시장의 불확실성이 증가하고 있다.

Ⅲ. 기업분석

면세사업 상위기업인 스위스의 듀프리, 프랑스의 라가르데르, 독일의 하이네만을 분석하여, 각 기업의 기본적인 정보와 각 기업의 사업전략, 특징 등을 알아보도록 한다.

1. Dufry AG

Dufry AG(이하 듀프리)는 1865년 스위스의 바젤에서 창립, 현재 세계 64개국에 2,200곳 가량의 지점을 운영하고 있으며, 취급품목은 약 5만 가지, 종업원수 약 29,000명을 고용하고 있는 2016년 매출 기준 세계 최대의 면세사업체이며, 2005년 당시 시장점유율 3%부터 건전한 재무상태를 바탕으로 한 지속적인 성장을 거듭하여, 2014년 당시 스위스 유수의 면세사업체인 The Nuance group 인수, 2015년 당시 세계 5위권의 면세사업체인 WDF(World Duty Free)를 인수하는 등의 공격적인 M&A를 통해, 현재 약 20%의 시장점유율을 가지고 있는 세계 최대의 면세사업체로 군림하고 있는 면세품사업체이다.

1) 재무분석

그림 6_ Dufry AG의 총매출과 총수입 추이

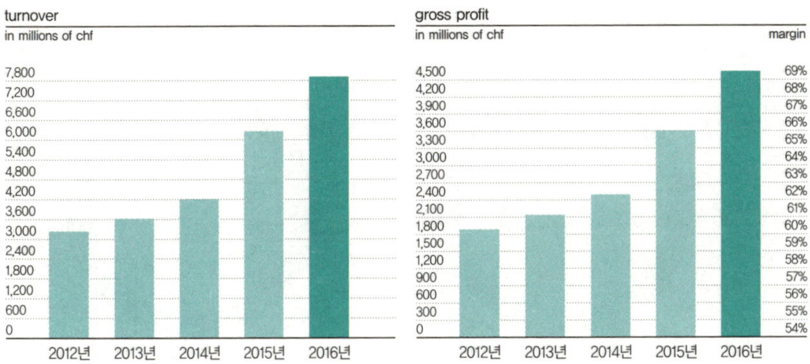

위의 표는 듀프리의 2016년 연간보고서에서 발췌한 매출과 총이익의 그래프이다. 듀프리는 2016년 약 78억 스위스 프랑의 총 매출을 올렸고, 총이익은 약 45억 스위스프랑, 총자산 약 99억 스위스프랑, 부채비율 203%의 건전한 재무상태를 유지하고 있다.

2015년과 자세히 비교해 보면 총매출은 2015년의 약 61억 스위스프랑에서 2016년의 약 78억 스위스프랑으로, 전년 대비 27%의 성장률을 보이고, 총이익 또한 2015년의 약 35억 스위스프랑에서 2016년 약 45억 스위스프랑으로 28% 성장률을 보이고 있다. 또한 고무적인 사실은 이렇게 매출과 이익이 각각 27%, 28%라는 괄목할 만한 성장률을 보이고 있음에도 불구하고 부채율은 2015년 기준 약 209%에서 2016년 약 203%로 줄어든 것을 볼 수 있다.

2) 판매실태분석

그림 7_ Dufry AG의 판매실태 추이

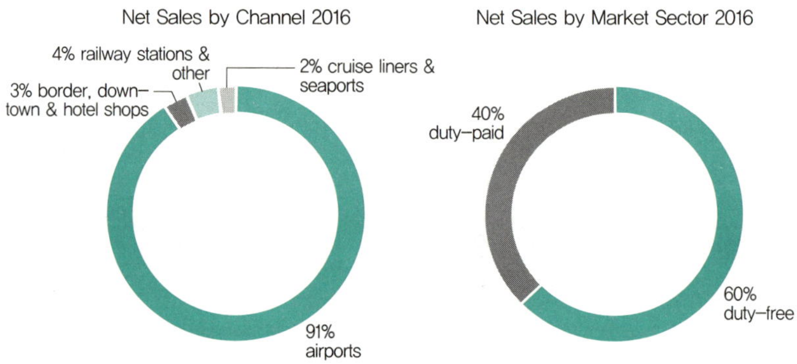

위의 표는 2016년 듀프리의 연간보고서에서 발췌한 유통경로별 마켓 부문별 그래프이다. 왼쪽 그래프를 보면 듀프리의 매출은 앞에서 분석한 결과와는 상이하게 약 91%에 달하는 압도적인 비율로 공항지점에서 이루어진다, 그 다음으로는 기차역, 시내 & 국경 & 호텔에 위치한 지점에서 이루어지는 것을 확인할 수 있다. 듀프리는 면세점뿐만 아니라 일반적인 유통지점도 가지고 있는데 면세점 60%, 비면세점 약 40%의 비율을 보이면서 듀프리의 주요 수입원은 공항지점의 면세점임을 확인할 수 있다.

[그림 8]은 듀프리의 지역별 매출 추이를 나타내는 그림이다. 앞에서 알아본 세계시장의 지역별 추이와는 다르게 듀프리의 지역별 매출 추이는 상당히 고른 편이며, 주요 시장은 중부, 동부 유럽이며 그 뒤를 남유럽과 아프리카가 지탱하는 것을 볼 수 있다. 듀프리에게 아시아 · 태평양지역은 매출 기준으로 괄목할 만한 요소를 보여주고 있지는 않다.

[그림 9]는 듀프리의 품목별 매출비율을 보여주고 있으며, 향수와 화장품의 비율이 두드러지나 세부적으로는 음식의 비율과 보석류의 비율이 높은 것을 알아볼 수 있다.

그림 8_ Dufry AG의 지역별 매출 추이

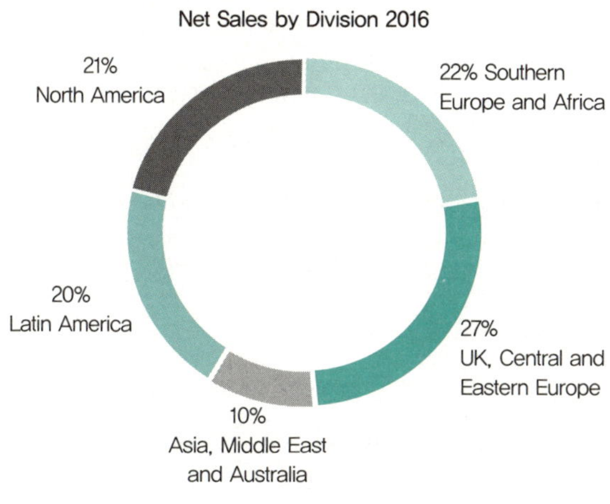

그림 9_ Dufry AG의 품목별 비율

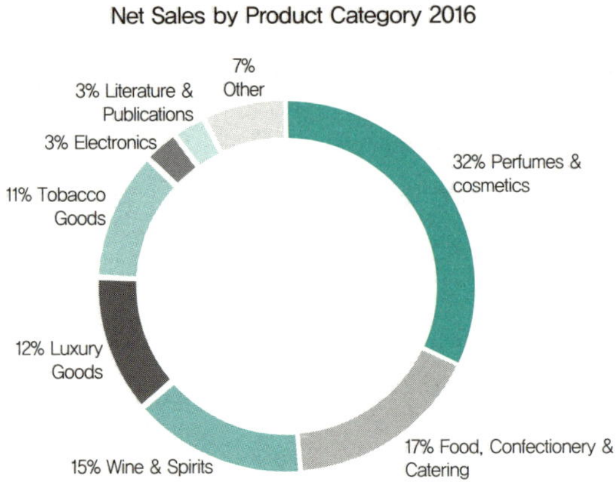

3) 사업전략

듀프리의 사업전략은 'Creating value through profitable growth', 즉 '수익성 있는 성장을 통한 가치창출'이라는 것을 모토로 지역다양화를 통한 기회 극대화와 위험경감, 낮은 자본집약도를 통한 견고한 잉여현금흐름 실현, 매트릭스모델을 통한 효율적인 운영모델 모색 등으로 대표되는 전략들을 수행하고 있다.

듀프리는 경영에 있어 분할투자의 개념을 접목하여 본사가 위치한 유럽지역에만 집중하여 사업을 진행하는 것이 아니라, 사업지역의 다양화를 통한 위기관리 솔루션을 적용, 현재 약 64개국에서 사업을 진행하고 있으며 지난 10년간 많은 위기가 있음에도 불구하고 그에 대한 위험을 최소화시키면서 매년 점진적으로 증가하는 항공수요로 인해 창출되는 기회를 극대화시켜 매년 평균 20%의 성장이라는 성과를 이루었다.

그 정책의 일환으로 [그림 10]에서 보듯, 아 · 태, 유럽지역에 편중되는 세계적인 추세와는 다르게 거의 모든 지역에서 비슷한 매출비율을 보이고 있다.

그림 10_ Dufry AG의 지점분포도

또한 앞서 말한 전략을 통해 견고한 수익성과 경영합리화로 실현시킨 낮은 자본집약도를 통한 견고한 잉여현금흐름을 구축하여, 회사의 안정성뿐만 아니라 회사와 관계된 모든 이해관계자들에게 최대한의 이익을 나누어주고 있다. 이는 듀프리의 경영에 있어서 매우 큰 안정성을 가져오는 부분임을 볼 수 있다.

마지막으로 유연성을 극대화한 매트릭스모델을 경영방침으로 도입, 회사의 기능이 국가, 본부 및 본사로 구성된 3가지 운영계층을 통해,

시장개발에 대한 신속한 대응과 조직 전체의 효율적인 조정을 실현시켰다. 또한 표준화된 업무처리프로세스를 바탕으로 효율성뿐만 아니라 재정적 · 상업적 관점에서도 원활한 실행을 실현하였다.

그림 11_ Dufry AG의 조직 모식도

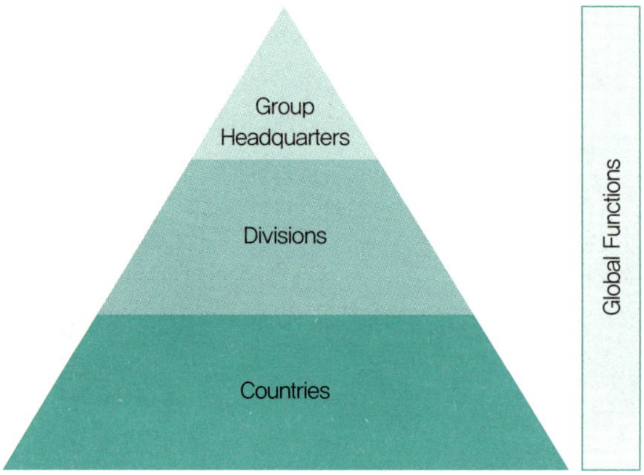

2. Gebr Heinemann

1879년 하인리히 하이네만과 칼 하이네만에 의해 설립된 독일 함부르크를 본사로 두고 있는 면세유통회사이며, 28개국의 78개 국제공항에 300개소가량의 면세점과 콘셉트숍을 운영하고 있는 2015년 기준 세계매출순위 5위를 차지하는 세계 유수의 면세유통기업이다. 면세사업 관련기업으로서는 유일하게 가족경영을 유지하고 있는 기업이다.

1) 재무분석 및 판매실태

하이네만은 2016년 한 해 380억 유로의 매출을 올렸으며, 이는 전년 대비 5.6% 상승한 수치이다. 매출의 대부분인 75%는 유통산업에서 나오는 것이며, 그 뒤를 이어서 물류 부문에서 24%가량을 차지하고 있는 단순한 기업구조를 가진다.

지역별 분류에서는 매출의 약 85%가 유럽시장에 집중되어 있는 것을 보아, 하이네만은 유럽중심의 경영을 하는 것으로 보이며, 세계에서 가장 큰 시장인 아시아 · 태평양지역에서의 약세가 보인다. 또한 품목별로 분류하자면, 세계적인 추세와는 다르게 담배, 술 등의 품목이 약 58% 비율을 보이며 가장 높게 나타나고, 그 뒤를 이어서 향수 및 화장품 등이 나타난다.

그림 12_ Gebr Heinemann의 매출구조

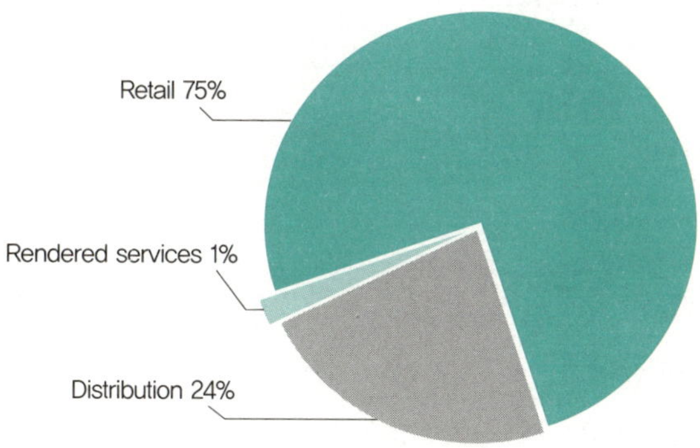

그림 13_ Gebr Heinemann의 지역별 비율

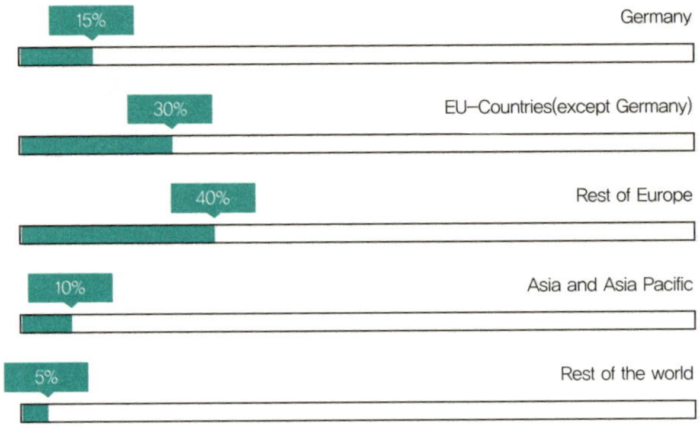

그림 14_ Gebr Heinemann의 품목별 비율

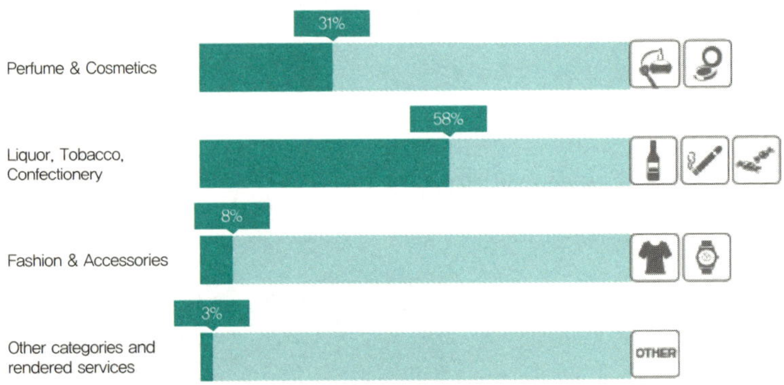

[그림 15]는 하이네만의 유통경로별 매출비율을 나타낸 표이다. 대부분의 매출이 공항 내에 입점한 지점에서 나오며, 그 뒤를 이어 국경상점, 선상상점 등이 나타나는 것을 볼 수 있다.

그림 15_ Gebr Heinemann의 유통경로별 비율

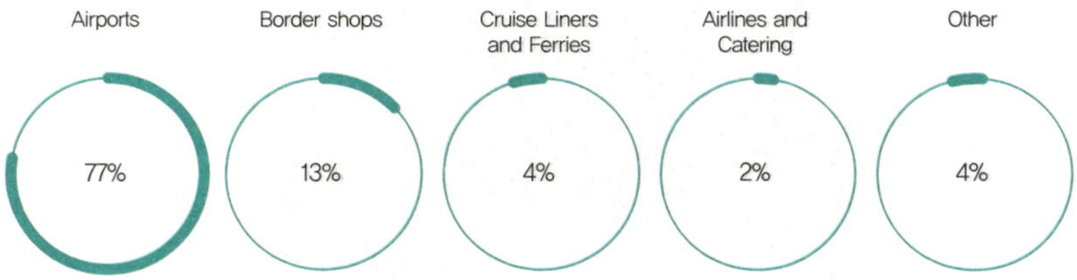

2) 전략분석

Heinemann & Me는 하이네만의 멤버십제도로서, 'Collect Me'라는 이름의 O2O 포인트 적립 · 할인제도, 'Surprise Me'라는 이름의 일정 확률을 통한 추가적인 할인이나 덤을 주는 제도, 첫 거래 10% 할인제

그림 16_ Heinemann & Me 홍보포스터

그림 17_ Heinemann delivery service 홍보포스터

도, 생일선물증정 등의 제도를 통해 CRM의 관점에서 강점을 가져가려고 하고 있다.

고객편의중심서비스를 앞세워 하이네만은 가족경영의 이미지를 십분 활용, 가족 같은 분위기를 조성하는 데 중점을 두고 있으며, 12시간 전부터 할 수 있는 사전 주문, 독일에서만 이용할 수 있는 구입한 제품을 바로 집으로 배송하는 '하이네만 딜리버리 서비스', 면세점 이용 시 도와주는 고객담당 판매전문가제도 등을 운영하고 있다.

3. La gardere travel retail

프랑스 파리에 소재한 다국적 미디어기업인 La gardere의 사회사로

서, 1852년 파리의 Gara de Lyon에 처음으로 역내 서점을 설립한 것을 시작으로 규모를 늘려와 2015년 기준 세계 4위권의 매출을 보이고 있는 면세기업이다. 2015년 기준 31개국에 위치한 220개 공항에 입점하고 있으며, 약 16,000명의 종업원을 고용하고 있다.

1) 재무분석

라가르데르의 매출은 2015년 기준 약 40억 유로이며, 라가르데르는 여행필수품, 면세점 및 패션 부문, 요식업 부문으로 나누어져 있으며 여행필수품이 전체 매출의 50%, 그 뒤를 이어 면세점과 패션 부문이 매출의 40%, 마지막으로 요식업 부문이 10%를 차지하고 있다. 그 중 면세점과 패션사업 부문을 보면 현재 약 21개국에서 600개의 지점을 운영하고 있으며 향수와 화장품, 술과 담배, 패션, 미식상품이 매출 상위 부문으로 꼽힌다.

그림 18_ 라가르데르의 매출구조

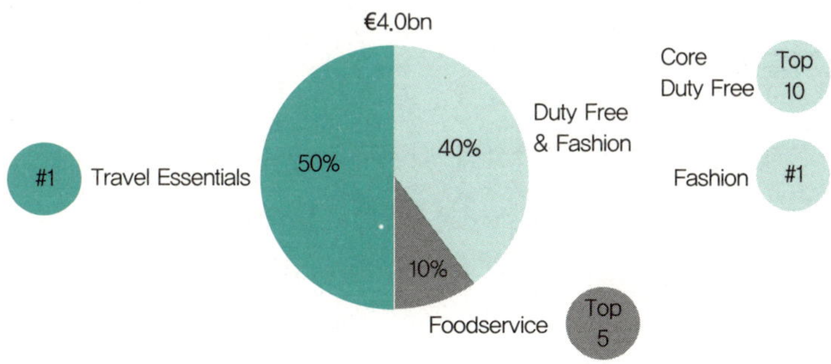

※ 2015년 기준

2) 전략

(1) 크로스프로모션

라가르데르는 요식업부, 여행필수품부, 면세점 & 패션 부문의 협업을 통하여 프로모션에 있어서도 각 부문별로 진행하는 것이 아니라 공통으로 진행하여 고객으로 하여금 라가르데르의 지점을 이용하도록 유도하고 있다.

그림 19_ 바르샤바공항에서의 크로스 프로모션

Warsaw airport cross promotions

(2) 디지털화

라가르데르는 사업에 있어서의 디지털화를 E-커머스, 디지털경험, CRM으로 분류하여 모바일 플랫폼 개발, 소셜미디어를 통한 마케팅, 효율적인 고객관리 등의 세부적인 부분을 개선하고 있다.

그림 20_ 디지털화 모식도

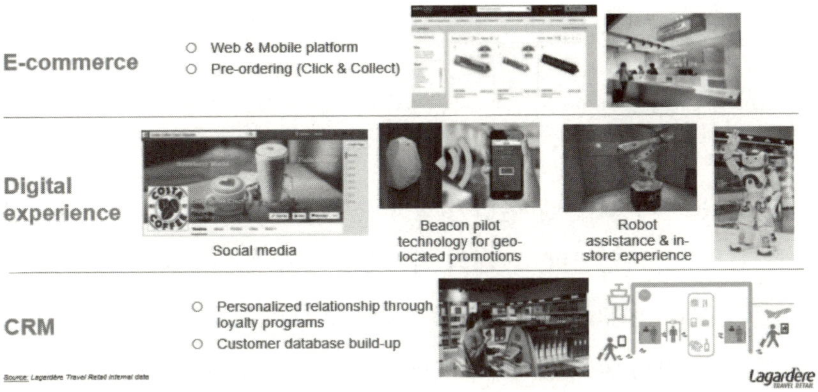

(3) 고객서비스 강화프로그램

① OSCAR프로그램: ISO 9001을 기반으로 한 직원교육프로그램으로 세일즈테크닉, 외국어학습, 제품지식 집중교육 등을 통해 럭셔리 매장과 면세점에 근무하는 직원의 역량을 향상시키고 단순히 교육만으로 끝나는 것이 아니라 정기적인 테스트와 매일 적어도 4번 이상의 미스터리 쇼퍼의 방문을 통해 사후관리를 한다. 특히 감독관들이 주요하게 보는 부분은 고객을 환영하고 고객선택에 어떠한 도움을 주는지에 초점을 준다.

② Go Beyond 프로그램: 모든 고객에 일관된 서비스를 제공하는 라가르데르의 전략으로 고객서비스에 대한 예리한 감각을 키우는 것을 목표로, 직원이 올바른 태도를 유지함과 동시에 고객을 기쁘게 하는 창조적인 방법을 찾는 것에 대한 중요성을 인식하여, 고

객만족을 추구하는 직원교육프로그램이다.

4. DFS group

DFS그룹은 1960년에 설립된 홍콩 침사추이에 본사를 두는 럭셔리 제품 전문유통기업이며, 17개의 메인공항과 18개소의 시내면세점을 운영하고 있다. 현재 세계 명품시장 1위인 LVMH그룹의 자회사로 운영되고 있으며, 전세계 14개국에서 9,000명이 넘는 직원을 고용하고 있다.

1) 전략

(1) Royal T DFS membership

Royal T DFS membership(이하 멤버십)은 구매금액에 따라 고객을 4가지 등급으로 나누어 혜택을 주고 있다. 등급은 각 로열 T, 제이드, 프레스티지 루비, 프레스티지 다이아몬드이다. 공통적으로 제공하는 서비스는 포인트 적립, 컨시어지서비스, 개인 쇼핑 도우미, 뉴스레터이며, 차등조건으로는 제이드 등급 이상 웰컴 기프트와 현지 호텔 배송, 신상품 프리오더 및 프리세일이 있다.

프레스티지 루비등급은 하위등급 혜택에 호텔-매장 간 교통서비스와 동반 2인까지 DFS의 프리미엄 라운지를 이용 가능하며, 최고등급인 다이아몬드등급은 동반 1인을 같은 혜택을 누릴 수 있게 하는 다이아몬드 플러스 카드, 또한 개인별로 차별화된 프라이빗 이벤트, 독점혜택

표 4_ DFS 멤버십 등급도

구분	항목	로열 T	제이드	프레스티지 루비	프레스티지 다이아몬드
멤버십등급	등급	ROYAL T	JADE	RUBY	DIAMOND
	US$1 구매 시 1스테이터스 달러 적립	○	○	○	○
	가입요건	모든 구매	5,000 스테이터스 달러	20,000 스테이터스 달러	80,000 스테이터스 달러
멤버십 자격요건 (멤버십기간 24개월)	업그레이드요건	5,000 스테이터스 달러	15,000 스테이터스 달러	60,000 스테이터스 달러	해당 없음
	갱신요건	모든 구매	2,500 스테이터스 달러	10,000 스테이터스 달러	40,000 스테이터스 달러
	US$1 구매 시 포인트 적립	1포인트 (뷰티상품 구매만 해당	1포인트	2포인트	4포인트
포인트 전환 (포인트 유효기간 24개월)	1,000포인트 – US$10	○	○	○	○
	컨시어지서비스	○	○	○	○
멤버십혜택	퍼스널 쇼핑 어시스턴스	○	○	우선권	우선권
	회원 소식, 이벤트 및 프로모션	○	○	○	○
	로열 T 웰컴 기프트		○	○	○
	현지 호텔 배송		○	○	○
	신상품 프리 오더 및 프리 세일		○	○	우선권
	교통서비스(인근 호텔과 도심매장 간)			○	○
	프레스티지 라운지 액세스			동반 2인 가능	동반인 제한 없음
	프레스티지 다이아몬드 플러스 카드				○
	프라이빗 이벤트, 독점혜택 및 특권				○

및 특권을 보장한다.

(2) 비행 전 선주문시스템

DFS 그룹이 최근 도입한 새로운 마케팅방식으로, 비행 전 온라인 주문을 먼저 하면 지정된 장소에 도착할 때 수령할 수 있는 선주문방식을 제공하고 있다. 현재는 베니스에서만 가능하며 곧 홍콩에도 이용이 가능하도록 할 예정이다. 예약기간은 도착 하루 전에서 30일 전으로 게스트계정으로도 선주문이 가능하며, 결제는 수령 시에 한다. 물품 수령 시 개인 상세정보가 포함된 신분증 및 주문 확인번호가 필요하다.

그림 21_ DFS 비행 전 선주문 모식도

CHAPTER 07

면세점기업과 물류시스템

Ⅰ. 개요

1. 면세점 물류센터 현황

1) 물류센터 현황

면세점은 백화점이나 대형마트 등 일반적인 유통업체와 관리시스템이 완전히 다르다. 관세법의 적용을 받는 보세구역은 일정 기준 이상의 물류시스템을 갖춰야 하며 위탁판매가 아니라 직접 제품을 구매해 판매해야 한다. 이 때문에 재고처리 노하우가 매우 중요하다. 이런 능력에 대한 평가는 '특허보세구역 관리역량'항목을 통해 이뤄진다.

2) 면세점 물류업무

물류센터는 인천공항 자유무역지역 A3부지에 소재하고 있다. 「보세판매장 운영에 관한 고시」 제4~5조(통합물류창고 등 반 · 출입물품의 관리)의 법률근거로 2007년 3월에 완공되었다. 2007년 4월 6일 관세청으로부터 운영허가를 취득하였으며, 임대기간은 2034년 3월 30일로 약 30년간 사용 후 10년씩 2회 연장이 가능하도록 되어 있다.

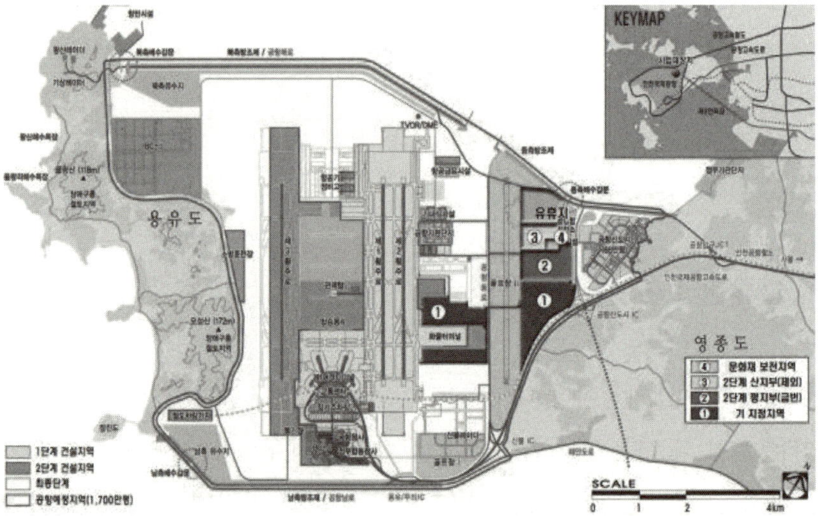

3) 면세점 물류 운영방식

물류방식은 크게 3가지 방식으로 나누어져 있다.

① 점보충: 시내면세점에서 구입 후 영업장에서 판매되면 물류센터

로 보내서 원패킹을 하게 된다. 당일판매는 물류센터로 다시 보내는 건 무의미하기에 바로 인도장으로 보낸다.

② 점진열: 점보충의 과정에서 영업팀에 전달하는 과정을 제거하고 데이터만 전달한다.

③ 직반출: 보안의 문제로 영업팀에서 바로 인도장으로 전달한다.

4) 면세점 물류의 흐름

전체적 · 포괄적으로 보았을 때의 물류프로세스는 [그림 1]과 같은 형식으로 이루어진다. 시내면세점과 공항면세점의 차이는 공항면세점에는 판매물류가 존재하지 않지만 시내면세점에는 판매물류가 존재

그림 1_ 물류 흐름(요약)

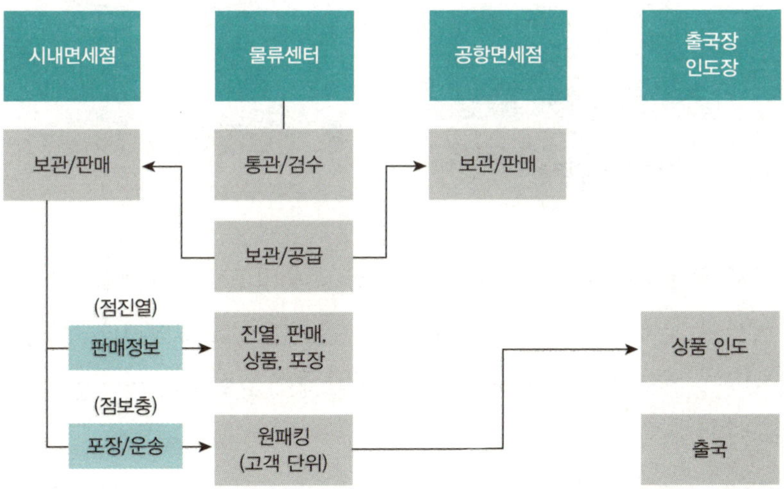

한다.

더 자세한 면세점의 물류 업무프로세스는 다음과 같은 순서로 이루어진다. 판매 지시를 받게 되면 그 이후에 출고 지시와 피킹(상품을 가지고 옴), 패킹(상품을 포장)을 하게 되며 그 이후에 전산이 등록된 물건들은 운송된다.

Ⅱ. 구성

1. 면세점 물류센터의 문제점

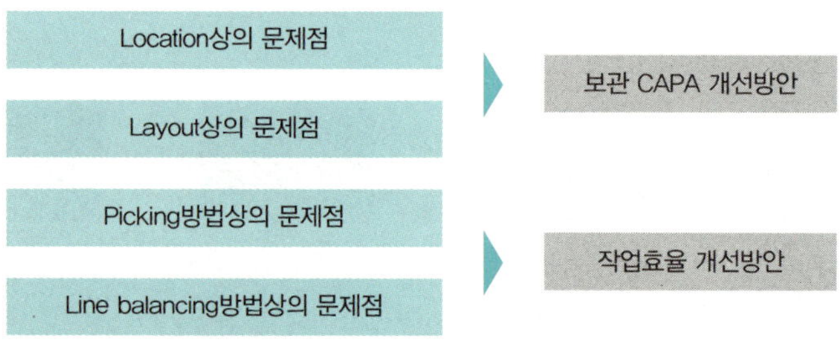

면세점 물류센터의 문제점은 Layout, Location상의 문제점, Picking 방법상의 문제점, Line Balancing상의 문제점으로 요약된다. 이를 다시 보관능력상의 문제와 작업효율상의 문제로 요약하여 대안을 수립해야 한다.

첫째, 보관능력상의 문제는 Layout, Location 개선, 시설보완 등으로 공간 확보를 통한 개선이 이루어져야 한다. 면세점이 발전함에 따라 주문량이 늘어나고 그에 따른 공간에 대한 확보가 문제되고 있으므로 반드시 보관문제를 해결해야 한다.

둘째, Picking방법상의 문제점, Line Balancing상의 문제점은 작업방식 개선을 통한 작업효율 향상을 기하여야 한다. 물량은 늘어나는데 피킹의 방법은 그대로이기 때문에 속도가 붙지 않아 작업이 더디게 된다.

2. 면세점 물류센터의 효율 향상

1) 물류시스템 개선

(1) 목표

구분	추진목표
물류비용 절감	• 피킹 · 패킹 프로그램 개발로 물류비용 절감 • 물류센터 이전에 따른 효율적 운영
안정적 재고관리	• 정확한 상품검수 및 재고관리를 통한 판매재고 안정화 • 근무환경 개선에 따른 효율적 운영
물류시스템 개선	• 개선사항 반영을 통한 효율적인 물류시스템 개선

(2) 추진계획

구분	추진목표
물류비용 '최소화'	• 보세물품 피킹 · 패킹 프로세스프로그램 개발 • 보세운송 거리 단축에 따른 유류비 절감
상품검수 오류 '제로화'	• 수입 및 환급물품 스케줄 공유 지속 • 상품 검수조 운영의 정착화 • 상품 및 보세화물 관련 정기적인 교육 실시
물류시스템 '개선화'	• 작업라인 개선을 통한 업무효율 • 보세창고 내 비효율적 공간 개선 • 효율적인 패킹방법 개선을 통한 부대비용 절감

(3) 기대효과

면세점 물류시스템 개선의 기대효과는 다음과 같다.

첫째, 물류비용을 '최소화'하였다. 보세물품 피킹 프로세스프로그램을 개발하고 보세운송 거리 단축에 따른 유류비 및 기타 제반 경비가 절감되었다. 보세물품 피킹 프로세스프로그램 개발은 물류센터 피킹 업무 프로세스 개선으로 원가절감 및 효율적인 업무 운영을 제공하였으며 토너구입비용 및 수선유지비용을 예산 절감하였다. 또한 영업 무중단 환경 지원으로 효율적이고 신속한 업무처리가 가능하게 되었다.

둘째, 상품검수 오류를 '제로화'하였다. 수입 및 환급물품 스케줄 공유를 지속하게 하였으며 상품 검수조 운영을 정착화시키고 원산지 부적정 통관을 차단하였다. 그로 인해서 신속하고 효율적인 업무 추진이 극대화되었고 검수 담당자별 책임성 강화로 검수 오류 '제로화'가 실현되었다.

셋째, 수입화물 통관 및 상품인도 '신속화'를 하였다. 물류센터 이전을 하여 더 쾌적하고 넓은 환경을 조성할 수 있었으며 상품포장용 쇼핑백을 개선하여 인도장에서의 작업을 더 효율적으로 할 수 있게 하였다. 또한 통관을 신속하게 하여 건당 평균적으로 2일 이내의 목표를 달성하였다.

PART 3

면세점경영 사례연구

CHAPTER 01

우리나라 면세점운영 실태분석 및 발전방안

Ⅰ. 개요

현재 한국 면세점은 계속해서 성장 추세에 있으며, 세계 면세판매국가 순위에서도 1위다. 외래관광객 역시 2008년부터 2011년까지 290만 명에서 370만 명으로 늘어났을 뿐 아니라 1인당 지출경비도 1,219.9달러에서 1,529.5달러로 늘었다. 88올림픽, 해외여행 자유화, 인천국제공항 개항 등으로 세 번의 도약기를 맞은 한국 면세점은 이제 '제4의 도약기'를 맞을 채비를 해야 한다.

국내 면세점은 많은 성장을 해왔고, 세계 경쟁에 참여할 수 있는 자리에 도달했다. 이럴 때일수록 더욱 정신을 차리고 1위 자리를 지켜낼 방법을 생각해야 한다. 특수한 사업인 면세사업은 국가 외화 획득에 연관되어 있으며, 국제수지 개선에 도움이 되는 사업이다. 국가발전에 도움이 되는 중요한 사업인 만큼 한국의 면세산업 발전에 대한 연구는 필수적이다.

최근 국가에 의해 부여되는 면세사업에서 대기업의 독과점이 심화되고 중소기업의 설 자리가 줄어드는 것은 바람직하지 못한 일이라며 관세법 개정안이 발의됐다. 관세법 개정안의 주요 내용은 면세점 특허 시 면적 기준으로 중소기업에게 30%, 한국관광공사 등 공기업에게 20% 할당, 모든 면세점의 특허는 제한경쟁입찰을 도입, 모든 면세점에 중소기업 제품을 30% 이상 판매, 중소 · 중견기업에 할당했던 특허 비율범위에서 중견기업 제외 등이다.

이와 관련, 2012년 10월 김해공항면세점의 DF2(434㎡) 구역 운영자로 국내업체가 아닌 세계 2위 면세업체인 듀프리(Dufry)의 국내 자회사인 듀프리 토마스줄리코리아가 선정되어 논란을 빚은 바 있다. 이 구역은 대 · 중소기업 동반 성장정책에 따라 중소 · 중견기업만 입찰할 수 있도록 롯데, 신라면세점과 같은 대기업 입점을 제한했다.

듀프리는 2012년 8월 9일 자본금 1,000만 원으로 유한회사 듀프리 토마스줄리코리아를 설립했다. 듀프리는 우회상장을 통해 중견기업 인증을 받고 당당히 DF2구역에 입점할 수 있었다. 결국 중소기업의 탈을 쓴 해외 대기업만 수혜를 입게 되었다. 이처럼 국내 중소기업이 진출하지 못할 경우 해외업체의 국내시장 진출이 더 가속화될 수 있다.

또한 이번 개정안으로 중소기업면세점을 늘리겠다는 취지이지만 법이 통과되면 현재 영업 중인 면세점 점포 상당수가 문을 닫게 돼 외화벌이의 효자인 국내 관광산업의 경쟁력 추락을 자초할 것이라고 우려되고 있다.

국내 면세점시장은 6조 3,000억 원에 달한다. 특히 외국인의 국내 관광목적 66%를 쇼핑이 차지할 정도로 면세쇼핑에 대한 인지도도 높다. 국내 면세점은 앞서 말한 것처럼 국가 외화 획득에 중요한 역할을 한다. 이에 올바른 정부의 지원과 다양한 분야의 협조로 국내 면세업체들이 세계 1위 면세시장을 지켜내면서 글로벌화를 통해 국가발전에 큰 도움이 되었으면 한다.

Ⅱ. 면세의 개요 및 세계 면세사업기업

1. 면세의 정의

면세제도는 조세의 전부에 대한 납부의무를 면제하는 것으로서 조세의 일부에 대한 납부의무를 면제하는 감세제도와 더불어 조세감면제도를 이룬다. 면세제도는 일단 과세대상에 포함되어 발생한 조세의 납부의무를 특정한 경우에 해제하는 것이라는 점에서 처음부터 과세대상에 포함되지 않는 것으로 하여 조세의 납부의무가 발생하지 않는 비과세제도와 구별된다.

면세점이란 소비를 목적으로 한국에 수입되는 외국의 상품에 부과되는 관세와 자국에서 생산되어 유통되고 있는 상품에 부과되는 제세금을 일정한 지역을 지정하여 자격을 갖춘 특정인에게 면세로 판매하는 점포이다. 면세점에서 판매되는 상품은 자국 경제권 내에 면세된 가격으로 유입될 수 없으므로 이는 수출로 간주하여 면세가격으로 저렴하게 판매하도록 함으로써 판매를 촉진시켜 외화 회득을 증가시키므로 국제수지개선에 기여하게 된다(하헌국, 1994).

우리가 흔히 공항이나 시내에서 이용하는 면세점은 사전면세점으로서 보세판매장에 해당된다. 이는「관세법」제116조 2항에 의거 관세가 면세되는 상점이라고 보면 된다. 관세를 제외한 가격으로 판매하지만 무조건 면세물품은 공항 출국장에서 인도되는 것이 그 조건이다. 면세점은 중세기 주요 항구를 중심으로 항해에 필요한 물건을 공급하는 항구의 상인에서 비롯되었는데, 상인은 정부로부터 긴 항해를 유지하는데 필요한 음식물과 비품 등을 그 지방 세금이 아닌 공해상에서 소비하였기 때문에 발달하였다. 이와 같은 관습은 계속되어 국제공항의 여행까지 그 범위를 확대하였다.

현대적 면세점이 최초로 발달한 나라는 프랑스이며, 1959년 만성적인 무역적자를 보충하고 관광산업진흥을 통한 외화수입 증대 대책의 일환으로 프랑스를 방문하는 단기 여행자 또는 체류자 및 외교관의 상품 구입 시 각종 내국세를 면세하는 제도를 실시하였다. 특히 파리 주변과 지중해 일대에 관광객이 증가하자 이들로부터 관광수입을 증가시키기 위하여 공항, 항만의 보세구역 내 면세점은 물론, 시내의 백화점과 일반상점에서도 자국산 상품을 보다 많이 판매하도록 면세점 허가를 내주게 되었다(김희경, 2000).

2. 면세의 특성

면세점의 특성은 크게 4가지로 구분된다. 첫째, 특허사업으로 전국 어느 곳에서나 특허를 주는 것이 아니고, 관세법에 의하면 특허가 가능한 지역이나 장소로 외국인관광객이나 해외로 출국하는 관광객이 이용하는 곳이며, 시장규모에 따라 특별히 수를 제한하고 있다.

둘째, 수출사업이다. 내 · 외국인 모두 이용하고 있으나 대체적으로 외국인을 중심으로 판매하고 있어 외화 획득에 이바지할 뿐만 아니라 관광사업과 국민경제발전에 기여하는 바가 크다. 셋째, 면허의 취지와 취급상품의 특성으로 인해 상품의 반입, 반출에 대한 관세가 엄격하게 관리, 통제를 받아 행해지고 있다. 넷째, 면세점은 관광사업의 일부분으로 관광 관련사업, 즉 여행사나 호텔 등과 긴밀한 협조 및 협력관계가 절대적으로 필요한 사업이다(김가령, 2008).

면세점은 규모의 경제가 엄격하게 적용되는 곳이다. 일정한 규모가 안 되면 재고 부담과 판매관리비 비중이 너무 커져 적자를 면치 못한다. 면세점은 또 허가를 내준다고 운영이 되는 사업이 아니다. 면세점의 특수성이 있기 때문이다. 면세점의 위치, 면적, 빅브랜드를 얼마나 갖추느냐가 면세점의 성패를 좌우할 만큼 결정적이다. 그리고 면세점은 관광경기에 민감하다는 리스크도 안고 있다. 또한 면세사업은 세계적으로 표준화된 사업이다. 각 브랜드들이 글로벌 표준 매뉴얼을 갖고 상품관리를 하기 때문에 이를 충족시키기가 쉽지 않다(최영수, 2013).

3. 면세의 기능

1) 연관 사업효과

면세점은 한국관광의 꽃이다. 한국의 관광산업은 면세점을 중심으로 호텔, 항공, 관광지, 숙박업이 유기적으로 돌아가고 있다. 시내면세점이 국내외에서 마케팅활동으로 쓰는 비용과 노력이 얼마나 되는지 잘 알려져 있지 않지만 사실 많은 금액을 투자한다. 시내면세점은 외래관광객을 유치하는 인바운드 여행사와 가이드의 관광객 유치를 돕기 위해 일정수수료를 제공하고 있으며, 이는 여행사 수입의 큰 비중을 차지한다. 또 해외사무소를 운영하면서 현지에서 해외광고와 마케팅을 통해 한국을 알리는 데도 앞장서고 있으며 여행사와 합동으로 다양한 패키지상품을 개발하고 있다. 2012년 해외마케팅비용으로 면세점업계가 투자한 액수는 연간 약 5,800억 원에 이른다.

면세산업이 활성화되면 외화 획득이 늘고 국제수지와 여행수지도 개선되는 효과가 발생한다. 요즘처럼 중국인, 일본인 등 외국인관광객이 증가하고, 그들이 면세점에서 많이 구매할수록 면세점은 주요 외화 획득산업으로 떠오른다. 내국인의 경우 해외 과소비를 방지하고 국내에서의 구매를 유도함으로써 외화 유출을 막고 부가가치와 고용을 창출하는 역할을 하게 된다. 면세산업은 여행, 호텔, 요식, 운송, 유통업 등 연관산업이 다양하고 경제적 파급효과가 매우 큰 서비스산업이다. 2011년 면세산업의 고용인력만 약 1만5,000명에 달한다. 제조업과는 달리 서비스업의 특성상 매출 증가가 고스란히 고용 증가로 연결된다.

2) 국산품 수출효과

면세점은 국산품 수출창구로서의 역할도 담당한다. 국산품이 면세점에서 차지하는 매출은 2007년 3,500억 원에서 2012년 1조 2,000억 원으로 4배 가까이 늘었다. 현재 면세점 전체 매출의 20% 가까이 된다. 중국관광객이 증가하면서 효능이 입증된 국산품에 대한 수요는 더 늘어날 것으로 보인다. 국산품 매출이 올라가면 수출과 마찬가지로 국내생산을 증가시키고 국제관광수지 개선에도 도움을 주게 된다.

3) 면세의 순기능

면세는 쇼핑을 통한 관광외화 획득, 중국관광객의 지속적 유치를 위한 국제경쟁력 보유, 해외 현지사문소의 활발한 모객활동과 한류 붐 조성으로 방한 외래객 증대와 관광 관련사업 전반을 리드, 출국 내국인의 해외쇼핑을 국내로 유도하여 관광수지 개선 및 투명성 제고, 사업규모 확대를 통한 직 · 간접적인 고용증대에 기여, 수년간 수천억 원의 공항 임대료 납부로 공항운영 재정에 큰 폭으로 기여 등의 순기능을 가진다.

4. 세계 면세시장의 규모

세계 면세산업은 지난 60년간 눈부신 발전을 이루었다. 면세점이 첫

선을 보인 1947년 수십만 달러 규모였던 세계 면세시장은 매년 큰 폭으로 성장해 2011년에는 시장규모가 약 460억 달러에 달했다. 2008년 미국발 금융위기로 외국여행이 줄면서 2009년에는 전년 대비 6.8% 줄었지만 2010년 회복세를 보여 전년 대비 13.0% 성장하며 390억 달러를 기록했다. 이어 2011년에는 더 큰 폭으로 성장해 전년 대비 17.9%의 성장률을 보이며 금융위기 여파에서 완전히 벗어났다.

그림 1_ 세계 면세산업 성장추이(2007~2011)

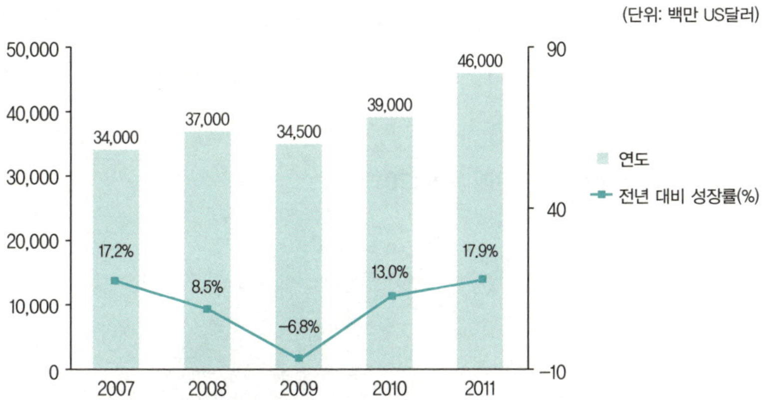

출처: Generation Research

지역별로는 아시아, 오세아니아지역의 시장규모가 160억 달러이고 전체시장에서 차지하는 비중이 34.8%에 달할 정도로 최대시장을 형성하고 있다. 유럽의 시장규모는 156억 달러로 아시아시장을 바짝 쫓고 있으며 미국은 105억 달러이다. 중동지역은 시장규모가 32억 달러에 불과하지만 전년 대비 14.0%의 성장률을 기록하며 커 나가고 있는 신흥시장이다.

세계 면세점시장에서 한국의 영향력은 놀랄 만하다. 시장규모에서 한국은 3년 연속 부동의 1위를 차지하고 있다. 한국은 2009년 전년 대비 33%의 비약적인 성장률을 기록하며 2010년 영국을 제치고 세계 1위로 도약했다. 2011년 한국 면세시장은 5조 2,000억 원으로 세계 면세시장의 10%를 차지하고 있다. 시장점유율 6.8%인 영국마저 멀찌감치 따돌린 수치이다. 미국(6.8%), 중국(5.4%), 홍콩(4.6%), 아랍에미리트(4.2%)가 뒤를 이어 세계 면세시장을 구성하고 있다.

세계 각 면세점에서 가장 많이 팔린 면세품은 여성화장품으로 62억 달러(이하 2011년 기준)의 매출을 보였다. 여성향수와 합치면 매출규

그림 2_ 세계 면세지역별 판매 비중(2011)

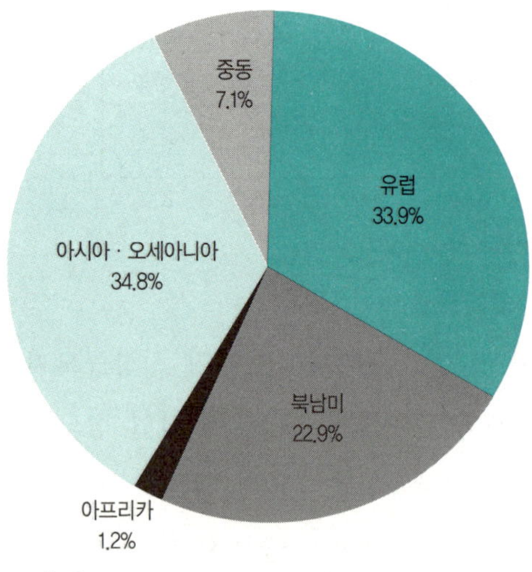

출처: Generation Research

모는 115억 달러로 시장점유율이 무려 25.2%에 달한다. 과자류는 31억 달러, 담배는 28억 달러, 남성용품 26억 달러로 그 뒤를 잇고 있다. 주류에서는 스카치와 위스키의 매출규모가 23억 달러로 전체 면세시장의 5.1%나 차지하며 성장률도 여성향수, 화장품 못지않다. 가죽 제품은 성장률이 가장 큰 품목 중 하나다.

면세점의 유형별로 보면 여행객이 쉽게 이용할 수 있는 공항면세점 판매 비중(60.6%)이 일반적으로 가장 높고, 시내면세점을 포함한 기타 면세점의 비중(28.2%)이 뒤를 잇고 있다. 이것은 세계 기준이고 시내면세점이 발달한 한국시장의 경우는 시내면세점 비중이 더 높다.

가장 많이 팔린 면세품목은 지역별로 다르다. 아시아의 효자상품은 명품과 주류이다. 아시아지역의 명품 구매는 2011년 65억 달러로 시장점유율이 무려 38.9%에 달한다. 주류는 26억4,000만 달러로 1위인 유럽과 엇비슷하다. 유럽의 명품 판매규모는 36억 달러로 아시아지역에 비해 크게 떨어진다. 이는 EU지역을 여행하는 EU국가 여행객들은 세제상 명품 구매에 따른 세금면세혜택이 제한적이거나 그다지 높지 않기 때문이다. 또 아시아인에 비해 유럽인들의 고가 명품브랜드 선호도 자체가 낮은 탓도 있다.

현재 면세시장에서 가장 큰 주요 변수는 무서운 성장세를 보이고 있는 중국이다. 특히 2014년 중국 남부 하이난성 싼야시에 중국 최대면세사업자인 CDFG(China Duty Free Group)세계 최대면세점을 오픈할 계획이어서 세계 면세업계가 주목하고 있다.

세계 경기침체에도 불구하고 매년 평균 17%대의 성장률을 유지해온 세계 면세시장은 중국의 경제성장과 함께 더 커갈 것이 확실시된다. 미래의 중국관광객을 어느 나라가 더 많이 유치하느냐에 따라 그 나라 관광사업의 성패가 달려 있으므로 국가적인 관심이 그 어느 때보다 절실히 요구된다.

5. 세계 주요 면세사업 기업 실태

1) DFS

1960년 11월 7일 로버트 찰스 피니와 밀러가 함께 DFS를 설립해 본격 면세점사업을 시작했으며 1960년 초, 하와이 면세독점권을 갖게 되면서 큰 성장을 이뤘다. 이후 홍콩에 면세점을 내 성공의 발판을 다진 DFS는 유럽 및 세계 각 지역으로 확장해 현재 15개 도시를 중심으로 150여 개의 매장을 운영하는 세계 최대의 면세점업체이다. 특히 규모가 큰 도심형 면세점은 갤러리아(Galleria)라는 별도의 이름으로 관리하고 있다.

2) Dufry

스위스 바젤에 본부를 두고 150년 역사를 자랑하고 있다. 2004년 국제컨소시엄에 인수되면서 면세업계 리딩업체로 발돋움했다. 현재 바젤과 밀라노, 파나마, 멕시코, 뉴욕, 싱가포르, 모스크바, 니스 등 주요 지역의 공항면세점을 운영하고 있다. 바르셀로나와 파나마의 콜론, 크로아티아에서는 크루즈 내에 매장이 있다. 2005년 듀프리는 스위스 증권거래소에 상장했다.

3) Nuance

스위스에 본부를 두고 있으며, 소유주는 이탈리아 식품유통업체 그루포와 파리의 사모펀드 PAL이다. 스위스에어와 크로스에어를 대상으로 면세사업을 시작해 지금은 취리히공항을 비롯해 런던, 카디프, 글라로스, 맨체스터공항에서 면세점을 운영하고 있으며 앙골라, 오스트리아, 캐나다, 덴마크, 홍콩, 아일랜드, 싱가포르 등지에 약 320여 개의 매장과 아웃렛을 운영하고 있다. 뉘앙스는 특히 홍콩을 기반으로 한 WATSON그룹과 제휴해 아시아로 세력을 확장해 나가고 있다.

4) LS TR

프랑스 거대 미디어그룹인 라가르데르의 자회사로 최근 들어 공격적인 매장 확장에 힘입어 세계 3위로 급부상했다. 현재 전세계 130개 공항에 매장을 두고 있다.

5) Heinemann

독일 함부르크에 본사를 두고 있는 가족회사로 독일의 모든 공항과 오스트리아의 대부분 공항, 스페인과 포르투갈의 주요 공항에 입점해 있다. 동유럽과 터키, 남아프리카공화국에서 빠른 성장세를 유지하고 있다.

6) Autogrill

베네통 패밀리가 경영하는 면세업체로 이탈리아 고속도로 휴게소 식당에서 시작해 공항에 식품 납품으로 사업을 확장한 데 이어 면세점에 진출했다. 유럽중심의 차별화된 경영을 펼치면서 특히 영국과 스페인에서 높은 매출을 올리고 있다.

7) Aer Rianta

1947년 설립된 아일랜드 공항공단의 자회사로 에어로플로트와 합작으로 모스크바와 생트페테르부르크공항에서 면세점을 운영하고 있다.

Ⅲ. 한국의 면세시장 연혁 및 운영실태

1. 발전단계

1) 초창기

국내에서 공항면세점이 첫 선을 보인 것은 1962년 11월이다. 한국은

1968년 관세협력이사회에 가입했지만 이어 앞서 보세판매장 설치와 운영에 관한 CCC 권고안을 바탕으로 김포공항 출국장에 면세점을 처음 열었다. 개점 당시 김포공항면세점은 한국관광공사와 민간업체가 함께 운영했다. 관광공사가 주류, 담배를 독점판매했고 (주)대규가 시계를, 보광상사가 향수와 화장품을, 신성은 토산품을 팔았다.

국내 시내면세점 1호는 1974년 문을 연 남문면세점이다. 남대문 도큐호텔 인근에 자리 잡은 남문면세점은 수입시계와 가방, 액세서리, 스카프, 토산품 등을 주로 판매했다. 4년 뒤 인사동 낙원상사에 제2호 시내면세점인 웅전이 들어섰다. 당시에는 국내 토산품의 인기가 대단했다. 국내 시내면세점제도가 본격적으로 도입된 것은 1979년 12월, 제23차 관세법 개정에서 보세판매장제도가 개정되면서부터다.

2) 대형면세점의 출현

보세판매장제도의 개정으로 1979년 12월 20일 동화와 롯데가 함께 허가를 받아 동화면세점이 그 해 12월 24일 문을 열고 1980년 2월에는 롯데면세점이 롯데백화점 8층에 문을 열면서 비로소 면세점다운 면세점의 면모를 갖추게 된다.

1984년 1월 11일 롯데면세점에서 루이뷔통 부티크를 오픈했다. 세계 제일의 명품브랜드 루이뷔통이 한국면세점에 오픈했다는 소식은 면세점업계에 충격을 주었다. 이후 에르메스, 샤넬, 베르사체, 티파니, 프라다와 불가리가 문을 열면서 명품브랜드 일색을 갖추게 되었다.

3) 국내면세업의 도약

(1) 1차 도약: 88올림픽

우리나라는 '86아시안 게임'과 '88올림픽' 개최를 준비하는 과정에서 1984년 대통령의 '외국인관광객 쇼핑활성화 추진' 지시에 따라 신규 시내면세점이 줄줄이 생겼다. 1986년 서울 파고다면세점이 개점한 데 이어, 서울 코리아다이아몬드면세점, 한진면세점과 신라면세점이 각각 문을 열었다.

1986년에는 면세점이 신청제로 바뀌면서 관세청이 보세판매장 신청공고를 내면, 신청자는 결격사유만 없으면 모두 면세점을 운영할 수 있게 되었다. 1987년에는 서울 풍전면세점이 새로 문을 연 데 이어 1989년에는 868, 인터콘티넨탈, 파고다 등이 문을 열었고, 1989년에는 전국의 시내면세점 점포수가 무려 29개까지 늘어났다. 그러나 문을 연 면세점들 중 몇몇을 제외하고는 1990년대에 들어서면서 폐점이 속출했다.

(2) 2차 도약: 해외여행 자유화

한국 면세사업은 1989년 해외여행 완전자유화로 출국규제가 풀리면서 제2의 도약기를 맞는다. 외국인 전용이었던 면세점이 출국 내국인에게도 개방된 것이다. 그 해 출국객수는 100만 명을 돌파하고 면세점 매출은 전년 대비 67.3% 성장이라는 경이적인 기록을 세웠다. 하지만 여행자유화는 여행수지 적자라는 부작용을 낳았고, 구매한도가 400달러이다 보니 원하는 상품을 국내에서 살 수가 없어 해외쇼핑이 증가하기 시작했다. 이에 따라 1982년부터 400달러로 묶여 있던 구매한도가 1989년에는 1,000달러로 대폭 늘었다. 그러다 1995년 2,000달러로 두 배가 늘어났지만, 1997년 IMF외환위기가 발생해 다시 구매한도가 400달러로 크게 줄었다. 이후 다시 회복하여 현재는 3,000달러이다.

1998년 한국관광공사가 독점해온 김포공항면세점의 민영화는 면세점의 질적 전환을 이루는 계기를 마련했다. 독점 운영해온 면세점이 경쟁자가 생기면서 서비스에 변화가 생겼다. 2000년대 들어 내국인의 해외여행이 급증하고 한류 드라마의 영향으로 일본관광객이 늘면서 면세점은 다시 한 번 급성장한다.

(3) 3차 도약: 인천국제공항의 개항

2001년 인천국제공항 개항은 우리나라 면세산업이 세계적으로 선진대열에 오를 수 있는 획기적인 발판을 마련해주었다. 인천국제공항은 공항 운영이나 서비스, 물류 등 모든 부문에서 높은 점수를 받으며 세계 최정상급 공항으로 빠르게 성장했다.

이에 맞춰 인천공항면세점 역시 고속성장을 해왔다. 인천공항면세점은 세계 공항면세점 가운데 가장 매출이 높은 곳이다. 면세점 상품구색과 편의성 역시 세계 여느 공항면세점과 비교해도 우월하다.

표 1_ 국내 면세점 운영 현황

(2013년 9월 기준)

종류별		운영 현황
보세판매장(32)	외교관(1)	서울(1)
	출국장(17)	공항(12): 인천공항(4), 대구(1), 김해(1), 제주(1), 청주(1), 김포(2), 무안(1), 양양(1)
		항만(5): 인천(2), 부산(1), 평택(1), 군산(1)
	시내(14)	서울(6), 제주(2), 부산(2), 울산(1), 창원(1), 대전(1), 대구(1)
제주 지정면세점(4)		공항: JDC 제주공항점
		항만: JDC 제주항 1점 · 2점
		시내: 제주관광공사 국제컨벤션센터

그림 3_ 2012년 세계 면세판매국 순위

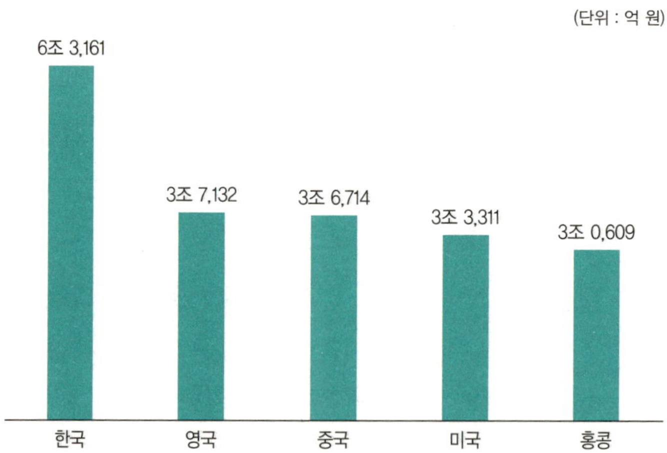

출처: 롯데면세점

그림 4_ 2011년 국내 면세산업의 현황(업체별 시장점유율)

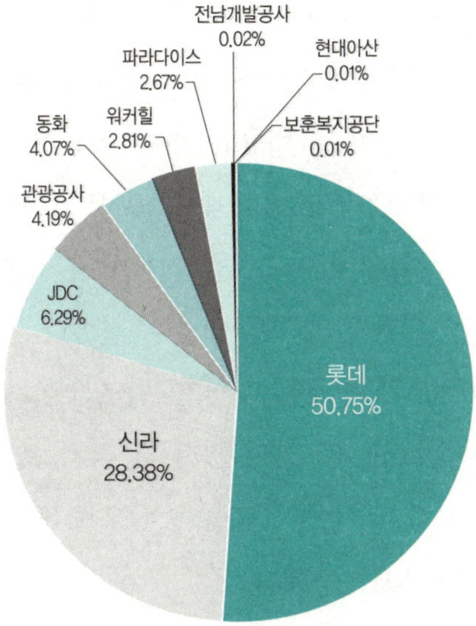

출처: 한국관광공사노조

2. 한국 면세사업의 경쟁력

국내 면세점들이 높은 가격경쟁력과 중국의 한국 쇼핑 · 관광 붐을 타고 유례없는 호황을 누리고 있다. 서울 시내면세점과 인천공항면세점은 밀려드는 중국인 관광객들로 발 디딜 틈이 없다. 현재 세계 면세점시장을 주무르는 큰 손은 중국관광객이다. 해외로 나가는 중국인관광객은 2010년 기준 5,600여만 명으로 10년 후인 2020년에는 1억 명에 달할 것으로 추산된다. 이에 따라 세계 각국은 중국관광객 모시기에 혈안이다.

2012년 한국을 찾은 중국관광객은 284만 명으로 2013년 초를 기준으로 전년 대비 30% 이상씩 가파르게 성장하고 있다. 중국관광객 한 사람이 국내 면세점에서 쓰는 비용은 현재 평균 1,000달러에 달한다. 중국인은 2011년 전체 국내 면세점에서 10억5,615만 달러를 소비, 한국인(16억2,645만 달러)에 이어 2위를 기록하며 일본인(6억6,593만 달러)을 앞지른 데 이어 1년 만에 한국인을 추월했다.

2011년 당시 중국인은 한국인(17억754만 달러), 일본인(7억8,042만 달러)에 이은 3위(6억3,346만 달러)였다. 중국은 소득수준이 높아지면서 20~30대 젊은 층과 도시 중산층을 중심으로 명품과 고급소비재 소비가 지속적으로 늘고 있는 추세다.

1) 한국 브랜드에 대한 중국인들의 높은 선호도

다행히 중국관광객들에게 한국 브랜드에 대한 신뢰와 선호도가 높은 편이다. 그 중 중국관광객들이 가장 선호하는 상품 중 하나가 바로 국산화장품이다. 국산화장품이 외국의 명품화장품보다 동양인의 피부에 잘 맞고 미백이나 주름개선 등의 기능성이 뛰어나다는 입소문이 나면서 국내 화장품브랜드는 필수 쇼핑품목에 올라 있다. 또한 MCM 가방은 외국 명품브랜드 못지않은 인기를 누리는 브랜드이다. 한국 과자와 밥솥을 사가는 중국인 역시 크게 늘고 있다.

2) 유리한 지정학적 위치

한국 면세점은 지정학적으로 독특한 입지를 갖고 있다. 일찍 경제성장을 구가한 일본과 최근 경제 강국으로 부상하고 있는 중국 사이에서 한국은 일본과 중국관광객을 성공적으로 유치해 왔다. 한 · 중 · 일 세 나라는 상호 대체 보완재 역할을 하면서 한국 면세점의 성장에 기여해 왔다. 중국과 일본관광객이 오늘날 한국관광사업을 먹여 살린다 해도 과언이 아니다. 면세점 매출도 중국과 일본관광객이 몰려 들어오는 시점에 따라 달라지기 때문이다.

3) 한류의 글로벌화

최근에는 K-POP과 드라마로 대표되는 한류의 글로벌화로 해외 각국의 관광객들이 한국을 찾고 있어 면세점들은 황금기를 다시 한 번 맞이하고 있다. 이에 맞춰 면세점들은 한류 열풍에 맞춰 국산 브랜드매장을 신설하고, K-POP 스타를 초청한 콘서트 개최 등 한류관광객들을 위한 다양한 활동을 진행하고 있다.

Ⅳ. 한국 면세점업계의 발전방향 제시

1. 중국 특수의 기회 선점

세계 각국은 중국관광객을 모시기 위해 적극적으로 나서고 있다. 한국은 중국관광객을 위해 많은 노력들이 필요하다. 해마다 5천만 명의 중국인이 해외여행을 떠나고 있으며 이들 가운데 상당수가 가까운 한국을 찾을 가능성이 높다. 이에 맞춤형 중국관광상품을 개발해 적극 유치에 나선다면 한국관광과 면세시장은 유례없는 성장을 이룰 수 있다. 반대로 미리 준비를 하지 않고 안일하게 있다가는 이후 경쟁국에게 다 빼앗길 수도 있다는 사실을 명심해야 한다.

2. 한류마케팅의 융복합적 발전

한류 드라마로 시작한 한류 붐이 이제는 K-POP을 앞세운 새로운 한류로 한국관광과 면세시장에 돌풍을 예고하고 있다. 전세계적인 현상인 한류 붐은 한국관광의 사각지대인 유럽은 물론 중남미, 중동까지 거세게 몰아치면서 한국이 방문하고 싶은 나라로 인식되고 있다. 특히 동남아지역의 한류는 그대로 관광으로 직결되고 있다.

한류는 면세점 내 국산품판매에 큰 영향을 미치고 있다. 토종브랜드의 국산품 판매금액은 2011년보다 62% 대폭 증가한 3,099억 원을 기록했다. 국산품 판매증가 주요 요인은 일본, 중국관광객을 중심으로 한 외국인관광객 증가로 나타났다. 국산품 구매 외국인관광객 10명 중 8명이 한류의 영향을 받을 것으로 나타났다.

세관의 설문조사결과 외국인관광객의 국산품 및 판매매장에 대한 만족도는 대체로 높은 편인 가운데 가장 불편사항은 언어 소통으로 나타났고, 두 번째는 매장이 협소하여 복잡하고 불편하다는 의견이 나타났다. 이에 따라 불편사항을 감소시키기 위한 노력이 필요하다.

3. 명품 쇼핑장소로서 스토리텔링 강화

해외여행을 떠나는 사람들이 늘어나기 시작하면서 점차 쇼핑이 목적인 여행을 떠나는 관광객들이 많아졌다. 전세계 유명 럭셔리브랜드의 총집결지인 한국 면세점은 이런 쇼핑족들에게 그야말로 최적의 공간과 기회를 제공한다. 면세점에서는 명품이 시중가의 10~20% 정도 저렴하고 게다가 흔히 볼 수 없었던 각종 브랜드의 제품을 한 자리에서 만날 수 있기 때문이다.

한국의 명품시장은 2006년 이후 매년 12%씩 큰 폭으로 성장해 연간 45억 달러 규모에 이른다. 해외여행의 꾸준한 증가와 명품의 대중화는 면세점에 고객층이 늘어나는 효과가 있다. 소비자들 사이에서 명품을 가장 싸게 살 수 있는 곳이 면세점이라는 인식이 자리 잡고 있다. 더욱이 한국 면세점은 파격적인 할인행사로 명품 쇼핑객들에게 인기가 높다.

4. 신규 관광상품 개발과 소비자 유인전략 제고

경쟁우위를 보이는 서비스분야와 쇼핑을 연계해 한국만의 특별한 관광상품을 개발하는 것이 필요하다. 현재 전세계적으로 인기를 끌고 있는 K-POP, 드라마, 성형이나 의료, 한국음식 등과 연계한 차별화된 상품과 서비스를 개발하는 것이 필요하다. 그러기 위해선 해당 각 분야가 경계를 없애고 국가 관광산업 발전을 위해 서로 협력해야 할 것이다.

정부의 지원 역시 필요하다. 한류 붐을 지속시키기 위한 아이디어 개발, 한국의 쇼핑 이점을 강화한 다양한 기획행사 등 유인책을 마련해야 한다. 한류관광과 같이 한류모델을 활용해 외국인관광객들을 위해 항공사, 엔터테인먼트, 호텔, 관광지, 면세점 등 연관산업이 동반성장할 수 있는 것들을 개발해야 한다.

5. 한국 면세점의 규모 확장 및 시설 확장

세계 면세시장은 2005년 270억 달러 규모에서 2011년 457억 달러로 70% 성장했다. 2015년엔 529억 달러까지 커질 전망이다.

롯데면세점은 2012년 1월 한국 업계 최초로 인도네시아 수카르노 하타공항에 해외매장을 열었다. 이후 활발한 입찰 참여를 통해 5월과 11월 싱가포르 창이공항에 각각 토산품과 패션잡화매장을 만들었다. 2012년 11월에는 인도네시아 자카르타에 해외 시내면세점 운영권을

그림 5_ 세계 면세점시장규모

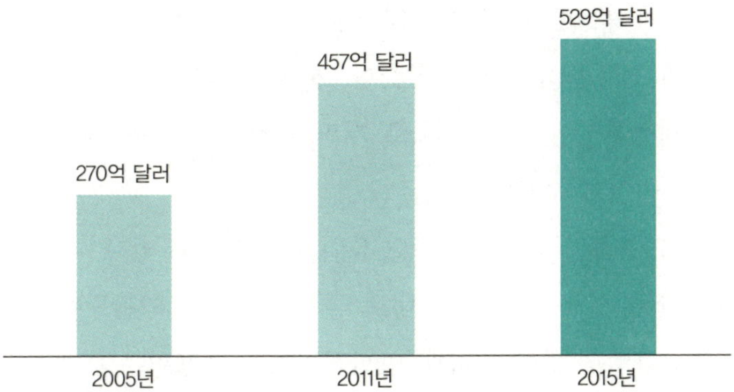

출처: BCG

획득, 2013년 6월 개장했다. 2014년 2월에는 전면 리뉴얼한 괌공항면세점을 연다. 특히 괌공항은 10년간 장기 사업권을 획득했는데, 10년간 예상 매출액만 1조 원이다.

신라면세점은 2013년 싱가포르 창이공항 면세점 내 시계매장 2곳의 운영권을 추가로 따내면서 해외사업을 확장하고 있다. 창이공항은 연간 4,700만 명이 이용하는 곳으로 인천공항, 홍콩 첵랍콕공항과 함께 아시아 3대 공항으로 손꼽힌다. 신라면세점은 여러 시계브랜드를 모아 놓고 판매하는 '편집매장'방식으로 운영할 계획이다. 신라면세점은 2012년 8월 창이공항 패션매장 운영권을 따내면서 처음으로 외국에 진출했다. 2012년 11월에는 말레이시아 쿠알라룸푸르공항면세점 화장품 · 향수매장 운영권을 획득했다. 신라면세점은 창이공항 화장품 · 향수매장 입찰에도 참여하고 있다.

롯데와 신라가 해외사업에 역량을 집중하는 것은 국내시장이 포화상태에 도달했기 때문이다. 약 6조 원대(2012년 기준)에 달하는 국내 면세점시장은 동화 · 파라다이스 · 워커힐 · 관광공사까지 총 6개지만, 롯데와 신라의 점유율이 85%에 달한다. 하지만 작년 9월 신세계가 뛰어들면서 면세점시장이 '빅3' 구조로 개편될 전망이라 롯데와 신라의 시장점유율이 줄어들 수밖에 없다.

현재 세계 면세점 선두는 미국 · 유럽계가 다투고 있다. 하지만 국내 면세점은 한류 열풍을 타고 국내로 몰려오는 외국인관광객을 겨냥해 여러 마케팅사업을 벌여온 국내 면세점업계의 경쟁력은 해외시장을 노려볼 만하다. 국내 면세점업체들이 글로벌 경쟁력을 갖추면서 인천국제공항이 세계 1위 공항면세점으로 성장했다. 면세점업체들이 수년 전부터 해외진출을 시도하고 이제는 글로벌업체들과 경쟁하면서 국내 면세점이 세계적으로 발전해 나가고 있다.

Ⅴ. 종합

면세점이란 이름 그대로 상품판매 시 부과되는 관세, 부가가치세, 특별소비세, 방위세, 교육세, 농특세 등 일체의 세금이 면제된 것으로 보세, 면세구역에 한해서만 판매가 허용되는 상품들로 외국인 여행자들과 출국하는 내국인 여행자들에게 저렴한 가격으로 양질의 상품을 구매할 수 있다는 매력요인으로 작용하고 있다. 또한 국내 면세점은 외화획득과 내국인의 외화 유출을 감소시킬 수 있어 관광산업뿐만 아니라 국가경제에도 크게 기여하고 있으므로 정책적으로 보호, 육성되고 있는 분야이다.

우리나라 면세점은 지정학적으로 독특한 입지로 인한 경쟁력을 가지고 일본과 중국관광객을 성공적으로 유치해왔다. 한 · 중 · 일 세 나라는 상호 대체 보완재 역할을 하면서 한국 면세점의 성장에 기여해왔다.

현재 해외로 나가는 중국인관광객은 2010년 기준 5,600여만 명으로 10년 후인 2020년에는 1억 명에 달할 것으로 추산된다. 이에 따라 세계 각국은 중국관광객 모시기에 혈안인 지금 중국관광객의 수요가 늘고 있다는 점이다. 또한 K-POP과 드라마로 대표되는 한류의 글로벌화로 해외 각국의 관광객들이 한국을 찾고 있어 면세점들은 황금기를 또 한 번 맞이하고 있다. 이에 맞춰 면세점들은 한류 열풍에 맞춰 다양한 활동들을 통해 수익창출에 여념이 없다. 우리나라 면세점은 가격경쟁력과 쇼핑 편의성을 동시에 갖추고 있다. 이러한 강점은 쇼핑을 위해 한국을 방문한 외국인관광객들에게 매력적으로 작용한다.

앞으로 우리나라 면세점의 발전을 위해서는 우리나라만의 경쟁력을 바탕으로 성장해야 한다. 첫 번째로 한국은 중국관광객을 위해 많은 노력들이 필요하다. 적극적으로 유치에 나선다면 한국관광과 면세시장은 유례없는 성장을 이룰 수 있다는 사실을 명심해야 한다. 두 번째로 한류시장을 적극 활용해야 한다. 한류시장은 우리나라 관광산업의 큰 역할을 미치고 있고, 이는 면세점시장과 긴밀한 관계에 있는 산업이기 때문에 이를 잘 활용해야 한다. 세 번째로 해당 각 분야의 경계를 없애고 국가 관광산업 발전을 위해 서로 협력해야 할 것이다. 면세사업은 관광산업, 호텔산업 등과 연계되어 있기 때문에 협력하여 새로운 상품개발 등을 통한 발전이 필요하다. 네 번째로 현재 우리나라 중소기업 브랜드가 품질이 상당히 높고 가치 있다는 평판이 높아 외국인관광객들이 구매하는 경향이 있어서 앞으로는 더욱 증가될 것으로 예상된다.

이에 따라 면세점 내 국산브랜드의 비율을 늘려서 이를 통해 브랜드 인지도보다 품질과 가격경쟁력을 생각하여 면세점과 중소기업 모두에게 새로운 성장 기회가 될 수 있다. 마지막으로 우리나라 면세점의 글로벌화로 규모를 키워야 한다. 국내 면세점시장은 더욱 포화상태에 이를 것이고 이에 세계로 눈을 돌려 더 큰 시장을 통해 수익을 창출할 수 있는 방법을 찾아내야 한다.

우리나라 면세점의 발전을 위해서는 면세점업계의 노력은 물론 정부의 올바른 지원과 각 관련분야 산업들의 도움이 필수적이다. 함께 성장해야 하기 때문에 긴밀한 협조는 물론 상생을 위한 노력이 필요하다. 현재 1위임에 안일하지 않고 한국 면세점은 이제 '제4의 도약기'를 맞을 채비를 해야 할 것이다.

CHAPTER 02

우리나라 면세점 실태 분석과 경쟁력 제고방안

Ⅰ. 개요

최근 관광을 활용한 국제비즈니스의 증가는 자국의 대외무역수지 개선에 긍정적인 영향을 주고 있다. 이를 위해 각 국가는 국제비즈니스를 활성화하기 위해 많은 노력을 기울이고 있다.

이렇게 국제비즈니스의 중요성이 부각되면서 우리나라에서도 외국인 관광객 유치 등을 통한 활동을 장려하고 있고, 이들에 의한 국내 활동에 많은 관심과 지원을 병행하고 있다.

2011년 한국관광공사의 외래관광객 실태조사에서 방한기간 동안의 주요 일정을 살펴보면 쇼핑(69.9%), 관광(관광지)(50.0%), 식도락(46.1%), 업무처리(22.8%), 유적지 방문(14.3%), 자연감상(12.2%), 씨티 투어(12.0%), 유흥(11.5%) 등으로 확인되었다.

이 중 쇼핑활동에 가장 많은 시간을 투자하는 것으로 나타났다. 이는 곧 우리나라를 방문하는 외국에게 쇼핑활동에 대한 가치가 매우 중요한 것이라는 것을 알 수 있다.

한편 국제비즈니스에 있어서 쇼핑활동은 다양한 국가에서 쇼핑축제를 개최해 외국인관광객을 유치하고 있다. 홍콩의 쇼핑 페스티벌이나 이탈리아 밀라노 브랜드세일, 말레이시아의 메가세일, 두바이 쇼핑축제 등이 대표적이며, 이외에도 많은 국가에서 대형 쇼핑축제를 실시하고 있다. 우리나라도 코리아 그랜드세일을 비롯한 하이서울 페스티벌 등 외국인의 쇼핑활동을 위한 다양한 유치활동을 추진하고 있다.

이를 통해 쇼핑이 국제비즈니스활동 중 관광 영역에 있어서 중요한 역할을 하고 있다는 것을 알 수 있다. 한편, 우리나라의 경우 외래 방문 관광객의 주된 쇼핑장소는 명동지역(36.4%), 공항 내 면세점(30.1%), 소규모시장(29.2%), 동대문시장(25.6%), 백화점(25.2%), 시내면세점(12.1%) 등의 순으로 나타났다. 이중 명동지역을 제외하면 대부분 면세점을 1차 쇼핑활동의 공간으로 선택하고 있다. 이는 국내 방문 외국인관광객들에게 면세점이 쇼핑활동의 중요한 역할을 하고 있음을 알 수 있다. 따라서 면세점 운용의 전문성과 규모를 고려하여 실제 외화 획득의 수단으로 활용되어야 할 것이다.

이러한 상황 속에서 아직까지 면세점에 대한 연구는 매우 미흡하다. 게다가 교통과 인터넷의 발달, 여가시간 및 소득의 증가에 따른 여가선용에 대한 인식변화 등 국제관광에 대한 관심의 증가는 향후 면세점시장의 성장 가능성을 짐작할 수 있다.

이에 본 연구에서는 최근 국내 면세점 유치를 위한 대기업의 치열한 경쟁상황 등 우리나라 면세점의 실태점검을 통한 위험요소를 밝혀내고, 향후 면세점이 국제경쟁력을 갖추기 위한 방안을 제시하고자 한다.

Ⅱ. 우리나라 면세점시장 현황

1. 면세점의 개념과 역사

면세점이란 수입된 외국상품에 대한 관세와 자국에서 생산 · 유통과정에서 부과된 세금 등을 특정공간을 지정하여 면세로 판매하고 소비를 목적으로 운용되는 곳으로 정의할 수 있다. 면세점은 공항 및 항만을 통해 이동하는 외국인 여행자와 입출국을 하는 내국인 여행자, 주한 외교관 등을 대상으로 동일한 품질의 제품을 저가와 양질의 상품으로 제공한다.

이러한 소비활동을 통한 외화 유출을 감소하고 외화 획득을 통한 관광산업의 활성화 및 국가경제발전에 긍정적인 영향을 줄 수 있어, 정책적인 보호와 제도적인 지원을 통해 육성되어야 하는 분야이다. 면세되는 세금의 형태에 따라 부가가치를 면세하는 관광기념품판매장, 기지촌 면세점과 관세를 면제하는 보세판매장, 특별소비세를 면세하는 외국인전용판매장 등으로 구분할 수 있다.

면세제도는 크게 사후면세제도와 사전면세제도로 구분된다. 사후면세제도는 세금이 포함된 가격으로 물품구입 이후 세액을 사후에 환급받는 제도이다. 사전면세제도는 물품구입과 동시에 면세가격이 적용되는 제도이다. 대표적으로 외국인전용판매장, 보세판매장과 관광기념품판매장 등이 있다.

표 1_ 면세형태에 따른 면세점 구분

구분	면세형태
관광기념품판매장	부가가치 면세
기지촌면세점	
보세판매장	관세 면세
외국인전용 판매장	특별소비세 면세

면세점의 역사는 중세시대 항해에 필요한 물건 공급을 위한 선구상에서 출발한다. 당시 정부는 긴 항해를 위해 필요한 비품, 음식 등을 선구상들에게 지방세금이 면제된 가격으로 공급이 가능하도록 허용하였다. 이는 판매된 물품의 소비가 자국이 아닌 공해상에서 소비되었기 때문이다. 이후 오늘날의 항구, 여객터미널, 백화점, 시내면세점, 공항 등에 이르기까지 그 범위가 확대되었다.

프랑스는 현재의 면세점형태를 갖춘 최초의 나라이다. 1959년 관광산업의 진흥과 만성무역적자의 보충을 위해 관광산업 육성을 통한 외화수입 증대가 필요하였으며, 해결방안으로 프랑스를 방문하는 외교관, 체류자, 단기여행자의 상품구입 시 내국세의 면제제도를 실시하게 되었다. 특히 지중해 일대와 파리 주변에 증가한 관광객으로부터 관광수입을 증대시키기 위해 항구의 보세구역 및 공항 내 면세점, 시내의 백화점 등에서도 자국산 상품의 판매독려를 위해 면세점을 허가한 것이다.

오늘날의 한국의 면세점은 1964년 주한 외국인을 대상으로 지정외래품판매소를 운영하면서 시작되었다. 그 이후 1967년 김포공항에 민간업체와 함께 두 개의 공항면세점이 개설되었다. 1986년부터는 공항면세점의 효율적 운영을 위해 한국관광공사에 민간업체가 흡수되었으며, 1979년 12월부터 롯데와 동화면세점을 시작으로 현재와 같은 면세점과 보세판매장이 운영되고 있다.

2. 면세점의 특성

면세점 특성은 다음 4가지로 분류할 수 있다.

첫째, 관세법에 의한 특허가 가능한 장소와 지역이어야 하고 외국인 관광객이 이용하는 곳이어야 하며, 점포의 수를 제한하고 있다.

둘째, 내국인 및 외국인을 대상으로 외화 획득을 위한 수출 관련사업으로 국가의 경제 및 관광산업에 기여할 수 있다.

셋째, 면세점은 특허, 면허의 취지와 취급하는 상품의 특징 등으로 인해 상품 반입 · 반출의 운영프로세스가 매우 중요하게 다루어지고 있다.

넷째, 국제비즈니스의 영역 중 관관산업분야와 긴밀한 협조 및 협력이 필요하다. 관광객의 숙박, 이동 동선 등의 정보를 통해 효과적인 판매활동을 유치할 수 있다.

마지막으로, 국가와 국가를 이동하는 내 · 외국인이라면 여권과 항공권 지참만으로 면세점의 사전, 현장 이용이 가능하다.

3. 면세점의 종류

1) 시내면세점

시내면세점은 해외 출국을 앞둔 사람이 여권이나 출국 시 이용하는 항공편 정보(항공기명, 출국시간)를 알고 있어야 이용할 수 있으며, 구매기록표를 받아 쇼핑한 뒤 결제와 더불어 교환권을 받아 출국 시 면세점 인도장에서 구입한 물품을 받을 수 있다. 시내면세점의 장점은 시간에 쫓기지 않고 쇼핑을 즐길 수 있다는 점과 다양한 제품을 직접 보고 비교 후 구매가 가능하다. 또한 면세점의 경쟁이 치열해지면서 추가 할인혜택이 가능하다는 장점이 있다.

2) 공항면세점

모든 출국수속을 마친 후 대기하는 공간을 면세구역으로 부르며 이곳에 위치한 쇼핑센터는 대부분 면세점에 해당된다. 해외에 있는 친지나 지인을 위한 선물이나 해외여행 시 사용할 물품을 저렴하게 구입할 수 있으며 다양한 면세점에서 다양한 물품을 바로 구입할 수 있다. 하지만 여행하고자 하는 국가의 관세규정을 알고 구입해야 하며, 자칫 시간에 쫓겨 제대로 쇼핑을 할 수 없을지도 모른다는 단점이 있다.

3) 기내면세점

출국 전 면세점에서 구입한 물품 가운데 일부는 귀국 시 가져와야 하는 물품도 있을 수 있으며 이러한 물품은 여행기간 동안 보관이나 운반이 불편한 경우가 있다. 이처럼 귀국 시 가져와야 할 물품 가운데 깨어지기 쉽고 운반이 불편한 물품은 기내면세점을 이용하면 돌아오는 항공기에서 받아갈 수 있도록 항공사에서 서비스하는 면세점이 기내면세점이다. 다소 저렴한 반면 제한된 물품과 항공사별로 기내면세점을 운영하지 않는 단점이 있다.

이외에 인터넷면세점, 외교관면세점, 페리면세점 등이 있다.

4. 면세점의 시장분석

최근 '황금알을 낳는 사업'이라는 별명과 함께 치열한 대기업의 입찰경쟁이 생길 정도로 면세점사업에 대한 관심이 높아지고 있다. 이와 같은 이유는 경기침체의 장기화 속에서 한류 열풍에 따른 중국인관광객 증가와 국내소비증가 등이 높은 성장률을 보이고 있기 때문이다. 2014년 국내 면세점 매출은 8조 3,077억 원으로 전년도에 비해 1조 5,000억 원 이상이 증가하며 높은 성장을 기록했다. 이러한 배경에는 600만 명이 넘는 중국인관광객의 구매력 증가가 대표적인 원인으로 분석되고 있으며, 2015년에는 9조 원을 넘어설 것으로 판단된다.

이처럼 최근 침체된 유통업계에서 면세점사업만이 유일한 성장을 거두고 있어, 국내 대기업의 치열한 입찰경쟁이 이루어지고 있는 것으로 판단된다. 관세청 등에 따르면 면세점시장은 2010년~2014년까지 각각 4조 5,000억 원, 5조 3,000억 원, 6조 3,000억 원, 6조 8,000억 원, 그리고 2014년 8조 3,077억 원 등으로 매년 두 자릿수 이상의 성장을 거듭하고 있다.

신세계, 현대백화점 등 대형 유통업체들은 소비부진과 정부규제로 주력사업이 힘들어지자 면세점에서 활로를 찾고 있다. 현대산업개발도 건설업 부진 속에 면세점사업을 신성장동력으로 내세웠다. 최근에는 중소·중견기업들도 면세점사업에 가세했다. 정부가 중소·중견기업에 일정 특허비율을 보장함에 따라 이들의 시장진출이 늘고 있다. 화장품업체 참존과 외식업체 엔타스 등은 인천국제공항 면세점 입찰에 참여하기도 했다.

더욱이 최근 5년간 중국인관광객은 2010년 187만5,000명에서 2013년에는 432만6,000여 명을 기록하며, 200만 명까지 증가하였으며, 이

표 2_ 우리나라 면세점 매출 추이 (단위: 원)

구분	2010년	2011년	2012년	2013년	2014년
시내면세점	2조 4,500억	2조 9,500억	3조 5,700억	4조	4조 9,000억
출국장 면세점	1조 7,200억	2조 4,000억	2조 3,600억	2조 3,700억	2조 2,800억
기타	3,300억	4,100억	3,700억	4,300억	3,200억

※ 출국장면세점은 공항, 항만면세점 합계. 기타는 지정면세점(제주), 외교관면세점 합계

출처: 관세청, 2014(2014년 시장규모는 11월 말 기준)

그림 1_ 중국관광객 면세점 소비 현황

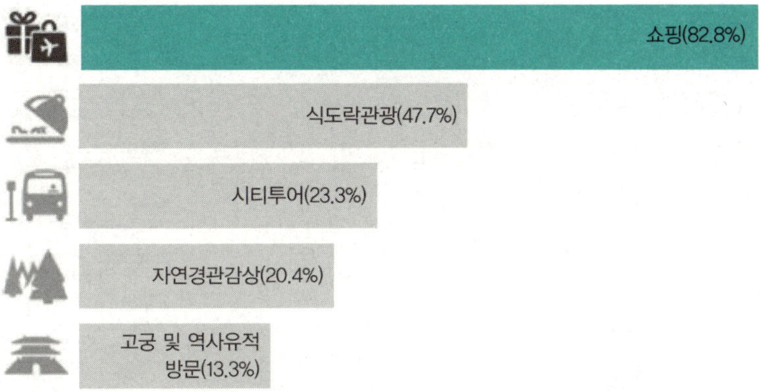

출처: 한국문화관광연구원, 2013.

에 따라 인천공항, 서울 시내, 제주 등 전국 주요 거점에 면세점 허가 및 입점을 위한 치열한 입찰경쟁이 예상된다.

정부는 서울과 제주 시내에 면세점 4곳을 추가하는 투자활성화대책을 발표하였다. 이에 따라 기존 면세점사업자인 롯데, 호텔신라에 한화갤러리아, 신세계, 현대백화점, 현대산업개발 등이 치열한 경쟁에 합세할 것으로 전망된다.

이처럼 국내 면세점시장은 매우 성장하였지만 새로운 사업자 참여에 따른 치열한 경쟁이 예상되고 있으며, 향후 포화상태에 접어들 것이다. 따라서 면세점사업 참여자는 글로벌 경쟁력 제고를 통한 해외시장진출도 고려해야 한다. 실제로 롯데면세점과 호텔신라는 해외진출을 통해 이미 다수의 면세사업장을 보유하고 있다.

그림 2_ 서울 시내면세점 현황과 신규 후보지

출처: 중앙일보, 2015. 4. 13.

표 3_ 우리나라 면세점의 해외시장 매출 추이

면세점	위치		규모(㎡)	오픈시기
롯데 면세점	인도네시아 수카르노 하타공항점		900	2012. 1.
	싱가포르 창이공항	토산품매장	80	2012. 5.
		패션 · 잡화매장	300	2012. 11.
	인도네시아 자카르타 시내면세점		300	2013. 6.
	미국 괌공항점		5000	2013. 7.
	일본 간사이공항점		2250	2014. 9.
신라 면세점	창이공항	보테가베네타매장	26	2013. 1.
		프라다매장	123	2013. 3.
		시계편집매장(2곳)	302	2014. 1.
	창이공항 1~3터미널, 4터미널(추후 완공) 화장품 · 향수 전매장		6,600	2014. 10.

출처: 각 면세점 홈페이지

Ⅲ. 국내외 면세점 현황 및 경쟁력분석

1. 국내 면세점 현황

최근 국내 면세점시장은 인천공항면세점 3기 사업자 선정에서 롯데면세점과 신라면세점 외에 신세계가 진입에 성공하는 등 본격적인 경쟁구도를 형성하기 시작했다.

여기에 유통업 빅3로 불리는 한화갤러리아, 현대백화점그룹, 현대산업개발 등도 면세점사업의 진출을 선언하였다.

1) 롯데면세점

롯데면세점은 1980년 서울 소공동에 본점 8층(793m^2) 규모로 첫 매장을 오픈하였고, 현재 국내 1위, 세계 4위 규모로 성장하였다.

롯데면세점 본점의 매출액은 2014년 1조 9,000억 원의 판매액을 기록하였으며, 전체 매출은 4조 원대로 성장했다. 이는 5년 동안 2.9배 이상 성장한 것으로 국내 평균 면세점 성장률인 2.2배보다도 높은 성장률이다. 롯데면세점은 3기 면세사업자로 선정됨과 동시에 일반기업에 입찰된 면세점 8개 사업 구역 가운데 4곳을 선점하였다.

그림 3_ 롯데면세점 해외진출 현황

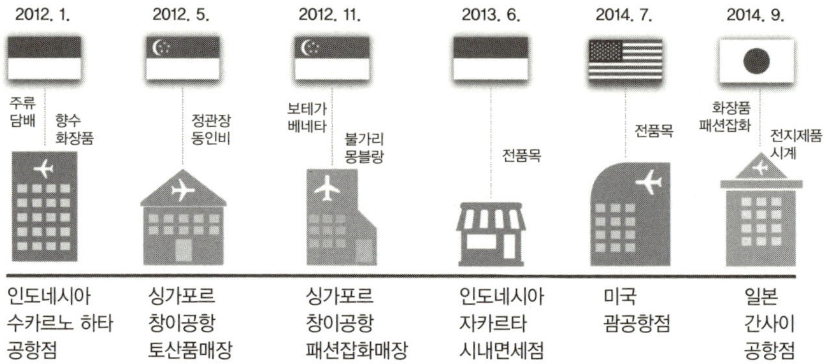

출처: 한국면세뉴스, 2015

롯데면세점은 국내뿐 아니라 지속적인 글로벌 경쟁력 강화로 해외진출면에서도 경쟁력을 높여가고 있다. 2008년 러시아 모스크바 셰레메티에보공항을 시작으로, 2013년 인도네시아 자카르타 시내면세점, 2014년 미국 괌공항점을 오픈하고 최근에는 진입장벽이 매우 높은 일본 간사이공항에 개점을 하며, 일본시장에 본격적으로 진출하게 되었다.

롯데면세점 역시 중국관광객의 의존도가 높다. 롯데면세점 중국인관광객이 차지하고 있는 매출은 2013년 45% 이하에서 2014년 전체 매출 60% 이상으로 증가하였다.

2) 신라면세점

호텔신라는 본 사업영역인 호텔분야보다 신라면세점이 차지하고 있는 매출 비중이 더 높다. 2014년 상반기만 보더라도 면세점 매출이 호텔신라 전체 매출의 89.2%를 차지하고 있다. 이러한 배경 속에 호텔신라는 면세점의 확장을 통한 시잠점유율을 높이기 위해 적극적인 사업 운영을 진행하고 있다. 세계 기내면세점 1위인 디패스와 M&A에 성공하였고 경영인수작업을 위한 가격협상을 진행 중이다. 디패스는 연매출 5,500억 원으로 에어캐나다, 싱가포르에어라인, 아메리카에어라인 등 전 세계 30여 개 항공사와 전략적 제휴를 맺어 다양한 면세물품을 유통하고 있다. 이밖에도 미주지역 40여 개의 소규모 면세점을 운영하고 있다.

호텔신라가 2013년 싱가포르 창이공항에 개점한 면세점은 연 매출 1조 5,000억 원에 달하고 있으며, 규모면에서는 2012년 먼저 진출한 롯데면세점(300m²)을 능가하는 5,575m² 규모로 운영되고 있다. 호텔

그림 4_ 신라면세점 해외진출 현황

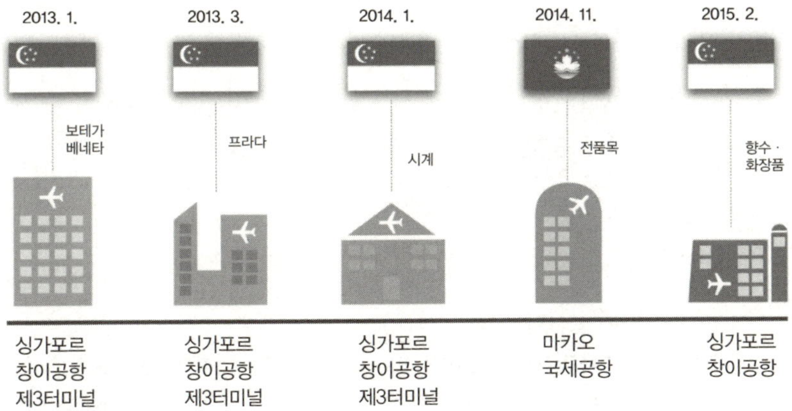

출처: 한국면세뉴스, 2015

신라는 창이공항 제1~3터미널의 화장품매장 20여 개를 비롯하여 2017년 완공된 제4터미널에서도 화장품 · 향수매장을 운영하고 있다.

2. 해외면세점 현황

1) 듀프리

듀프리(Durfy)는 아직까지 한국인들에게는 익숙하지 않은 면세점이지만 말레이시아공항, 홍콩, 마카오, 싱가포르에서 흔히 접할 수 있는 면세사업자이다. 최근에는 김해공항에 입점하였다.

글로벌 면세점 순위를 보면 듀프리는 DFS그룹에 이어 2위이며, 최근 7위인 뉘앙스를 인수하게 되면서 현재 1등인 DFS보다 매출합계는 월등히 앞서게 되었다.

듀프리는 단순히 매출 측면뿐만 아니라 '사업 영토의 확장'을 위해 전략전인 인수합병을 진행하였다. 아메리카 대륙중심의 사업을 하고 있는 듀프리가 아시아, 유럽중심의 사업을 운영하고 있는 뉘앙스를 인수할 경우 자연스럽게 글로벌 경쟁력을 높일 수 있는 장점이 있다.

2) T갤러리아

세계 최대의 럭셔리 여행유통기업 DFS그룹이 여행자를 위한 도심형 쇼핑타운을 진화시킨 'T Galleria by DFS'를 선보였다. DFS는 설립 당시부터 여행소매업의 최신 트렌드를 한 곳에 집결시켜 운영해 왔으며, 젯셋족의 여행 열풍(Jet Aviation Tourism Boom)이 불기 시작한 1960년대부터는 럭셔리제품에 열광하는 일본 소비자들로부터 전폭적 호응을 얻어왔으며, 이제는 럭셔리제품시장의 실세로 떠오른 중국여행자들에게 집중하고 있다. DFS는 전세계 여행자들이 열망하는 만국 공통적인 경험의 장으로 우뚝 서길 희망하고 있다.

많은 사람들이 해외여행과 더불어 쇼핑도 함께 즐긴다. T갤러리아(T Galleria)는 모던 럭셔리 여행유통업의 진화 양상을 반영하고 있으며, 단순한 물건 구매에서 벗어나 고급스럽고 실험적이며 완벽한 쇼핑경험에 대한 욕구로 옮겨가고 있는 여행자들의 니즈(needs)에도 적극적으로 부응하고 있다.

뿐만 아니라 DFS는 지난 몇 년간 수억 달러를 투자해 업그레이드하고 참신한 디자인요소로 뷰티컨시어지서비스, 럭셔리 멤버 라운지, 마스터스 시리즈 제품 전시 등의 폭넓은 경험을 선사할 수 있도록 설계했다. 뿐만 아니라 세계인이 가장 선망하는 브랜드 다양함, 한정판 에디션을 독점으로 선보이고 있다.

T Galleria 하와이매장은 약 6,000평(약 19,510m^2)에 이르는 대규모 쇼핑공간에서 140개의 브랜드 쇼핑이 가능하며, 여러 언어를 능숙히 구사하고, 철저한 브랜드 교육을 받은 판매원 470명이 편안한 쇼핑을 할 수 있도록 최상의 서비스를 제공하고 있다. 또한 뷰티 컨시어지에서는 피부 타입에 맞는 제품을 올바르게 선택할 수 있게 도와주는 서비스와 DFS 100% 품질보증서비스(DFS 100% Worldwide Guarantee)를 지속해서 시행하므로 여행을 마치고 집으로 돌아와도 교환, 수선, 환불

이 가능하도록 했다.

3) 하이네만

독일에 기반을 둔 하이네만(Gebr Heinemann)은 유럽지역에서 면세소매업과 도매업을 하는 선도적인 회사이다. 하이네만의 소매시장은 독일 내의 프랑크푸르트(Frankfurt)공항, 베를린 쉐네펠트(Berlin schonefeld)공항, 베를린 테겔(Berlin Tegel)공항, 템펠호프(Tempelhof)공항, 쾰른 본(Cologne Bonn)공항, 드레스덴(Dresden)공항, 뒤셀도르프(Dusseldorf)공항, 함부르크(Hamburg)공항, 하노버(Hannover)공항, 라이프치히(Leipzig)공항과 에르푸르트(Erfurt)공항 등이 있다.

이 회사는 또한 파리 오를리(Orly)공항에서 에어로부티크(Aero-boutique)와 합작으로 향수매장을 운영하고 있다. 다른 합작사업으로는 부다페스트 페리헤지(Ferihegy)공항, 울란바토르공항, 몽고에서의 면세사업과 남아프리카 국경의 관광용품점 등이 있다.

하이네만은 동유럽과 중앙아시아 전지역의 면세매장, 독일·오스트리아·네덜란드·스위스의 공항매장들, 독일과 오스트리아의 여러 항공사에 상품을 공급하고 있다. 이 회사의 1998년 매출은 도매를 포함해 9억2,500만 달러이다. 또한 하이네만은 2014년 시드니공항의 터미널1(국제선) 입출국장과 터미널2 면세점의 새로운 운영자로 선정되어 2022년 8월까지 시드니공항면세점에서 향수·화장품 매장을 운영한다.

4) 루이비통모에헤네시(LVMH)

LVMH(Moet Hennessy–Louis Vuitton)그룹은 세계에서 가장 큰 고급제품그룹이다. 이 그룹에서 보유하고 있는 브랜드는 Louis Vuitton, Loewe, Celine, Christian Dior, Givenchy, Kenzo, Guerlain, Dom Perignon, Moet & Chandon, Veuve Clicquot 등이며, 1999년 봄에는 미국 화장품브랜드인 Hard Candy를 인수했다.

이 그룹은 1998년 말까지 직영 소매점포망을 828개로 확대했는데, 이 소매점에는 고급 여행가방, 액세서리, 패션제품을 취급하는 부티크, 면세점, 향수전문점, 백화점 등이 있다.

그룹 소매사업부는 면세소매업을 하는 DFS그룹, 프랑스 제2의 고급향수 체인점인 Sephora와 1998년 6월에 인수한 Le Bon Marche백화점으로 구성되어 있다. Le Bon Marche는 파리에 2개의 매장을 운영하고 있으며 DFS그룹은 150개 이상의 시내면세점과 공항면세점을 미국 및 아시아 · 태평양지역에 소유하고 있다. 프랑스의 Sephora 향수 체인은 프랑스와 해외에서 빠른 속도로 확장되고 있다. 1998년 5월에는 Marie–Jeanne Godard 향수 체인을 인수하고, 프랑스 · 스페인 · 포르투갈 · 폴란드 등지의 매장을 Sephora매장으로 개조했다. 유럽 외 지역의 Sephora매장을 운영하고 있는 DFS그룹은 1998년에 뉴욕 본점을 포함한 14개 매장을 미국에 개점했다.

Ⅳ. 우리나라 면세점시장의 실태분석

1. 면세점시장 위험요인

기업들이 면세점사업에 너나 할 것 없이 뛰어들면서 과열 양상을 보이고 있다. 시장은 커지고 있지만, 성장률은 감소세에 접어들었다. 정부규제와 낮은 브랜드 인지도에 대한 대기업과 중소 · 중견기업 나름의 고민도 깊어지고 있다. 선두업체는 인수 · 합병을 통한 해외 확장을 시도하지만 이마저도 걸림돌이 많다. 업계 안팎에선 중국관광객 의존도가 지나치다는 경고도 나온다. 면세점사업권을 놓고 경쟁이 심하다. 롯데면세점과 호텔신라의 양강 구도 속에 다른 대기업도 면세점 진출기회를 엿보고 있다.

면세점사업은 대표적인 규제산업이다. 면세점을 운영하기 위해서는 자본금 10억 원 이상을 요건으로, 관세청의 특허를 득한 사업자만이 운영할 수 있다. 2015년 초 기준 국내에는 16개의 시내면세점, 19개의 출국장면세점, 5개의 지정면세점이 운영 중이다. 면세점수가 정해져 있어 이를 놓고 기업들이 출혈경쟁을 벌이는 형국이다. 인천국제공항 면세점사업자 선정이 대표적인 예다. 새롭게 선정된 사업자가 부담해야 할 임차료는 현재보다 70%가량 상승했다. 기존 6,000억 원 규모의 임차료가 1조 원으로 증가했다.

초기 진출하는 기업들에는 비용부담이 더 크다. 인지도를 높이기 위해 더욱 공격적으로 면세점 입찰에 응할 수밖에 없다. 신세계면세점은 김해공항에 면세점을 개점하였지만 높은 임차료로 수익전환이 어렵다는 전망이 나오고 있다.

이처럼 중소 · 중견기업은 시장진입에 애를 먹고 있다. 면세점의 특성상 브랜드 인지도와 거래업체와의 가격 협상력이 중요하다. 이들은 낮은 인지도와 협상력으로 인해 면세점사업을 펼치는 데 어려움을 겪고 있다. 인천국제공항 3기 입찰에서도 중소 · 중견기업에 배정된 4개 구역이 모두 유찰됐다. 대기업이라고 상황이 좋은 것만은 아니다. 면세점규모는 커졌지만 규제에 묶여 더 이상 확장이 어렵다. 정부는 상호출자제한 기업집단의 특허 비중을 60%로 제한했다. 롯데면세점과 호텔신라 등 이에 해당하는 기업이 가진 특허권이 2013년 8월 말 기준으로도 56%를 차지해 더는 외형 확장이 어렵다. 2008년에는 34.7%의 높은 성장률을 기록했지만, 그 이후 내리막이다. 2013년에는 한 자릿수 성장에 그쳤다. 대형업체들은 해외로 눈을 돌렸다. 롯데면세점은 2012년 자카르타공항면세점을 시작으로, 괌 등으로 해외시장 확대에 나섰다. 호텔신라는 2014년 싱가포르 창이공항에 화장품 · 향수분야 면세업자로 선정되면서 사업 영역을 넓혔다.

중국인관광객에 대한 의존도가 지나치다는 지적도 나온다. 중국인관광객은 2013년을 기점으로 일본인을 제치고 입국 관광객수에서 가장 많은 수를 차지했다. 이들은 관광객수뿐만 아니라 씀씀이에서도 다른 관광객을 압도한다. 중국인관광객이 1인당 쓰고 가는 돈은 일본인보다 1,000달러가 많다. 이에 중국정부는 자국민의 해외소비를 줄이려는 움직임을 보인다. 그 중 하나가 하이난에 세운 세계 최대면세점이다. 중국정부는 자국민의 해외소비를 국내로 돌리기 위해 자국에 대형면세점

그림 5_ 면세점 글로벌 경쟁열위 4요소

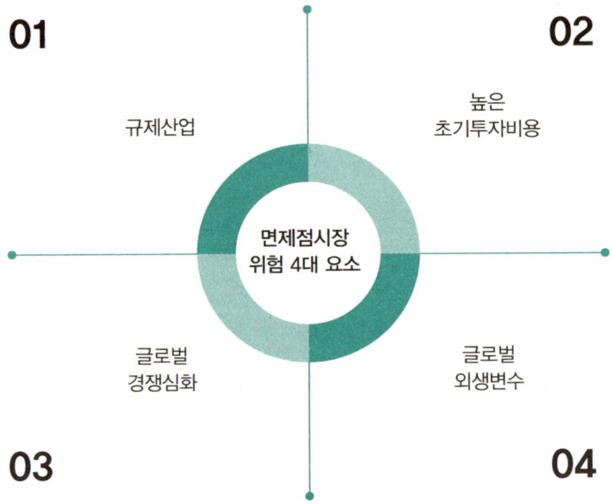

을 세우는 등의 방안 마련에 나섰다.

환율변동도 위험요인이다. 금융위기 이후 엔저현상으로 일본관광객의 발길이 줄었다. 이후 중국관광객이 이들의 빈자리를 메웠지만, 위안화 가치가 하락하면 같은 사례가 나타날 수 있다. 면세점업계에선 기업들에 수익성을 꼼꼼히 따져보라고 조언한다. 현재 면세점이 잘 된다고 무턱대고 시장에 진입했다가 경영상의 리스크를 얻을 수 있다.

2. 국내 면세점기업의 경쟁력 제고방안

국내의 면세점기업 경쟁력 제고를 위해서는 다음과 같은 방안들이 필요하다.

첫 번째는 지역별 관세법에 맞춘 가격현지화이다. 복잡한 국제 관세법과 관세요율로 인해 지역별 시장의 구조에 맞추는 것을 기본으로 해야 한다. 따라서 수입관세가 부과되지 않은 몇몇 지역에서는 그 지역의 일반소매점과 같이 상품판매가 이루어지며, 주류 · 담배 · 향수 등 몇몇 특정상품에만 관세가 적용되는 지역에서는 동상품들은 면세가격으로 판매되며, 기타 상품들은 관세가 포함된 일반소매가격으로 판매되고 있다. 또한 미국과 같이 모든 수입상품에 관세가 부과되는 지역에서는 모든 수입품은 면세가격으로 판매되며, 미국생산품은 비면세가격으로 일반소매가격정책에 따라 판매가 이루어진다.

두 번째는 네트워크망 구축을 통한 글로벌 브랜드 확립이다. 매장 네트워크와 해외연계망 공급선 구축 등이 세계시장에 진출하는데 있어서 중요한 기반을 제공한다. 면세점을 이용한 고객이라면 자국의 애프터서비스 센터를 이용해 여행 후 발생하는 문제들을 편리하게 해결할 수 있다. 필요로 하는 서비스를 여행국 어디에서나 누릴 수 있으며, 공유할 수 있는 시스템을 갖추게 되는 것으로, 고객의 편의를 위해 서비스를 제공해준다는 점에서 영업성과에 상당한 영향을 미치게 된다. 이러한 시스템에 의해서 세계시장의 글로벌 브랜드를 확립하여 글로벌 소비자를 만들어 나가야 할 것이다.

세 번째는 다양한 명품브랜드의 입점이다. 면세점은 훌륭한 브랜드 포트폴리오 내에 새로운 고객브랜드 확장을 이루어 나갈 수 있다. 각 지점에 입점된 다양한 브랜드들이 함께 성장할 수 있어야 한다.

네 번째는 글로벌 인재육성이다. 면세점 근무직원들에게 다양한 훈

그림 6_ 면세점 글로벌 경쟁력 5요소 제안

련을 통해 폭넓은 기회를 갖게 하고 발전할 수 있도록 지리적 · 수직적 · 수평적으로 열린 모든 가능성 속에 일할 수 있게 도와주고, 직원들의 재능의 발전과 성장을 사업 성공의 기본으로 여겨야 한다.

전세계에 걸친 다양한 환경과 다문화의 팀에서 일할 수 있게 하고, 다양한 활동을 통해 기회를 활용하고 발전하게 된다. 변화에 대처하는 포용력과 창조적인 사고방식을 갖게 한다. 직원들의 커리어를 계속해서 성장시켜 회사와 함께 성장해 나아가 글로벌 면세기업으로 성장할 수 있게 한다.

다섯 번째는 다양한 색깔의 쇼핑테마이다. 세계 우수한 명품브랜드 제품들의 다양한 쇼핑테마(뷰티월드, 부티크 갤러리, 패션월드 등)를 선보여야 한다. 이와 같은 전략적 제휴와 매장설립, 상품개발, 엄선한 제품라인, 타깃 마케팅 프로그램이 면세점 성공의 원동력이다. 완벽한 비즈니스모델은 세계를 선도하는 명품기업으로 입지를 더욱 견고히 한다.

마지막 성공요인은 고객을 최우선으로 하는 서비스이다. 여행객이 면세점에서 상품을 구매하면 구매된 상품은 공항면세점으로 배송되어 구매한 고객이 출발 직전 탑승지의 면세점에서 픽업할 수 있는 프리오더서비스를 진행한다.

이로 인해 고객들이 편리하게 그들의 여가시간을 이용하여 쇼핑할 기회를 제공함으로써 공항면세점보다 더욱 효과적인 판매를 올리는 효과를 낳았다. '고객만족'의 포지셔닝을 포기하지 않고 고객의 요구사항에 맞는 솔루션을 제공하는 편의서비스는 고객에게 접촉하게 되는 면세점만의 다양한 노력의 결과물로 고객들의 만족감을 더해줄 것이다.

Ⅴ. 종합

세계 면세시장에서 시장규모 1위를 차지한 한국에 대한 경쟁은 치열해지고 있지만 우리 정부의 관세법 개정으로 글로벌기업들과 어깨를 나란히 하는 국내 대형면세점들의 국내 시장 확장은 어렵게 됐다. 정부가 2012년 면세업 상생과 독과점을 막기 위해 내놓은 관세법 일부 개정에 따라 국내 면세시장 1, 2위를 다투는 롯데면세점과 신라면세점은 해외에 치중하는 분위기다.

앞서 살펴본 국내외 면세점의 현황과 실태분석을 통해 면세점의 위험요인 4가지를 정리하면 다음과 같다.

첫째, 우리나라의 면세점은 대표적인 규제산업이다. 면세점을 운영하기 위해서는 자본금 10억 원 이상을 요건으로, 관세청의 특허를 득한 사업자만이 운영할 수 있다.

둘째, 초기 진출하는 기업들에게는 비용부담이 크기 때문에 인지도를 높이기 위해 더욱 공격적으로 면세점 입찰에 응할 수밖에 없다.

셋째, 면세점규모는 커졌지만 규제에 묶여 더 이상 확장이 어렵다. 때문에 중소 · 중견기업은 시장진입에 애를 먹고 있다. 면세점의 특성상 브랜드 인지도와 거래업체와의 가격협상력이 중요하다.

넷째, 중국인관광객에 대한 의존도가 매우 높다. 중국정부는 자국민의 해외소비를 국내로 돌리기 위해 자국에 대형면세점을 세우는 등의 방안 마련에 나섰다.

이러한 면세점시장의 4대 위험요소를 극복하기 위해서는 다음과 같은 글로벌 경쟁력 5가지를 갖추어야 한다.

첫째, 지역별 관세법에 맞춘 가격현지화이다. 복잡한 국제 관세법과 관세요율로 인해 지역별 시장의 구조에 맞는 경쟁력을 키워야 한다.

둘째, 네트워크망 구축을 통한 글로벌 브랜드 확립이다. 매장 네트워크와 해외연계망 공급선 구축 등을 통해 글로벌 시장진출에 있어 중요한 기반을 갖추어야 한다.

셋째, 다양한 명품브랜드의 입점이다. 면세점은 훌륭한 브랜드 포트폴리오 내에 새로운 고객브랜드 확장을 이루어 나갈 수 있다. 각 지점에 입점된 다양한 브랜드들이 함께 성장할 수 있어야 한다.

넷째, 글로벌 인재육성이다. 직원들의 재능의 발전과 성장이 사업의 성공의 기본으로 여겨야 할 것이다.

다섯째, 다양한 색깔의 쇼핑테마이다. 이를 통한 전략적 제휴와 매장 설립, 상품개발 등은 명품기업으로서의 입지를 더욱 견고히 지켜줄 것이다.

마지막으로 성공요인은 고객에게 최우선 하는 서비스이다. 예를 들어 구매한 상품의 공항면세점 배송서비스는 고객들로 하여금 여가시간을 활용할 수 있도록 해줄 것이다.

빠른 경제성장이 진행 중인 중국관광객의 증가와 한류의 확산에 따른 해외관광객의 증가는 우리나라 면세점산업의 지속적인 성장을 가져올 것이다.

현 시점에서의 바람직한 면세점산업의 육성은 치열한 경쟁을 통한 내수시장에서의 시장점유율 확대에서 벗어나야 할 것이다. 그리고 2020년 외국인관광객 2,000만 명 달성과 모바일, 온라인시장의 확대 등으로 인한 대외시장의 변화에 발맞추어 해외쇼핑객의 신규 수요를 창출할 수 있는 수출산업으로서의 기반을 마련해야 할 것이다.

CHAPTER 03 면세점기업의 e-비즈니스 마케팅 서비스품질이 브랜드 이미지와 고객만족에 미치는 영향

Ⅰ. 개요

최근 국제비즈니스의 형태 중 관광의 접목을 통해 자국의 무역수지 개선에 긍정적 영향을 주는 비즈니스가 활발히 이루어지고 있다. 우리나라 역시 관광객 유치를 적극 장려하고 있으며, 관광객을 통한 비즈니스 지원 및 관심이 병행되고 있다.

한국관광공사의 외래관광객 실태조사(2011)에 따르면 방한기간 중 쇼핑과 관광에 대한 일정이 각각 69.9%, 50.0%인 것으로 나타났다. 특히 쇼핑활동에 대한 시간 투자가 가장 높게 나타났으며, 이는 방한관광객들에게 쇼핑활동의 가치가 매우 높은 것을 알 수 있다.

한편 관광객들에게서 공항이나 길에서 자주 눈에 띄는 모습 중 스마트폰이나 태블릿 PC를 활용하여 웹서핑을 즐기는 것을 볼 수 있다.

이와 같은 풍조는 쇼핑형태의 변화를 가져오고 있으며, 면세점을 통해서도 확인할 수 있다. 바쁜 관광일정 속에서 면세품을 오프라인에서 직접구매하던 것에서 e-비즈니스 환경 속에서 미리 면세품을 구매하고 출국 전 면세점에서 찾아가는 구매형태가 늘어나고 있다.

실제로 통계청(2016년 11월)에 따르면 2015년 소매판매 중 e-비즈니스를 통한 거래 비중은 약 15%(54조 원)이며, 2016년 e-비즈니스를 통한 쇼핑거래규모는 이보다 22% 성장한 66조 원에 이를 것으로 전망하고 있다. 인터넷이 보급된 지 15년이 흐르는 동안 e-비즈니스를 통한 쇼핑거래는 약 20배 급증하였다. 이러한 추세라면 2018년 국내 e-비즈니스 쇼핑거래는 100조 원에 도전해 볼 수 있다.

그리고 기존의 유통채널인 대형할인점, 백화점의 저성장 속에서 새로운 소비 트렌드로 떠오른 면세점 소비가 신규 유통채널로 이전되는 효과가 더 커질 것으로 전망된다. 올해 국내 면세점의 가파른 회복은 소매판매의 회복을 이끌었으며, 이 배경 속에는 적극적 소비기반의 백화점, 할인점보다는 보수적이고 합리적인 소비기반의 온라인면세점에 소비 트렌드가 집중되었기 때문이다.

향후 e-비즈니스 서비스가 접목된 온라인면세점을 통한 소비 트렌드로의 유통채널 이전효과는 더욱 커질 것으로 짐작되며, 이에 본장에서는 면세점기업의 e-비즈니스 마케팅 서비스품질이 면세점기업의 브랜드 이미지와 고객만족에 미치는 영향을 밝혀내고, 구매의도와의 관계분석을 통해 향후 면세점기업의 국제경쟁력 강화방안을 제시하고자 한다.

Ⅱ. 문헌연구

1. 오프라인면세점의 정의

1) 오프라인면세점의 유통

면세점은 수입된 해외브랜드상품을 관세 및 유통과정의 세금을 부과하지 않고 정해진 공간에서 소비를 목적으로 판매가 운용되는 곳이라고 정의할 수 있다.

면세점의 정해진 공간은 주로 공항, 항만, 도심으로 구성되어 있으며 입출국을 하는 내외국인 등을 대상으로 일반소비재와 동일한 제품을 저가의 형태로 공급된 상품을 제공하게 된다. 면세점의 소비활동은 외화의 획득을 높여주고 유출을 감소하는 기능이 있어 정책적으로 보호되고 국가의 제도적인 지원을 받아 육성시켜야 하는 산업이다.

면세점의 면세형태는 형태에 따라 관광기념품 및 기지촌과 같이 부가가치세를 면세해주는 형태와 보세판매장과 같이 관세를 면세해주는 형태, 외국인전용 판매 및 소비가 가능한 특별소비세 면세구역으로 구분된다.

표 1_ Duty free shop according to tax exemption type

구분	면세형태
관광기념품판매장	부가가치 면세
기지촌면세점	
보세판매장	관세 면세
외국인전용 판매장	특별소비세 면세

2) 오프라인면세점의 기능

면세점의 기능은 다음과 같이 요약할 수 있다.

첫째, 점포의 확장을 금지하고 그 수를 제한하고 있으며, 외국인이 이용하는 공간적 제약이 있다. 그리고 관세법상 특허가 가능한 장소와 지역이어야 한다.

둘째, 외국인을 대상으로 소비재를 판매하여 외화 획득을 통한 무역수지에 기여할 수 있다.

셋째, 국제비스니스의 형태 중 관광 및 수출산업과 긴밀한 관계가 필요한 분야이다.

넷째, 앞서 언급한 기능으로 인해 면세상품의 반입 · 보관 · 반출 등의 취급이 매우 엄격하게 다루어지고 있으며, 때문에 반드시 면세를 이용하는 내외국인은 여권과 항공의 제시가 필수조건이다.

2. 온라인면세점의 정의 및 특성

1) 온라인면세점의 유통

온라인면세점은 인터넷기반의 가상공간에서 면세의 소비거래가 e-비즈니스의 형태로 이루어지는 것을 말한다. 면세점기업이 e-비즈니스의 마케팅 일환으로 구축한 웹페이지 및 모바일 애플리케이션을 통해 면세점의 소비형태를 옮겨놓은 것으로서 면세물품의 쇼핑, 주문, 결제의 과정이 이루어지고 이용자가 지정한 날짜에 구매물품을 수령하게 된다.

김성현(2001)은 온라인면세점을 인터넷을 통해 면세품을 구매하는 서비스를 제공하는 전자상거래형태의 쇼핑몰이라고 정의하였다.

황재희(2013)는 온라인면세점을 국가와 국가 간 이동을 하는 내국인 또는 외국인이 출국을 하기 한 달 전부터 출국시각 기준으로 5시간 동안 이용한 수 있는 인터넷 공간이라고 정의하였다.

2) 온라인면세점의 기능

온라인면세점이 오프라인면세점과 가장 큰 차이를 보이는 기능은 시간이나 공간에 따른 제약 없이 원하는 시간과 장소에서 원하는 면세상품을 구매할 수 있다는 점이다.

두 번째 기능으로는 다양한 온라인 프로모션 이벤트를 접목시켜 타깃 마케팅을 할 수 있으며, 누구나가 쉽게 접근하여 소비를 할 수 있다는 점이다. 다양한 이벤트를 통한 추가할인 등을 통해 구매자들에게 경제적 혜택을 주며, 적립금 등의 혜택을 통해 재방문 고객을 늘리는 마케팅까지 실시되고 있다.

3. e-비즈니스 마케팅 서비스품질의 정의 및 특성

1) e-비즈니스 마케팅 서비스품질의 개념

서비스 마케팅에서 자주 논의되고 있는 마케팅 서비스품질에 대한 정의는 연구자들의 관점에 따라 매우 다르게 해석되고 있으며, 특히 시대적 외부환경에 따라 조금씩 변화되고 있기 때문에 명확한 정의를 내리기는 어렵다. 오양우(2010)는 마케팅서비스의 개념은 주관적 요소이자 추상적 개념으로 이루어져 있기 때문에 정의는 어려울 것이라고 하였다. Parasuraman et al.(2005)은 e-비즈니스 형태에서 효율적 쇼핑을 통한 구매와 배송을 촉진하는 정도라고 정의하였다.

2) e-비즈니스 마케팅 서비스품질의 특성

오양우(2010)는 온라인 웹사이트의 환경에 적합한 서비스품질의 특징을 SERVQUAL과의 비교를 통해 다음과 같이 정리하였다.

첫째, WebQual은 선행연구의 이론에 따라 도구개발을 하고 있으며, 선행연구에 의해 모든 문항이 이론적인 기반을 갖추고 있다고 하였다.

둘째, WebQual은 다양한 분야의 균형 잡힌 연구를 위해 정보시스템, 마케팅, 상호작용 등의 관점을 가지고 개발되었다.

넷째, WebQual은 기존 경영운영기법, SERVQUAL, 품질기능전개 등 측정도구의 장점을 반영하였다.

다섯째, WebQual은 온라인 웹사이트의 가장 일반적 활용도구로써 다양한 분야의 웹사이트 평가에 신뢰성이 검증되었다.

Wolfinbarger & Gily(2002)는 온라인을 통한 서비스품질 규명을 위해 웹사이트의 다자인과 안전성, 신뢰성, 고객서비스의 4가지 범주의 구성과 총 14개의 문항으로 .comQ라는 측정도구를 제시하여 온라인 상에서의 서비스 품질방안을 제시하였다.

4. 브랜드 이미지의 정의 및 특성

1) 브랜드 이미지의 개념

Mooman et al.(1993)은 브랜드 이미지를 구매자가 원하는 욕구를 제공받을 수 있는 믿음으로 연결되며 상대에게 거래의존을 하려는 의지로 정의하였다.

Hosmer(1995)는 브랜드 이미지를 상품제공자에게 의존적이거나 피해를 받을 가능성이 있는 상황에서 행동의사결정을 할 경우 낙관적 행동으로 연결되는 기대라고 정의하였다.

2) 브랜드 이미지의 특성

Mayer et al.(1995)은 브랜드 이미지를 통해 상품 제공자와 상품 수요자 간의 행동결과를 구분하여 모델을 연구하였다. 이 연구에서 브랜드 이미지의 긍정적 요인으로 성실성, 호의, 능력을 제시하였다.

Whitener et al.(1998)은 행동의 성실성 · 일치성, 통제의 공유 · 위임, 관심표명, 의사소통을 신뢰의 지각 선행요인으로 제시하였다.

5. 고객만족의 정의 및 특성

1) 고객만족의 개념

만족이란 행위에 대한 결과로 욕구가 채워진 경우를 의미하거나 특정서비스에 대한 결과로 느껴지는 긍정적 상태를 의미한다. 장형유 · 정기한(2005)은 선행연구에서 만족과정의 관점과 결과의 관점에 따라 그 유형이 달라질 수 있다고 하였다.

Tseand Wilton(1988)은 고객만족은 제공된 제품이나 서비스가 원활히 수행되었는지 또는 목적에 적합한지에 대한 구매자의 의식적 판단이라고 정의하였다.

2) 고객만족의 특성

Oliver(1980, 1981)는 고객만족이 이루어질 경우 재구매가 이루어지며, 고객의 충성도 또한 높아진다고 하였다. Mackenzie and Olshavsky(1996)는 제품이나 서비스의 경험을 바탕으로 평가결과가 유발되는 정서적 반응을 연구하여 고객만족의 특성을 정의하였다.

6. 구매의도의 정의 및 특성

소비자들은 서비스나 제품구매에 대한 평가를 하며, 이를 통해 추가적인 행동으로 옮기게 된다. 소비 이후 만족이나 불만족과 같은 반응을 나타내며, 이는 곧 또 다른 경제적 활동인 재구매나 사회적 활동인 구전효과와 같은 행동으로 나타난다.

Wiliam Boulding(1993)은 이러한 소비자의 행동을 예측하기 위한 요인으로 소비자의 미래 특정행동에 대한 사전적 의지와 신념을 구매의도로 정의하였으며, Lance A. Betencourt(1997)는 서비스에 대한 고객의 자발적인 추가행위를 구매의도로 정의하였다.

Ⅲ. 가설검증 및 연구조사

연구의 가설을 위해 인터넷면세점의 e-서비스마케팅을 독립변수로 하고, 브랜드 이미지와 고객만족에 미치는 영향을 구조적 관계로 설정하고 이를 구조방정식모형을 사용하여 분석하여 모형을 정립하고자 연구의 가설을 설정하였다.

1. 연구모형

본 연구는 Wolfinbarger & Gilly(2002), 오양은(2010)의 연구를 바탕으로 온라인면세점의 e-비즈니스 서비스 마케팅의 품질을 유용성, 편리성, 편의성, 실행성, 보안성으로 구분하였다.

온라인인터넷면세점의 e-비즈니스 서비스 마케팅이 면세점기업의 브랜드 이미지와 고객만족에 긍정적 영향을 줄 것으로 보았으며, 브랜드 이미지와 고객만족의 구매의도에 긍정적 영향일 주는 요인으로 고려하였다. 따라서 [그림 1]과 같은 온라인 면세점기업의 e-비즈니스 서비스 마케팅과 브랜드 이미지 및 고객만족에 대한 연구모형을 설정하였다.

그림 1_ A Study on e-Business Service Marketing, Brand Image and Customer Satisfaction of Online Duty Free Companies

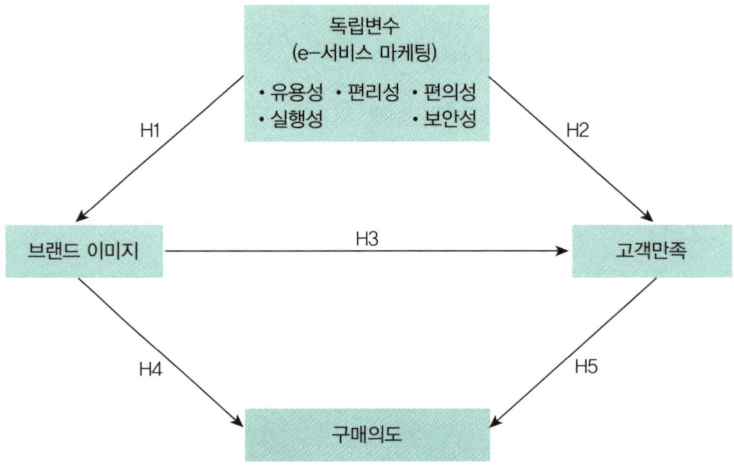

2. 가설제시 및 설문

본 연구는 앞서 제시한 연구모형을 바탕으로 다음과 같이 5가지의 연구가설을 제시하고 온라인면세점 이용고객을 대상으로 설문조사를 실시하고자 한다.

1) e-비즈니스 서비스 마케팅과 브랜드 이미지

본 연구에서는 온라인면세점의 e-비즈니스 환경 변화를 기반으로 하여 유용성, 편리성, 편의성, 실행성, 보안성의 5가지의 요인으로 구성하였다.

2) e-비즈니스 서비스 마케팅과 고객만족

김본수(2010)는 온라인 e-비즈니스 마케팅 서비스품질이 효율성, 개인정보, 주문에 대한 이행성이 고객만족에 정(+)의 영향을 주고 있음을 증명하였다.

3) 브랜드 이미지와 고객만족

감화준(2010)은 온라인 쇼핑몰의 브랜드 이미지가 고객만족에 긍정적인 영향을 나타내고 있음을 검증하였다.

4) 브랜드 이미지와 구매의도

박상철 · 이원준 · 김종욱(2004)은 제품이나 제공된 서비스의 경험을 바탕으로 브랜드 이미지로 총체적인 평가를 이루고 이후에 이루어지는 행동결과는 재구매로 이루어질 수 있는 요소로 보았다. 연구에서 인터넷 쇼핑몰에 대한 브랜드 이미지는 고객만족 및 구매의도에 정(+)의 관계가 있음을 밝혀냈다.

5) 고객만족과 구매의도

Garbarino(2000)는 제공된 서비스품질에 의해 고객만족과 구매의도 간에 인과관계가 있음을 밝혀냈다.

앞선 연구모형과 변수의 정의를 통해 다음과 같이 연구가설을 설정하고 이를 검증하고자 한다.

- H1: 면세점기업의 e-비즈니스 서비스 마케팅은 브랜드 이미지에 정(+)의 영향을 미칠 것이다.
- H2: 면세점기업의 e-비즈니스 서비스 마케팅은 고객만족에 정(+)의 영향을 미칠 것이다.
- H3: 브랜드 이미지는 고객만족에 정(+)의 영향을 미칠 것이다.
- H4: 브랜드 이미지는 구매의도에 정(+)의 영향을 미칠 것이다.
- H5: 고객만족은 구매의도에 정(+)의 영향을 미칠 것이다.

Ⅳ. 연구방법

1. 표본추출

본 연구는 2016년 6월 1일부터 6월 20일까지 약 20일간 온라인면세점의 e-비즈니스 마케팅 이용경험이 있는 모집단을 선정하고 표본을 추출하였다.

표본의 추출절차는 총 300부의 설문지를 배부하여 250명을 표집하였다. 불성실한 자료에 대한 극단치 17부를 제외하고 최종분석을 위해 활용된 사례는 233명이다.

표 2_ e-business service marketing metrics

<table>
<tr><th colspan="2">Variable</th><th>Metrics</th><th>Literature review</th></tr>
<tr><td rowspan="4">유용성</td><td>접근성</td><td>원하는 정보를 찾을 쉽게 수 있다.</td><td rowspan="15">Wolfinbarger & Gilly(2002), 오양우(2010)</td></tr>
<tr><td>이동성</td><td>사이트의 페이지 간 이동이 편리하다.</td></tr>
<tr><td>간편성</td><td>사이트의 구성이 간편하다.</td></tr>
<tr><td>신속성</td><td>정보의 접근이 신속하다.</td></tr>
<tr><td rowspan="2">편리성</td><td>구매성</td><td>결제가 편리하다.</td></tr>
<tr><td>정보성</td><td>정보의 구성이 편리하다.</td></tr>
<tr><td rowspan="2">편의성</td><td>검색 연결성</td><td>사이트 이용 중 버퍼링이 없다.</td></tr>
<tr><td>구매 연결성</td><td>사이트의 이용 중 오류가 없다.</td></tr>
<tr><td rowspan="4">실행성</td><td>신속한 배송</td><td>출국 날짜에 물건 수령이 가능하다.</td></tr>
<tr><td>정확한 배송</td><td>면세점에서 물건수령이 정확하다.</td></tr>
<tr><td>주문변경/취소</td><td>구매물건에 대한 변경/취소가 용이하다.</td></tr>
<tr><td>구매확정</td><td>구매 후 사후관리가 철저하다.</td></tr>
<tr><td rowspan="2">보안성</td><td>정보공유</td><td>개인정보를 제3자에게 제공하지 않는다.</td></tr>
<tr><td>정보보호</td><td>개인정보 및 결제정보가 보안된다.</td></tr>
</table>

표 3_ Metrics of other variables

Variable		Metrics	Literature review
브랜드 이미지	신뢰성	면세점 브랜드 이미지로 물품을 신뢰할 수 있다.	Hosmer(1995)
	안정성	면세점 브랜드 이미지로 거래를 믿을 수 있다.	
	연결성	면세점 브랜드 이미지로 물품을 구매하고 싶다.	
고객만족	구매만족	온라인면세점 구매를 만족한다.	Mackenzie and Olshavsky(1996)
	구매확정	온라인면세점 구매결정이 현명하게 생각된다.	
구매의도	추천	다른 사람에게 이용 면세점을 적극 추천한다.	Zeithaml et al.(1996) 최유진(2011)
	재구매	이용한 온라인면세점을 다시 이용할 것이다.	

2. 분석방법

본 연구는 가설 및 연구모형 검증을 위한 분석도구로 AMOS 18.0와 SPSS 19.0 for Windows을 이용하며 빈도분석, 요인분석, 신뢰도검정, 상관분석, 구조방정식 등을 활용하였다.

첫째, 본 연구의 설문대상인 표본에 대한 인구통계학적 특성을 살펴보기 위해 빈도분석을 실시하였다.

둘째, Cronbach'α값을 이용하여 신뢰성검정 및 탐색적 요인을 분석하고, 확인적 요인분석(CFA)을 실시하여 측정변수의 타당성을 검증하

표 4_ General characteristics of survey subjects

Division		Sample(N)	Percentage(%)
성별	남성	103	44.2
	여성	130	55.8
연령	20대	55	23.6
	30대	83	35.6
	40대	65	27.9
	50대 이상	30	12.9
학력	고졸	26	11.2
	전문대졸	72	30.9
	4년대졸	95	40.8
	대학원 이상	40	17.2
결혼 유무	미혼	118	50.6
	기혼	115	49.4
직업	자영업	22	9.4
	판매 · 서비스	37	15.9
	사무 · 기술직	43	18.5
	경영 · 관리	35	15.0
	전문 · 자유직	45	19.3
	가정주부	25	10.7
	학생	23	9.9
호텔 이용횟수	연간 1~3회	147	63.1
	연간 4~6회	56	24.0
	연간 7회 이상	30	12.9
월수입	100만 원 미만	17	7.3
	101~200만 원	25	10.7
	201~300만 원	65	27.9
	301~400만 원	71	30.5
	401~500만 원	35	15.0
	501만 원 이상	20	8.6
전체		233	100

고 변수 간 관련성을 측정하기 위해 상관분석을 실시하였다.

셋째, 측정모형과 이론모형의 인과관계 파악을 위해 구조방정식(SEM)을 이용하였다.

Ⅴ. 실증분석

1. 타당성검증

〈표 5〉는 온라인면세점 e-비즈니스 서비스 마케팅 측정항목인 유용성, 편리성, 실행성, 보안성에 대한 타당성 검증결과이다. KMO(Kaiser-Meyer-Oklin) 측도는 변수 간 상관관계가 기타 변수에 설명력을 나타내며 0.50 이상이면 바람직하다고 판단한다. 본 연구의 KMO값은 0.619이며 요인분석을 위한 변수선정이 바람직한 것으로 나타났다. 요인분석의 적합성을 판단하는 Bartlett의 구형성검정치는 1107.384이며, 유의확률은 .000으로 귀무가설이 기각되었다. 따라서 요인분석의 사용은 적합함을 알 수 있다.

표 5_ Online duty-free e-business service marketing validity analysis result

Factor	Variables	Factor loadings	Eigenvalue	Cumulative proportion(%)
실행성	신속한 배송	0.826	2.438	17.707
	주문변경/취소	0.757		
	정확한 배송	0.712		
	구매확정	0.708		
유용성	이동성	0.814	2.1652.165	33.924
	접근성	0.803		
	신속성	0.615		
	간편성	0.507		
편의성	구매연결성	0.079	1.817	46.857
	검색연결성	0.057		
보안성	정보보호	0.115	1.679	58.043
	정보공유	0.169		
편리성	정보성	0.079	1.553	69.152
	구매성	0.165		
KMO(Kaiser-Meyer-Oklin)			0.619	
Bartlett 구형성검정치			1107.384	
유의확률			0.000	

주: *** $p < .001$

유의확률(양쪽)<0.05이면 상관관계가 있으며, 본 연구의 상관계수는 +0.1이며, 약한 양적 선형관계인 +0.1과 +0.3 사이이므로 양적 선형관계에 있다고 볼 수 있다.

표 6_ Pearson correlation analysis

Independent variable		1	2	3	4	5
1. 실행성	상관계수 유의확률	1				
2. 유용성	상관계수 유의확률	.191*** .004***	1			
3. 편의성	상관계수 유의확률	.197*** .003***	.174*** .005***	1		
4. 보안성	상관계수 유의확률	.301*** .000***	.180*** .007***	.302*** .000***	1	
5. 실행성	상관계수 유의확률	.317*** .000	.397*** .000	.259*** .000	.261*** .000	

주: *P <0.05, ***P <0.001

2. 연구가설검증결과

구조방정식을 통한 가설검증결과 구성개념 간 연구가설의 검증결과는 〈표 7〉과 같으며, 가설검증결과 경로분석은 [그림 2]와 같다.

- H1: 면세점기업의 e-비즈니스 서비스 마케팅은 브랜드 이미지에 정(+)의 영향을 미칠 것이다. 이에 대한 분석결과 면세점기업의 e-비즈니스 서비스 마케팅이 브랜드 이미지에 미치는 영향은 estimate = 1.096, C.R. = 5.21***로 유의한 결과값을 가지며 H1은 채택되었다.

  즉, 면세점기업은 온라인상에서의 다양한 e-비즈니스 서비스 마케팅활동을 통해 면세점기업의 브랜드 이미지를 구축하여 구매의

그림 2_ Hypothesis Verification Result Path Analysis

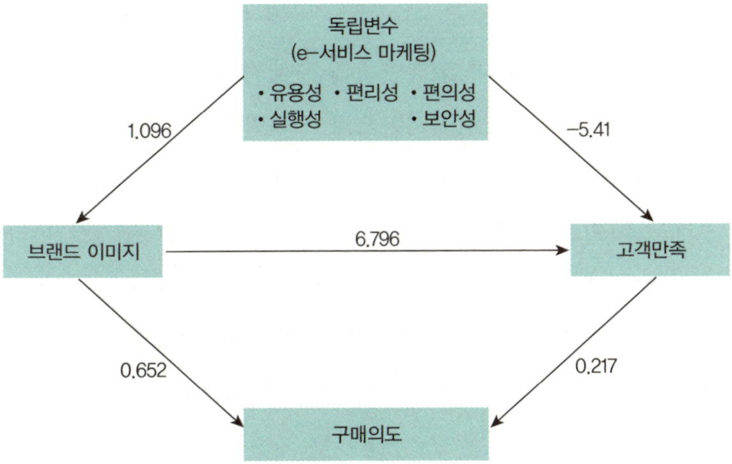

도의 연결성을 높여야 함을 확인할 수 있었다.

- H2: 면세점기업의 e-비즈니스 서비스 마케팅은 고객만족에 정(+)의 영향을 미칠 것이다. 이에 대한 분석결과 면세점기업의 e-비즈니스 서비스 마케팅이 고객만족에 미치는 영향은 estimate=−5.41, C.R.=−0.313으로 유의하지 않은 것으로 나타났다. 이는 e-비즈니스 마케팅이 고객만족에 영향을 주지 않음을 의미하는 것이 아니라 서비스 마케팅만으로는 고객만족의 평가가 형성되지 않는 것이라 평가할 수 있다.
- H3: 브랜드 이미지는 고객만족에 정(+)의 영향을 미칠 것이다. 이에 대한 분석결과 브랜드 이미지가 고객만족에 미치는 영향은 estimate=6.796, C.R.=0.321로 유의하지 않는 것으로 나타났다.

즉, 면세점기업이 브랜드 이미지 구축활동에만 집중할 경우에 이는 반드시 고객만족으로 이어지는 것이 아님을 확인할 수 있었다. 또한 브랜드 이미지와 고객만족의 관계가 중요치 않음을 의미하는 것이 아니라 브랜드 이미지만으로 고객만족의 평가가 형성되지 않는 것이라 평가할 수 있다. 즉, 온라인면세점의 서비스품질을 통한 브랜드 이미지를 긍정적으로 형성하고 이를 통한 평가로 온라인면세점의 구매의도를 구축해 나아가야 할 것이다.

- H4: 브랜드이미지는 구매의도에 정(+)의 영향을 미칠 것이다. 이에 대한 분석결과 브랜드 이미지가 구매의도에 미치는 영향은 estimate=0.652, C.R. =4.152***로 채택되었다.

  즉, 온라인면세점의 브랜드 이미지는 경제적 행동인 구매의도나 사회적 행동인 구전활동으로 연결됨을 알 수 있다.

- H5: 고객만족은 구매의도에 정(+)의 영향을 미칠 것이다. 이에 대한 분석결과 고객만족이 구매의도에 미치는 영향은 estimate=0.217, C.R. =1.572로 유의하지 않은 것으로 나타났다.

  이는 고객만족이 구매의도에 영향을 주지 않음을 의미하는 것이 아니라 고객만족만으로는 구매의도의 평가가 형성되지 않는 것이라 평가할 수 있다. 가설의 검정결과는 다음 〈표 7〉과 같다.

표 7_ Hypothesis test result

구분	path coefficient	Non-standardized path coefficient	Standard error	C.R.	Verification Result
H1	1.096	0.952	0.213	5.21***	채택
H2	−5.41	−8.97	22.41	−0.313	기각
H3	6.796	10.21	19.21	0.321	기각
H4	0.652	0.571	0.16	4.152***	채택
H5	0.217	0.153	0.213	1.572	기각

Ⅵ. 종합

본장에서는 면세점기업의 e-비즈니스 마케팅 서비스품질이 브랜드 이미지와 고객만족에 미치는 영향과 더불어 구매의도에 어떠한 영향을 주는지 경로분석을 진행하고 각 요인관계분석을 진행하였다. 그리고 이를 통해 면세점의 e-비즈니스 마케팅 서비스품질 개선 및 신규 전략 수립 시 적용 가능한 시사점을 도출하고자 하였다.

본장의 가설 및 분석결과는 다음과 같다.

첫째, 면세점기업의 e-비즈니스 서비스 마케팅은 브랜드 이미지에 정(+)의 영향을 주는 것으로 나타났다.

둘째, 면세점기업의 e-비즈니스 서비스 마케팅은 고객만족에 정(+)의 영향을 미치지 않는 것으로 나타났다.

셋째, 브랜드 이미지는 고객만족에 정(+)의 영향을 미치지 않는 것으로 나타났다.

넷째, 브랜드 이미지는 구매의도에 정(+)의 영향을 미치는 것으로 나타났다.

마지막으로 고객만족은 구매의도에 정(+)의 영향을 미치지 않는 것으로 나타났다.

채택된 가설인 e-비즈니스 서비스품질은 브랜드 이미지에 정(+)의 영향을 미치고 브랜드 이미지와 고객만족 중 브랜드 이미지가 구매의도에 더 큰 영향을 주고 있음을 알 수 있다.

본장에서는 온라인면세점의 e-비즈니스 서비스 마케팅품질이 브랜드이미지에 긍정적 영향을 주며, 브랜드 이미지가 구매의도로 연결됨을 통계를 통해 검증하였다. 이는 온라인면세점의 경제적 행동인 재구매활동과 사회적 행동인 구전마케팅을 활발히 진행하기 위해서는 e-비즈니스 서비스품질을 높여 마케팅을 실시해야 함을 알 수 있다.

반면, 브랜드 이미지와 고객만족의 관계와 고객만족에 따른 구매의도는 유의하지 않은 것으로 나타났다. 이는 브랜드 이미지와 고객만족의 관계가 중요치 않음을 의미하는 것이 아니라 브랜드 이미지만으로 고객만족의 평가가 형성되지 않는 것이라 평가할 수 있다.

즉, 온라인면세점의 서비스품질을 통한 브랜드 이미지를 긍정적으로 형성하고 이를 통한 평가로 온라인면세점의 구매의도를 구축해 나아가야 할 것이다.

결국, 고객유치와 재방문을 통한 충성고객을 형성하기 위해서는 온라인에서 제공되는 서비스품질 개선의 지속적인 관리 및 개발을 통해 면세점의 브랜드 이미지 구축이 긍정적으로 형성될 수 있도록 노력해야 할 것이다.

CHAPTER 04

IoT기반 스마트면세점 서비스품질이 고객만족과 Lock-in효과에 미치는 영향

Ⅰ. 개요

최근 들어 스마트폰 도입이 활성화되면서 현대인들은 인터넷을 통해 물품을 구매하는 횟수가 늘어나고, 가격에 민감한 여행객들의 저가항공사 이용이 증가하고 있다.

저가 항공편 출발시간이 야간 및 새벽시간으로 면세점 쇼핑 이용이 제한적이었고, 그 결과 공항면세점을 대신해 온라인면세점을 찾는 고객이 늘어나고 있다. 실제로 온라인면세점의 강점은 면세가격보다 더 저렴하게 구매할 수 있다는 점이다. 오프라인면세점과는 달리 할인쿠폰을 무제한 사용할 수 있으며 적립금을 이용하면 할인쿠폰 적용이 불가한 브랜드제품에도 이용할 수 있다.

온라인면세점의 수요가 늘어나면서 이용객의 성향을 파악하여 계획구매 및 추가 구매를 유도할 수 있는 온라인면세점 서비스품질의 개선활동이 요구되고 있다.

국내 면세점기업은 온라인면세점 서비스품질의 개선활동을 위해 제4차 산업혁명에 눈을 뜨고 있다. 내수중심의 산업으로 분류됐던 유통업도 이제 글로벌 경쟁산업으로 인식되고 있는 만큼 '4차 산업혁명'은 선택이 아닌 필수가 됐다. 제4차 산업혁명에 선제적으로 대응한 글로벌 유통기업들은 이미 최첨단 기법들을 활용한 플랫폼으로 국가별 진입장벽을 가볍게 넘나들며 전세계 소비자들을 흡수하고 있다.

국내 면세점기업이 아직 초보적인 단계에 머물고 있는 인공지능, 빅데이터 활용기술을 한층 끌어올려 시대 흐름에 맞는 '변신'을 꾀한다는 방침이다. 세계 최대 전자상거래기업 아마존은 전세계 이용자들의 소비성향 등 빅데이터를 선점하여 빠르게 재편되고 있는 맞춤형 소비시장 공략을 차근차근 준비하고 있다. 반면, 국내 유통기업들은 '4차 산업혁명'에 대한 중요성만 인지했을 뿐 기술 접목엔 아직 소극적인 수준에서 벗어나지 못했다. 현재 유통산업은 상당히 많은 대내외적 환경변화에 직면해 있다.

온 · 오프라인 유통채널의 경계는 이미 허물어졌고, 그만큼 4차 산업혁명은 성큼 다가오고 있다. 또 저출산, 고령화 추세의 인구구조 변화도 가속화되고 있다. 이럴 때일수록 소비자 수요변화에 맞춘 유통시스템 구축이 중요하다.

대부분 선행연구에서는 인터넷면세점에 대한 전통적인 서비스품질 및 온라인사이트의 기능을 중심으로 실증적인 분석이 진행되었으며, 제4차 산업혁명의 기술을 반영한 온라인면세점 서비스품질에 대한 연구는 매우 미흡한 수준에 그치고 있다.

IoT기반의 온라인면세점 서비스품질이 고객신뢰와 고객만족의 개선에 영향을 미치는지, 이를 통한 고객의 Lock-in효과가 이루어지는지에 대해 파악할 수 있다면, 면세점기업의 수입창출 및 수익전환활동에 크게 이바지할 것이라 본다.

본 연구의 진행을 위해 최근 2년 이내 면세점 경험이 있는 고객을 대상으로 설문지를 작성, 배포하여 극단치를 제외한 총 280부를 실증분석에 활용하였다. 분석은 SPSS 18.0 및 AMOS 24.0을 사용하여 1단계로 확인적 요인분석을 실시하였으며, 2단계로 구조방정식 모형분석을 실시하였다.

Ⅱ. 이론적 배경 및 가설

1. 온라인면세점 서비스품질 및 개념

1) 온라인서비스품질

Garvin(1984)은 서비스품질을 소비자에 의해 주관적으로 인식되는 품질이라 하고 이를 인식된 서비스품질(perceived service quality)이라고 정의하였다. Smith & Houston(1983)은 서비스에 대한 소비자의 만족 여부는 소비자의 기대 정도에 달려 있으며, 또한 만족은 제공된 서비스를 지각하는 정도에 따라 좌우된다고 주장했다.

Parasuraman, Zeithaml & Berry(1988)에 의하면 “서비스품질이란

서비스에 대한 소비자의 기대와 지각 사이의 불일치 정도와 그 방향이며 서비스의 우수한 탁월성이라는 성과에 관련한 전반적인 판단 혹은 태도로서 소비자의 지각과 기대 사이의 방향과 정도이다."라고 정의되었다.

또한 "인지된 서비스가 고객의 기대와 얼마나 일치하는가의 척도"라고 정의하였으며 고객의 기대에 일관성 있게 서비스를 제공하는 것을 서비스의 의미로 여겼다.

온라인서비스품질을 연구한 대부분의 연구들이 개념적 방법이나 추상적 방법에서 그 한계를 지니고 있으며 이와 관련한 연구도 부족한 실정이다. 그러나 이러한 연구 모두는 그 한계에도 불구하고 온라인서비스품질연구의 풍부성과 다양한 접근방법 제공이라는 점에서 그 의의가 있으며 이러한 연구들을 통해 온라인 서비스품질과 관련된 어떤 형태들이 점차 나타나고 있다. 온라인서비스에 대한 연구가 수행된 것은 최근이기 때문에 온라인 서비스에 대한 정확한 개념정의와 범위는 부족하다(범경기, 2008).

원칙적으로 온라인서비스품질은 전통적인 서비스품질에 기인하고 있지만 온라인서비스는 접근성, 개인정보문제 등 오프라인서비스와는 다른 특징을 갖고 있기 때문에 전통적인 서비스품질 측정도구를 통해 온라인서비스품질을 특정하는 것에는 한계가 뒤따르고 있다(Cox & Dale, 2001).*

* 인터넷면세점에 대한 온라인서비스품질이 고객신뢰와 만족에 미치는 영향에 관한 연구, 한국항공대학교 대학원, 최수안, 2014, p.19.

2) 온라인서비스 품질측정

Parasuraman, Zeithaml & Malhotra(2005)는 효율성(efficiency), 이행성(fulfillment), 프라이버시(privacy), 시스템 이용 가능성(system availability)의 4가지 차원, 22개 항목으로 구성된 온라인서비스품질 척도에 관한 연구를 재정립해 E-S-QUAL을 개발했다(〈표 1〉 참조).

표 1_ E-S-QUAL 척도

척도	차원	정의
E-S-QAL	효율성 (efficiency)	고객이 최소한의 노력으로 사이트에 접근, 원하는 정보를 탐색하고 이용할 수 있는 정도
	주문이행성 (fulfillment)	약속된 시간에 서비스를 정확히 수행
	시스템 이용 가능성 (system availability)	사이트의 기술적 기능의 유용함과 정확함
	프라이버시 (privacy)	고객신용과 정보보호의 정도

출처: Parasuraman, A., V.A. Zeithaml and A. Malhotra, 2005.

Wolfinbarger & Gilly(2002)는 정보시스템 및 온라인 마케팅, 소매점 마케팅과 서비스 마케팅에 관한 기존 연구들을 검토하여 온라인서비스품질 차원을 규명하였는데 신속성과 용이성을 포함시켜 웹사이트 디자인(web site design)이라 하였으며, 신뢰성(reliability), 안전성/프라이버시(security/privacy), 고객서비스(customer service)의 4개 차

표 2_ e-commerce quality 척도

척도	차원	정의
e-commerce quality	웹사이트 디자인 (website design)	• 시간절약 및 상세한 정보의 제공 • 거래의 신속성과 용이성 • 다양한 상품 제공과 개인화 수준의 적절함
	신뢰성 (reliability)	• 배달된 상품과 광고된 상품의 일치성 • 약속한 배달시간의 준수
	안전성 (security/privacy)	• 개인정보 보호거래의 안전성 • 사이트의 안전적인 특성
	고객서비스 (customer service)	• 고객욕구에 대응하려는 준비성과 의지 • 문제발생 시의 진지한 관심과 신속한 응대

원 14개 문항으로 구성된 일명 .comQ라는 서비스품질 측정도구를 제시하였다(〈표 2〉 참조).

본 연구에서는 Wolfinbarger, M.F. and Gilly M.C.(2002), Parasuraman, Zeithaml & Malhotra(2005)와 뢰민(2010)의 연구에 의거하여 인터넷면세점에 대한 온라인서비스품질에 대하여 웹사이트 디자인, 신뢰성, 안전성, 고객서비스에 초점을 맞추어 연구를 진행하였다.

2. IoT스마트면세점 개념 및 기능

1) IoT스마트면세점

온라인면세점은 시공간의 제약 없이 웹사이트나 모바일로 편리하게 쇼핑을 즐길 수 있는 시스템이다. 기존의 온라인면세점은 다양한 할인쿠폰의 제공과 초특가숍 등의 직접적인 고객서비스와 거래가 이루어지는 웹사이트의 디자인, 안전성을 바탕으로 한 신뢰성중심의 서비스품질이 제공되어왔다. IoT가 접목된 스마트면세점은 모바일 플랫폼의 형태로 빅데이터, 위치기반 등이 접목되어 여행콘텐츠, 쇼핑정보를 구매자중심의 서비스로 제공되는 것을 말한다.

2) IoT스마트면세점의 기능

최근 국내 온라인면세점은 모바일 애플리케이션(앱)을 통해 3시간전 숍, 위치기반활용 스마트면세점, AI(Chatbot) 활용 스마트면세점, VR활용 스마트면세점, 모바일 플랫폼 스마트면세점 등의 쇼핑가이드 및 서비스를 선보이고 있다. 특히, 고객의 성별, 나이, 선호상품 등의 빅데이터 분석을 통해 상품을 추천하는 등 모바일 플랫폼에 최적화된 개인화서비스를 다양하게 선보이고 있다.

위치기반서비스와 빅데이터를 활용하여 외국인관광객의 동선을 분석하고, 각종 이벤트와 적립금 프로모션, 쇼핑위치 및 관광장소에 맞는 위치기반 맞춤형 쇼핑정보 제공을 통해 쇼핑가이드 역할서비스도 확대될 것이다.

Ⅲ. 연구모형 및 방법

1. 샘플의 특징

이 연구는 온라인면세점의 서비스품질이 고객만족 및 Lock-in활동에 어떠한 영향을 주는지, 그리고 온라인면세점 서비스품질이 IoT기반 스마트면세점가치와의 접목이 고객만족 및 Lock-in활동에 궁극적으로 어떠한 영향을 미치는지를 살펴보는 데 있다. 특히 IoT기반 스마트면세점은 제4차 산업혁명의 대표적인 사물인터넷(IoT)을 선정하여 IoT의 활용이 온라인면세점 이용 고객만족과 재방문 · 재구매를 위한 Lock-in에 긍정적인 영향을 주는지 파악하고자 한다.

즉, 한국이 사물인터넷 등 데이터의 축적과 활용을 골자로 하는 제4차 산업혁명으로 온라인면세점을 고도화할 경우 고객충성도가 높아지는지를 알고자 하는 것이다.

이를 위하여 2018년 3월 15일부터 3월 30일까지 최근 2년간 온라인면세점 이용경험이 있는 모집단을 선정하고 그들 중에서 임의로 표본을 추출해내는 이른바 군집무선표집법(cluster random sampling)으로 표본을 추출하였다.

설문은 예비조사 및 본조사로 나누어 진행하였으며, 제1차 예비조사는 2018년 1월 15일부터 23일까지 60명을 대상으로 진행하였다. 제2차 예비조사는 2018년 2월 1일부터 2월 15일까지 100명을 대상으로 진행하였다. 예비조사에서 실시한 요인분석을 바탕으로 설문을 수정하

표 3_ Measurement and measurement items of a variable

특성	내용	빈도(명)	비율(%)
성별	남성	118	42.1
	여성	162	57.9
연령	20세~29세	35	12.5
	30세~39세	133	45.5
	40세~49세	65	23.2
	50세~59세	43	15.4
	60세 이상	4	1.4
교육 수준	고등학교 졸업 이하	3	1.1
	전문대 졸업/재학	96	34.3
	대학교 졸업/재학	147	52.5
	대학원 졸업/재학	34	12.1
결혼 유무	미혼	130	46.4
	기혼	150	53.6
직업	농림 및 어업	0	0.0
	자영업	20	7.1
	판매 및 서비스직	62	22.1
	기술 및 숙련공	26	9.3
	사무 및 기술직	47	16.8
	경영 및 관리직	21	7.5
	전문 및 자유직	48	17.1
	가정주부	34	12.1
	학생 및 기타	22	7.9
월소득	200만 원 이하	48	17.1
	200만 원~350만 원 이하	126	45.0
	350만 원~500만 원 이하	72	25.7
	500만 원 이상	34	12.1
합계		280	100

였으며, 본 조사는 2017년 3월 15일부터 3월 30일까지 15일에 걸쳐 진행되었다.

설문지는 온라인 설문지 350를 배포하여 316부를 회수하였고, 이 중에서 극단치로 응답하는 등 불성실한 응답지 36부를 제외한 총 272부를 실증분석에 활용하였다. 모집단의 일반적 특성은 첫째, 여성이 57.9%로 남성(42.1%)보다 많고 연령은 30대, 40대, 20대 등의 순으로 나타났다.

교육 수준은 대졸, 전문대졸, 대학원졸업 등의 순으로 나타났으며, 기혼자가 150명(53.6%)으로 미혼자 130명(46.4%)보다 높았다. 직업은 판매 및 서비스업 62명(22.1%), 전문 및 자유직 48명(17.1%) 등의 순

표 4_ General characteristics of the survey subjects

조사내용	측정지표	문항수		연구자
온라인면세점 서비스품질	웹사이트 디자인 (website design)	3	14	이창남(2012), 임춘례(2011) 최성용(2006), Gronroos(1984), P.Z.B(1988), 현용호 · 홍경완(2012)
	신뢰성 (reliability)	3		
	안전성 (security/privacy)	4		
	고객서비스 (customer service)	4		
스마트면세점	IoT 접목 온라인면세점	6	6	Bolton, Drew(1991), Dodds et al.(1991), Ettinger(1998), Zeithaml(1988), 김성수(2010), 박종환(2009), 임춘례(2011), 최현숙(2004)
고객만족	온라인면세점 이용만족	4	4	장근조(2005), 전형규(2008), Cronin et al.(1994)
Lock-in		4	4	Dodds et al.(1991), Woodside et al.(1989)

으로 나타났으며 월소득 200만 원 이상이 82.9%를 차지하였다(〈표 3〉 참조).

연구에 사용된 설문지의 변수 및 측정항목은 〈표 4〉와 같이 다수의 선행연구에서 신뢰도 및 타당도검증에 사용되었던 도구들을 이 연구의 내용에 맞도록 재구성하여 사용하였다.

2. 연구모델

이 연구의 가설을 위해 독립변수(independent variable)인 온라인면세점 서비스품질(웹사이트 디자인, 신뢰성, 안전성, 고객서비스), 매개변수(mediating variable)인 IoT 접목 스마트면세점, 종속변수(dependent variable)인 온라인면세점 이용만족, Lock-in 등과의 관계분석을 위해 모형을 정립하고 각 변수의 정의와 연구가설을 설정하였다.

이 연구는 전통적인 온라인면세점 서비스품질(웹사이트 디자인, 신뢰성, 안전성, 고객서비스)에서 사물인터넷(IoT)이 접목된 온라인면세점 이용 시 온라인면세점 이용자의 만족과 그로인한 Lock-in 영향력을 규명하고자 한다. 따라서 [그림 1]과 같은 연구모형을 설정하였다.

그림 1_ Research model

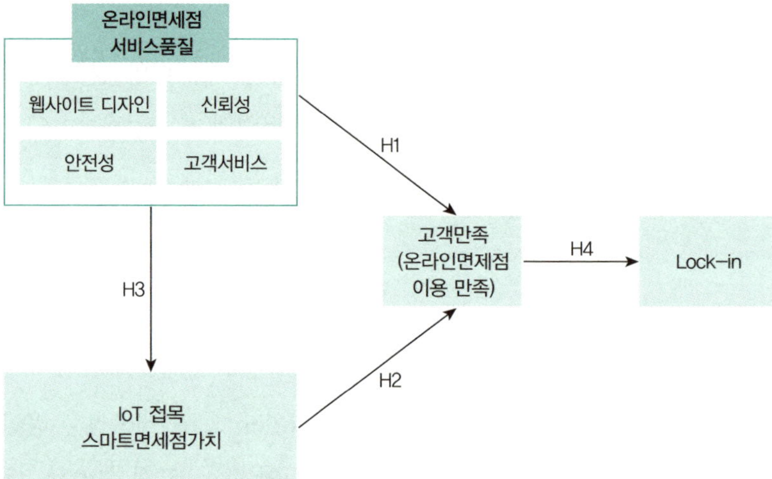

3. 변수의 정의

본 연구에서는 온라인면세점 서비스품질에 영향을 주는 요인 등 독립변수와 매개변수인 IoT 접목 스마트면세점 이용, 종속변수인 온라인면세점 이용만족도와 Lock-in에 대해 다음과 같이 정의한다.

1) 온라인면세점 서비스품질: 웹사이트 디자인

웹사이트 디자인(website design)을 통한 온라인면세점 서비스품질이란 면세상품에 대한 상세한 정보의 제공을 통해 이용구매자의 시간을 절약하고 신속한 거래와 개인화 수준의 적절함을 제공하는 요소이다.

2) 온라인면세점 서비스품질: 신뢰성

신뢰성(reliability)을 통한 온라인면세점 서비스품질이란 이용구매자가 온라인을 통해 주문한 상품이 인도받은 상품과 일치하는지 여부와 비행 탑승 전 확약된 시각에 물품전달이 가능하도록 하는 요소이다.

3) 온라인면세점 서비스품질: 안전성

안전성(security/privacy)을 통한 온라인면세점 서비스품질이란 개인정보보호법의 준수와 온라인사이트에서의 결제진행에 대한 안전적인 특성이다.

4) 온라인면세점 서비스품질: 고객서비스

온라인면세점의 고객서비스(customer service)란 이용구매자에 대응하려는 준비성 및 의지에 관한 요소이며, 재고소진, 결제오류 등 문제발생 시 고객에 대한 신속한 응답과 관련된 특성이다.

5) IoT 접목 온라인면세점 서비스

IoT가 접목된 온라인면세점 서비스(IoT-embedded value of Online service)는 온라인면세점의 구매활동향상 여부, IoT 접목에 따른 상품정보전달력 및 결제의 편의, 상품선정의 편의 등을 확인하기 위한 구성요소이다.

6) Lock-in

Lock-in활동이란 온라인면세점을 이용한 구매자들이 향후 동일한 온라인면세점을 이용할지에 대한 여부를 확인하기 위한 구성요소이다. 앞선 연구모형과 변수를 통해 다음과 같이 연구가설을 설정하고 이를 검증하고자 한다.

■ H1: 전통적 온라인면세점 서비스품질은 고객만족에 유의한 영향을 미칠 것이다.

- H1-1: 웹사이트 디자인은 온라인면세점 이용 고객만족에 유의한 영향을 미칠 것이다.
- H1-2: 신뢰성은 온라인면세점 이용 고객만족에 유의한 영향을 미칠 것이다.
- H1-3: 안전성은 온라인면세점 이용 고객만족에 유의한 영향을 미칠 것이다.
- H1-4: 고객서비스는 온라인면세점 이용 고객만족에 유의한 영향을 미칠 것이다.

■ H2: IoT 접목 스마트면세점가치는 고객만족에 유의한 영향을 미칠 것이다.

■ H3: 전통적 온라인면세점 서비스품질은 IoT 접목 스마트면세점가치에 유의한 영향을 미칠 것이다.

- H3-1: 웹사이트 디자인은 IoT 접목 스마트면세점가치에 유의한 영향을 미칠 것이다.
- H3-2: 신뢰성은 IoT 접목 스마트면세점가치에 유의한 영향을 미칠 것이다.
- H3-3: 안전성은 IoT 접목 스마트면세점가치에 유의한 영향을 미칠 것이다.
- H3-4: 고객서비스는 IoT 접목 스마트면세점가치에 유의한 영향을 미칠 것이다.

■ H4: 온라인면세점 고객만족은 Lock-in활동에 유의한 영향을 미칠 것이다.

Ⅳ. 실증분석

1. 탐색적 요인분석결과

SPSS 18.0 통계프로그램을 활용하여 요인분석(factor analysis)을 실시하였으며, 요인분석결과 온라인면세점 서비스품질은 4개의 요소, IoT 접목 온라인면세점가치 1개의 요소, 고객만족 1개의 요소, Lock-in 1개의 요소로 도출되었다. 온라인면세점 서비스품질의 4개의 요소는 각각 웹사이트 디자인, 신뢰성, 안정성, 고객서비스라 명명하였다. 〈표 5〉는 추출된 온라인면세점 서비스품질, IoT기반 온라인면세점가치, 고객만족, Lock-in에 대한 탐색적 요인분석결과이다.

〈표 5〉와 같이 각 요인의 모든 KMO값은 0.6 이상을 상회하는 값을 보여 양호한 수준으로 나타났으며, Bartelett의 구형성검정도 유의확률 수준이 0.000으로 p < .001 수준에서 유의한 것으로 나타났다.

표 5_ Results of exploratory factors analysis

요인	KMO	근사 카이제곱	유의확률
헬스케어서비스품질	.863	2012.708	.000
첨단서비스가치	.827	1292.868	.000
헬스케어 서비스만족	.701	329.878	.000
수출경쟁력	.706	389.445	.000

*** p < .001

2. 신뢰성분석

본 연구의 전체 설문문항의 신뢰도계수는 〈표 6〉과 같이 통상적인 크론바하 알파 신뢰수준인 0.6을 상회하는 수준으로 나타났기 때문에 연구의 측정문항의 내용은 신뢰할 만한 수준임을 확인할 수 있다.

표 6_ Reliability Analysis Result

요인	차원	항목제거 시 신뢰도계수	Cronbach's α
온라인면세점 서비스품질	• q1 웹사이트 디자인: 정보전달 • q2 웹사이트 디자인: 시간절약 • q3 웹사이트 디자인: 개인화 수준	.67 .42 .57	.65
	• q4 신뢰성: 광고와 상품 일치성 • q5 신뢰성: 주문과 수령된 상품 일치성 • q6 신뢰성: 물품수령 준수성	.71 .76 .75	.81
	• q7 안전성: 개인보안 • q8 안전성: 개인정보활용범위 • q9 안전성: 사이트의 안전거래 • q10 안전성: 사이트 접속활동	.75 .72 .72 .70	.78
	• q11 고객서비스: 고객대응 준비성 • q12 고객서비스: 고객대응 신속성 • q13 고객서비스: 기능사용안내 • q14 고객서비스: 문제발생 매뉴얼	.75 .74 .81 .78	.82
IoT기반 온라인면세점	• q15 IoT 접목 정보전달 향상 • q16 IoT 접목 구매활동 향상 • q17 IoT 접목 연계활동 향상 • q18 IoT 접목 접속시간 향상 • q19 IoT 접목 버퍼링 향상 • q20 IoT 접목 신뢰 향상	.84 .85 .83 .82 .83 .88	.87
고객만족	• q21 온라인면세점 서비스 만족 • q22 온라인면세점 상품의 만족 • q23 온라인면세점 대응 만족 • q24 구매활동 결과에 대한 만족	.60 .68 .68 .67	.72
Lock-in	• q25 동일 온라인면세점 재구매 의사 • q26 동일 온라인면세점 추가활동 의사 • q27 주변권유 의사	.79 .70 .74	.81

3. 상관관계분석

변수들 간의 상관관계를 분석한 결과 온라인면세점 웹사이트 디자인은 신뢰성, 안전성, 고객서비스, IoT 접목 온라인면세점가치, Lock-in 활동과 통계적으로 유의한 정(+)의 상관관계가 있는 것으로 나타났다. 신뢰성은 안전성, 고객서비스, IoT 접목 온라인면세점가치, Lock-in 활동과 통계적으로 유의한 정(+)의 상관관계가 있는 것으로 나타났다. 안전성은 첨단서비스가치, 헬스케어서비스 만족 및 헬스케어 수출경쟁력과 통계적으로 유의한 정(+)의 상관관계가 있는 것으로 나타났다.

표 7_ Correlation between research variables

요인	웹사이트 디자인	신뢰성	안전성	고객 서비스	IoT 접목 온라인 면세점	고객만족	Lock-in
웹사이트 디자인							
신뢰성	.44**						
안전성	.29**	.51**					
고객 서비스	.23**	.51**	.47**				
IoT접목 온라인 면세점	.21**	.25**	.20**	.37**			
고객만족	.31**	.44**	.30**	.54**	.45**		
Lock-In	.25**	.39**	.25**	.45**	.42**	.56**	
평균	3.92	4.02	3.39	4.19	3.96	3.98	3.66
표준편차	.66	.66	.72	.67	.68	.52	.64

고객서비스는 IoT 접목 온라인면세점가치, Lock-in활동과 통계적으로 유의한 정(+)의 상관관계가 있는 것으로 나타났으며, IoT 접목 온라인면세점가치는 Lock-in활동과 통계적으로 유의한 정(+)의 상관관계가 있는 것으로 나타났다. 독립변수들 간의 상관계수는 0.4 수준으로 다중공선성의 문제는 없는 것으로 판단할 수 있다.

4. 요인분석

다음으로 측정모형을 분석하기 위해 제1단계로 확인적 요인분석을 실시하였으며, 제2단계로 구조방정식 모형분석을 실시하였다. 통계프로그램 AMOS 24.0을 사용하여 탐색적 요인분석결과로 도출된 측정변수들에 대해서 확인적 요인분석(CFA)을 실시하였다. 확인적 요인분석을 실시한 결과는 〈표 8〉과 [그림 2]와 같다.

확인적 요인분석의 적합도지수는 〈표 8〉에 나타나 있다. 적합도지수를 살펴보면 27문항이며, 잔차평균자승이중근(RMR)은 .042로 기준치(≤.05)보다 낮게 나타났으며, TLI는 .884로 기준치(≥.09)보다 다소 낮게 나타났다. 또한 CFI값은 기준치인 .90보다 높은 .901으로 나와 적합한 것으로 판명되었으며, RMSEA 수치도 기준치인 .08보다 낮게

표 8_ Identification factor analysis adequacy index

요인	X^2	CIMN/DF	RMR	TLI	CFI	RMSEA
27 기준치	756.478	2.530 3 미만	.042 .005	.884 .90 이상	.901 .90 이상	.064 0.05~0.08

그림 2_ Results of a confirmed causal analysis

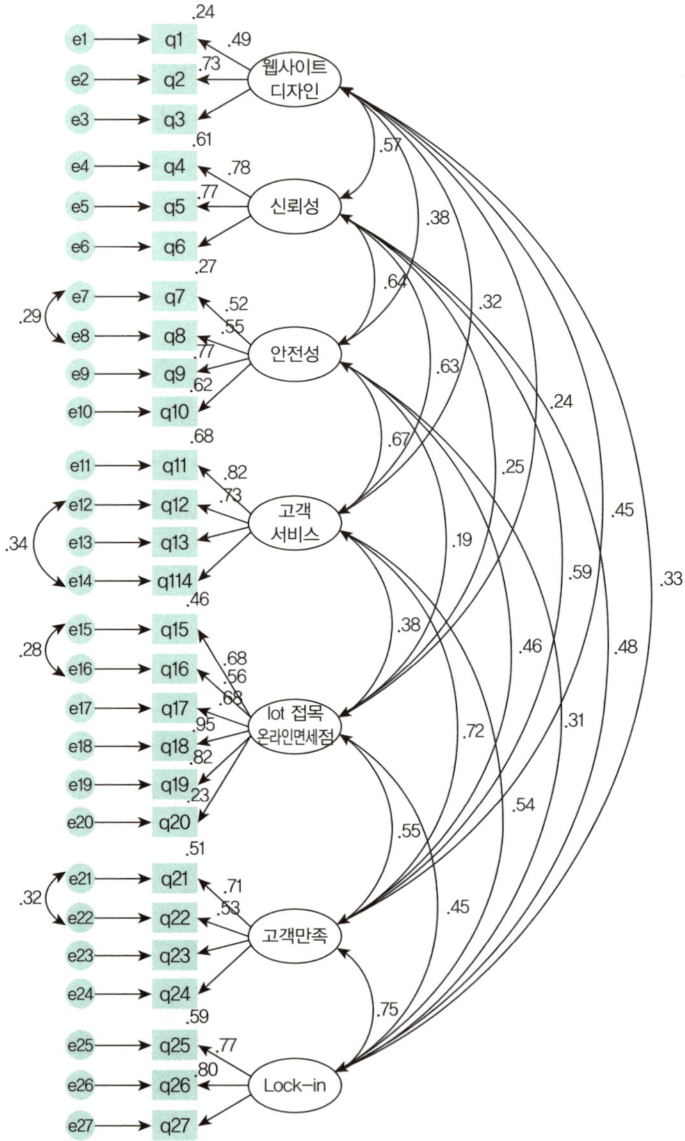

나온 .064로 나와 전체적인 모형은 적합한 것으로 판명되었다.

〈표 9〉에서는 확인적 요인분석을 통해 도출된 개념 신뢰도 및 평균 분산추출(AVE)값을 나타내고 있다. 개념 신뢰도는 모든 잠재변수들이 기준치인 .7보다 높은 측정치를 보였으며, 평균분산추출(AVE)값 또한 모두 .5 이상을 보였으므로 집중타당성을 갖는 것으로 나타났다.

표 9_ Construct reliability and AVE

관측변수			비표준화 계수	S.E.	P	개념 신뢰도	AVE
웹사이트 디자인	→	q1	**1**			.82	.61
웹사이트 디자인	→	q2	**1.27**	**.17**	***		
웹사이트 디자인	→	q3	**1.36**	**.18**	***		
신뢰성	→	q4	**1**			.87	.69
신뢰성	→	q5	**1.00**	**.07**	***		
신뢰성	→	q6	**.92**	**.07**	***		
안전성	→	q7	**1**			.86	.61
안전성	→	q8	**1.23**	**.13**	***		
안전성	→	q9	**1.57**	**.17**	***		
안전성	→	q10	**1.65**	**.18**	***		
고객서비스	→	q11	**1**			.88	.64
고객서비스	→	q12	**.94**	**.07**	***		
고객서비스	→	q13	**.69**	**.06**	***		
고객서비스	→	q14	**.75**	**.06**	***		

IoT 온라인면세점	→	q15	**1**			.87	.53
IoT 온라인면세점	→	q16	**1.00**	**.08**	***		
IoT 온라인면세점	→	q17	**1.16**	**.09**	***		
IoT 온라인면세점	→	q18	**1.30**	**.08**	***		
IoT 온라인면세점	→	q19	**1.24**	**.08**	***		
IoT 온라인면세점	→	q20	**.52**	**.06**	***		
고객만족	→	q21	**1**			.85	.58
고객만족	→	q22	**.85**	**.08**	***		
고객만족	→	q23	**1.00**	**.10**	***		
고객만족	→	q24	**.88**	**.09**	***		
Lock-in	→	q25	**1**			.87	.69
Lock-in	→	q26	**1.08**	**.08**	***		
Lock-in	→	q27	**1.05**	**.08**	***		

판별타당성은 서로 다른 변수들 간에 분명한 차이가 나야 하는 것을 의미한다. 그 분명한 차이라는 것은 상관계수값을 기준으로 하여 변수 간 상관관계가 낮으면 판별타당성을 확보했다고 할 수 있다.

〈표 10〉에서 판별타당성 검증결과 대각선은 평균분산추출(AVE)의 제곱근값으로서 AVE의 제곱근값이 상관계수값보다 높으면 측정도구의 판별타당성이 검증된다. 〈표 10〉과 같이 판별타당성 검정결과 대각선 행렬의 AVE 제곱근값이 각 요인들의 상관계수값보다 크기 때문에 판별타당성이 확보되었다고 볼 수 있다.

표 10_ Discriminant Validity results

요인	유형성	확신성	공감성	신뢰성	첨단 서비스 가치	서비스 만족	수출 경쟁력
유형성	**.48***						
확신성	.44**	**.83***					
공감성	.29**	.51**	**.78***				
신뢰성	.23**	.51**	.47**	**.80***			
첨단 서비스가치	.1**	.25**	.20**	.37**	**.73***		
서비스 만족	.31**	.44**	.30**	.54**	.45**	**.76***	
수출 경쟁력	.25**	.39**	.25**	.45**	.42**	.56**	**.83***

5. 구조방정식

구조방적식의 적합도지수는 〈표 11〉에 요약되어 있다. 적합도지수를 살펴보면 23문항이며, 잔차평균제곱이중근(RMR)은 .027로 기준치(≤.05)보다 낮게 나타났으며, TLI는 .932로 기준치(≥.09)보다 높게 나타났다. 또한 CFI값은 기준치인 .90보다 높은 .942으로 나와 적합한 것으로 판단되며, RMSEA 수치도 기준치인 .05~.08에 적합한 0.051로 나와 전체적인 모형은 적합한 것으로 판단된다.

표 11_ Identification factor analysis adequacy index

요인	X²	CIMN/DF	RMR	TLI	CFI	RMSEA
27 기준치	758.871	2.496 3 미만	.042 0.05 미만	.889 0.90 이상	.902 0.90 이상	.063 0.05~0.08

그림 3_ Result of Structural Equation

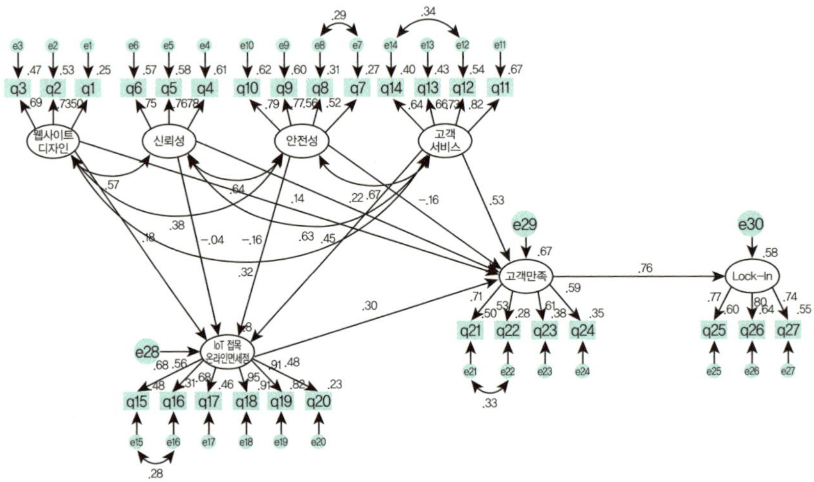

6. 가설검증결과

가설검증을 위하여 AMOS 24.0을 사용하여 경로분석을 실시하였으며, 주요 변수에 대한 관계검증은 〈표 12〉와 같다.

표 12_ Summary of hypothesis test results

경로			비표준화 계수	S.E.	C.R.	P	가설 채택 여부
웹사이트 디자인	→	고객만족	.14	.08	1.82	.069	기각
신뢰성	→	고객만족	.17	.07	2.33	.020	채택
안전성	→	고객만족	-.16	.09	-1.82	.068	기각
고객서비스	→	고객만족	.34	.06	5.41	***	채택
IoT기반 온라인면세점	→	고객만족	.23	.04	5.18	***	채택
웹사이트 디자인	→	IoT기반 온라인면세점	.24	.11	2.10	.036	채택
신뢰성	→	IoT기반 온라인면세점	-.03	.10	-.33	.740	기각
안전성	→	IoT기반 온라인면세점	.21	.13	-1.60	.110	기각
고객서비스	→	IoT기반 온라인면세점	.38	.08	4.52	***	채택
고객만족	→	Lock-in	.93	.09	10.31	***	채택

이러한 결과들을 요약하면 다음과 같다. 웹사이트 디자인이 고객만족에 미치는 영향은 통계적으로 유의하지 않은 것으로 나타났다. 이는 온라인면세점의 웹사이트 자체 디자인보다는 다른 속성에 의해 구매활동이 이루어지고 있음을 짐작할 수 있으며, 면세점기업이 외면적 디자인보다는 기능적 디자인에 초점을 두고 정비해야 할 필요성이 있음을 시사하고 있다.

신뢰성이 고객만족에 미치는 영향은 통계적으로 유의한 것으로 나타났다. 이는 배송 및 교환이 일반상품에 비해 까다로운 면세점 특성상 정확한 제품과 배달시간의 준수가 구매결정에 매우 중요한 요소임을 알 수 있으며, 특히 온라인에 소개된 제품정보만을 바탕으로 결제가 이루어지기 때문에 광고된 상품과 실제로 수령한 제품에 대한 신뢰확보가 매우 중요하게 다루어져야 할 것이다.

안전성이 고객만족에 미치는 영향은 통계적으로 유의하지 않은 것으로 나타났다. 이는 개인정보 보호법에 대한 강력한 제도적 장치가 마련되어 있고, 온라인면세점 운영기업에 대한 기본적인 신뢰가 반영된 결과로 분석된다. 실제로 면세점기업은 이러한 구매자의 기대에 부응하게 하고 향후 안전성에 대한 관리소홀로 면세점기업 운영 전반에 부정적 영향을 미치지 않도록 철저한 관리가 필요할 것이다.

고객서비스가 고객만족에 미치는 영향은 통계적으로 유의한 것으로 나타났다. 이는 앞서 신뢰성과 고객만족 간의 관계에서 언급한 온라인면세점 이용목적 특성상 비행기 이륙 전 수령해야 할 주문물품의 특이점 발생 및 기타 응급상황에 대한 신속한 고객응대 매뉴얼이 매우 중요함을 확인할 수 있는 부분이다.

IoT기반 온라인면세점의 가치가 고객만족에 미치는 영향은 통계적으로 유의한 정(+)의 관계가 있는 것으로 나타났다. 이는 온라인면세점에 IoT기반기능이 추가되었을 경우 구매활동에 긍정적 영향을 미치는 것으로 해석할 수 있다. 실제로 뷰티제품에 대한 VR가상서비스 및 제품구매패턴 분석에 의한 맞춤형 추천제품, 비행일정에 따른 최대할인 제품소개, 오프라인면세점 내 위치기반 정보제공 등은 구매활동의 질적 서비스향상에 긍정적 영향을 줄 것으로 기대된다.

웹사이트 디자인이 IoT온라인면세점에 미치는 영향은 통계적으로 유의한 관계가 있는 것으로 나타났다. 이는 획일화된 웹사이트디자인이 적용된 화면구성보다는 구매자의 소비패턴이 반영되어 실제 구매자가 필요로 하는 정보를 바탕으로 웹사이트가 구성되었을 경우 매우 긍정적 결과가 나올 수 있음을 시사하고 있다. 실제로 이는 빅데이터를 활용하여 구글이나 다음 등 주요 포털사이트가 GDN이나 DDN의 방식으로 마케팅하는 사례에서 그 성공사례를 찾아볼 수 있다.

신뢰성 및 안전성이 IoT온라인면세점에 미치는 영향은 통계적으로 유의하지 않은 것으로 나타났다. 이는 실제 신뢰성 및 안전성에 대한 설문항목 구성이 O2O중심으로 이루어져 있으며, 오프라인에서의 만족도와 연결되는 부분으로 유의하지 않은 결과가 도출된 것으로 분석된다. 하지만 오프라인 공간에서 IoT오프라인면세점의 기능이 보완되고 설명될 수 있는 부분이며, 면세점기업의 정비가 필요한 부분이다.

고객서비스가 IoT온라인면세점에 미치는 영향은 통계적으로 유의한 것으로 나타났다. 이는 신속한 고객응대가 IoT온라인면세점에 반영되길 기대하는 구매자심리가 적극 반영되어 있으며, 면세점기업은 이를 적극 반영하여 제도화해야 할 것이다.

마지막으로 고객만족이 Lock-in효과에 미치는 영향은 통계적으로 유의한 것으로 나타났다. Lock-in효과는 고객의 재방문, 재구매활동에 가장 중요한 요소로서 방문 및 구매회전이 일반 온라인 오픈마켓보다 낮은 점을 감안하였을 때 매우 중요한 활동이다. 실제로 IoT기반의 온라인면세점활동을 통해 정기적인 쿠폰배송, 알림문자, 티켓활성화시 맞춤형 정보제공 등은 온라인면세점의 매출활동에 긍정적인 영향을 줄 것이며, 이를 위해 면세점기업은 제4차 산업혁명의 다양한 분야를 활용하기 위해 IoT기반의 빅데이터 수집활동 및 구매자를 위한 알고리즘 개발활동에 많은 투자 및 준비를 해야 할 것이다.

Ⅴ. 종합

주 5일근무제를 넘어 주 52시간 근무가 정착되고 YOLO 및 개인가구 주택이 늘어나면서 Wellness를 기반으로 한 생활이 보편화되고 있다. 또한 이러한 배경 속에 국내 및 해외방문목적활동은 증가하고 있으며, 가격에 민감한 여행자들을 위한 저가항공사의 출현 및 운항횟수 또한 지속적으로 증가할 것이다.

저가 항공편의 출발시간은 주로 야간 및 새벽시간에 맞추어져 있어 오프라인면세점 이용에 제한적이며, 그 결과 공항면세점 대신 온라인면세점의 이용 고객이 점차 증가하고 있다.

온라인 구매활동의 도구인 스마트폰 이용자를 대상으로 한 구매활동 및 소비창출을 위한 마케팅은 이미 3차 산업시대의 마케팅활동으로 기울고 있다. 제4차 산업혁명의 첨단기법을 활용한 유통혁신은 이미 시작되었으며, 면세점기업 또한 그 중심에 서 있다.

본장은 이러한 배경을 바탕으로 전통적인 온라인면세점 구매활동의 주요선택속성을 바탕으로 IoT기반의 온라인면세점가치가 접목되었을 때 고객만족 및 Lock-in효과에 긍정적 영향을 주고 있음을 밝혀냈다.

본장에서의 시사점과 의의를 정리하면 다음과 같다.

첫째, 온라인면세점에서의 서비스품질과 고객만족을 다룬 선행연구가 온라인 구매활동의 공간인 웹사이트 또는 모바일의 기능적인 부분에 초점을 맞춘 반면, 본장에서는 최근 이슈화되고 있는 제4차 산업혁명과 온라인면세점의 접목을 통해 Lock-in효과라는 새로운 가능성을 모색하였다.

둘째, 서비스품질의 평가방법으로 사용된 Parasuraman의 5가지 요인에서 온라인서비스품질 측정에 더욱 적합한 Wolfinbarger, M.F. and Gilly M.C.(2002)의 연구에 의거하여 온라인면세점에 대한 온라인서비스품질에 대하여 웹사이트 디자인, 신뢰성, 안전성, 고객서비스에 초점을 맞추어 연구를 진행하였다.

셋째, 온라인면세점 서비스품질과 사물인터넷(IoT)이 접목된 온라인면세점 관계 및 영향력에서 웹사이트 디자인 및 고객서비스가 신뢰성 및 안전성보다 상대적으로 큰 것으로 분석되었다.

특히 웹사이트 디자인은 고객만족과의 관계에서 유의하지 않은 통계적 결과가 나타났지만 IoT가 접목된 온라인면세점가치에서는 통계적으로 유의한 영향이 나타나는 상반된 결과가 도출되었다. 이는 기존의 획일화된 디자인이 더 이상 구매자들에게 구매활동의 선택속성이 아니며, 개인 소비활동의 빅데이터를 기반으로 구매자에게 가장 적합한 웹 또는 모바일 디자인이 구매활동을 일으키는 가장 중요한 요소임을 나타내고 있다.

반면, 신뢰성 및 안전성은 오프라인 공간에서 IoT와 접목된 서비스품질의 개선이 요구되며, 향후 면세점기업의 개선이 필요할 것이다.

■ 참고문헌 ■

국내문헌

강경식(2016), "면세점 물류센터의 피킹업무 효율 향상을 위한 휴리스틱 방법에 관한 연구," 명지대학교.

강신화(2016), "면세점의 혼잡지각이 감정반응과 행동의도에 미치는 영향—제주면세점 방문한 중국인 관광객 대상으로—, 제주대학교.

강현정(2012), "소비성향이 기내면세품 구매 행동에 미치는 영향," 한국항공대학교.

곡　신(2015), "중국관광객 면세점 쇼핑동기가 쇼핑만족과 행동의도에 미치는 영향," 경기대학교.

교사욱(2015), "한국면세점 서비스품질의 만족도 및 재방문의도에 관한 실증연구—방한 중국관광객 중심으로—," 동아대학교 국제전문대학원.

곽춘봉(2015), "중국 관광객의 인터넷 면세점 선택송성 및 만족도에 관한 연구," 제주대학교.

김가령 · 양위주(2008), "부산지역 면세점의 물리적 특성과 선택속성이 고객만족도에 미치는 영향," 관광레저연구.

김경석(2014), 메이드인 이탈리아, 21세기북스.

김기홍(2010), 명품학, 대왕사.

김기홍(2013), 명품 브랜드 마케팅, 대왕사.

김기홍(2013), "우리나라 면세점 운영실태 및 발전방안," 지식서비스 연구, 6권 3호.

김기홍(2014), 명품 브랜드 전략, 대왕사.

김기홍 외(2015), "우리나라 면세점 실태분석과 경쟁력 제고방안," 지식서비스 연구, 8권 1호.

김기홍 외(2016), "면세점기업의 e-비즈니스 마케팅 서비스품질이 브랜드 이미지와 고객만족에 미치는 영향," e-비즈니스 연구, 17권 6호.

김기홍 외(2018), "IoT기반 스마트면세점 서비스품질이 고객만족과 Lock-in 효과에 미치는 영향," e-비즈니스 연구, 19권 3호.

김미숙 · 김태연(1996), "국외상표의 정장의류에 대한 구매행동 연구," 한국의류학회지, 20(3), pp.481-492.

김상회(2004), "우리나라 면세점의 이용특성과 만족도에 관한 연구," 대구대학교.

김영숙 · 심미영(2010), "20대 미혼직장인의 패밀리레스토랑 선택속성이 소비자 만족 및 재방문의도에 미치는 영향—라이프스타일 및 이용 동기를 중심으로," 한국생활과학회지, 19(1), pp.103-117.

김은령(2009), 럭셔리, 시공사.

김정옥 · 김진형 · 김소형(2016), "신라면세점의 특성과 해외시장 진출전략, 호텔관광연구," 제18권 제3호(통권66호), pp.245-262, 한국호텔관광학회.

김택준(2013), "공항면세점 VMD(Visual Merchandising) 구성 용인이 브랜드 태도를 매개로 하여 고객충성도에 미치는 영향에 대한 실증연구," 한국항공대학교.

김화경(1999), "한국 면세점 사업의 실태분석과 육성방안", 외식경영연구, 제2권 1.

나가사와 신야(2007), 루이비통의 법칙, 행간.

나가사와 신야(2010), 샤넬전략, 랜덤하우스.

남관우(1998), "서비스종업원 요인이 고객 지향성에 미치는 영향에 관한 연구," 연세대학교.

라다 차다(2007), 럭스플로전, 가야북스.

레나타 몰로(2006), 아르마니 패션 재고, 문학수첩.

로렌 골드스타임(2009), 지미추 스토리, 미래의 창.

마리프랑스 포크너(1995), 크리스찬 디오르, 명진출판.

마이클 그로스(2003), 랄프로렌 스토리, 미래의 창.

마이클 토넬로(2010), 헤르메스 길들이기, 마음산책.

마크 턴케이트(2013), 명품 영원한 가치를 꿈꾸다, 컬처그라퍼.

명수진(2013), 최고의 명품, 최고의 디자이너, 삼양미디어.

박율희(2016), "면세점 직원의 감정노동이 직무소진과 이직의도에 미치는 영향," 세종대학교 관광대학원.

배재영(2015), "쇼핑 관여도에 따라 면세점 선택속성이 재방문의사에 미치는 영향," 세종대학교.

사호성(2014), "면세점 점포속성에 따른 쇼핑가치 및 고객만족에 관한 연구," 경기대학교.

시지안(2016), "면세점 서비스 품질이 쇼핑관광 만족도 및 재방문의도에 미치는 영향," 경희대학교.

서지원(2007), "소비자의 매진수단 이용선호가 제품만족도 재구매의도에 미치는 영향", 건국대학교.

성 아(2014), "면세점 쇼핑에서 상품브랜드선호도와 만족도에 관한 연구—방한 중국인관광객 중심으로—," 계명대학교.

손일화(2015), "방한 중국인 관광객의 면세점 선택속성, 재방문 및 추천의도," 동북아관광연구, 제11권 제3호(통권 30호), pp.17-34, 동북아관광학회.

손해경 · 윤유식(2015), "인천국제공항 면세서비스직원의 인식된 감정표현규범과 정서적 조직몰입 간 관계 연구," 관광연구, 제30권 제5호, pp.561-

582, (사)대한관광경영학회.

신은정 · 양윤(2009), “시장효율성, 가격정보 이용가능성, 속성 간 상관 및 제품유형에 따른 소비자 추론,” 한국심리학회지: 소비자. 광고, 10(1), 101–129.

양롱롱 · 김미정 · 유형숙(2015), “방한 중국인 관광객 80 · 90후(后) 세대가 인지한 면세점 이미지에 관한 연구,” 동북아관광연구, 제11권 제3호(통권 30호), pp.35–56, 동북아관광학회.

오가예(2015), “서울 시내면세점 내 혼잡지각이 쇼핑만족과 행동의도에 미치는 영향: 중국인 관광객을 중심으로,” 경희대학교.

오 심(2000), “매진이용성향에 따른 쇼핑가치 지각 소비자 만족에 대한 연구”, 연세대학교.

왕얼쑹(2010), 명품시대, 더난출판.

우새아(2014), “서울 시내면세점의 손택속성의 중요도—성취도 분석(IPA)에 의한 중국인 관광객의 만족도, 재방문의도 및 추천의도에 관한 연구,” 경희대학교.

원진남(2015), “한국 시내 면세점에 대한 중국 요우커의 재구매 의도에 관한 연구: 쇼핑만족도의 조절효과를 중심으로,” 한양대학교.

위베르 도르나노(2016), 무한한 아름다움, 제이콘텐트리.

유수준(2015), “면세점 선택속성에 대한 소비자의 중요성 인식에 관한 연구—분석적 계층기법(AHP) 적용—,” 한국항공대학교.

유창조(1999), “성공적인 업사원의 판매전술과 고객관리,” 월간 마케팅, 1999.7.

윤상호(2016), “면세판매 특허제도의 문제점과 개선방안,” 한국경제연구원.

윤선민(2008), “면세점 브랜드 이미지와 구매행동 연구,” 경기대학교.

이정록(1995), “백화점 점포선택 요인에 관한 실증적 연구,” 동국대학교.

이 모(2016), “중국 소비자가 지각된 한국 면세점 서비스 공정성이 만족도에 미치는 영향에 관한 연구," 건국대학교.

잔루이지 파라키니(2009), 프라다이야기, 명진출판.

장미정(2014), "국내면세점 전용 화장품의 통합 브랜드 아이덴티티 구축에 관한 연구—크레이지 몽키 브랜드리뉴얼 사례를 중심으로—," 한성대학교.

장 카스타레드(2011), 사치와 문명, 뜨인돌.

전달영 · 김영환(1999), "경쟁할인점 간 점포선택 결정요인," 마케팅연구, 제14권, 제4호, pp.21–42.

정강옥 · 김경훈 · 권기대(2015), "JDC면세점의 광고전략," 마케팅논집, 제23권 제2호. pp.195–211.

정명선 · 김재숙(1999), "쇼핑동기에 따른 점포 내 소비자 감정이 의류제품 쇼핑행동에 미치는 영향," 한국의류학회지, 23(2), pp. 314–325.

정선호(1987), "소비자의 점포선택행동에 관한 연구," 동국대학교.

정재완(2016), "최근 면세점 규제정책의 문제점과 제도적 발전방안에 대한 연구," 관세학회지, 17(2), pp.49–70.

진성현(2008), "면세점 전문인력 개발 방안에 관한 연구," 한양대학교.

진야핑(2016), "면세점 종업원의 감정노동이 직무태도에 미치는 영향에 대한 연구—직무소진의 매개효과와 자기효능감의 조절효과를 중심으로—," 부산대학교.

최명숙(2010), "미용서비스 품질이 서비스가치와 고객만족에 미치는 영향: 브랜드미용실을 중심으로," 서경대학교.

최영수(2013), 면세점 이야기, 미래의 창.

최유진(2011), "공항면세점의 판매촉진이 이용객의 행동의도에 미치는 영향에 관한 연구," 한국항공대학교.

최유진(2016), 면세점 이용객의 행동의도에 관한 연구, 한국항공대학교.

최혜정(2016), "면세점 유니폼 구성요인이 자기이미지와 직장애착 및 고객지

향성에 미치는 영향 연구—면세점을 중심으로—," 경희대학교.

페이린(2009), "백화점의 물리적 환경이 고객만족 및 재구매의도에 미치는 영향: 쇼핑가치의 조절효과를 중심으로," 배재대학교.

편해수(1999), "소매점의 서비스 유형이 소비자의 쇼핑가치 지각과 쇼핑만족에 미치는 영향," 서강대학교.

틸라 마쪠오, 손주연 역(2010), 샤넬 No.5, 미래의 창.

한진수(2014), "서울 시내면세점의 선택속성의 중요도—성취도 분석(IPA)에 의한 중국인 관광객의 만족도, 재방문의도 및 추천의도에 관한 연구," 경희대학교.

한효준(2015), "면세점 물류센터 효율향상 연구—L사 사례를 중심으로—," 서경대학교.

홍주빈(1997), "서비스 품질과 고객만족이 재구매 의사와 구전의도에 미치는 영향에 관한 실증적 연구—특히 우리나라 숙녀의류매장의 서비스를 중심으로—," 동국대학교.

황　우(2015) "중국 관광객의 면세점 선택 속성 만족의 관한 비교 연구," 제주대학교.

황해진(2015), "면세점 이용 중국인의 소비행태와 마케팅 방안에 관한 연구," 중앙대학교.

외국문헌

Aboujaoude, E.(2014), "Compulsive buying disorder: A review and update," *Current Pharmaceutical Design*, 20(25), 4021–4025.

Ajzen, I.(2002), "Residual effects of past on later behavior: Habituation and reasoned action perspective," *Personality and Social Psychology Review*, 6(2), 107–122.

Ariely, D., & Levav, J.(2000), "Sequential choice in group settings:

Taking the road less traveled and less enjoyed," *Journal of Consumer Research*, 27(3), 279–290.

Armitage, C. J., & Conner, M.(2001), "Efficacy of the theory of planned behaviour: A meta-analytic review," *British Journal of Social Psychology*, 40(4), 471–499.

Bagozzi, R. P. & Dholakia, U. M.(2006), "Antecedents and purchase consequences of customer participation in small group brand communities," *International Journal of Research in Marketing*, 23(1), 45–61.

Bagozzi, R., Gurhan-Canli, Z., & Priester, J.(2002), *The social psychology of consumer behaviour*, McGraw-Hill Education(UK).

Bagozzi, R. P., Lee, K., & Van Loo, M. F.(2001), "Decisions to donate bone marrow: The role of attitudes norms across cultures," *Psychology and Health*, 16(1), 29–56.

Bamberg, S., Ajzen, L. & Schmidt, P.(2003), "Choice of travel mode in the theory of planned behavior: The roles of past behavior, habit, and reasoned action," *Basic and Applied Social Psychology*, 25(3), 175–187.

Baumeister, R. F.(2002), "Yielding to temptation: Self-control failure impulsive purchasing, and consumer behavior," *Journal of Consumer Research*, 28(4), 670–676.

Bell, P. A., Green, T., Fisher, J. D., & Baum, A.(2001), *Environmental Psychology*, New Jersey.

Bell, K., & Morgan, S. B.(2000), "Children's attitudes and behavioral S. intentions toward a peer presented as obese: Does a medical explanation for the obesity make a difference?," *Journal of*

Pediatric Psychology, 25(3), 137–145.

Bhattacherjee, A.(2000), “Acceptance of e–commerce services: The case of electronic brokerages,” IEEE Transactions on systems, Man and Cybernetics, Part A: Systems and Humans, 30(4), 411–420.

Black, D. W.(2007), “A review of compulsive buying disorder,” *World Psychiatry*, 6(1), 14.

Byme, B. M.(2013), *Structural equation modeling with LISREL, PRELIS, and SIMPLIS: Basic concepts, applications, and programming*, Psychology Press.

Carrus, G. Passafaro, P., & Bonnes, M.(2008), “Emotions, habits and rational choices in ecological behaviors: The ease of recycling and use of public transportation,” *Journal of Environmental Psychology*, 28(1), 51–62.

Chan, S, C. & Lu, M. T.(2004), “Understanding Internet banking adoption and user behavior: A Hong Kong perspective,” *Journal of Global Information Management*, 12(3).

Chang, E.(2002), “The mediating role of shopping value in apparel shopping satisfaction(Doctoral dissertation, Ph. D. dissertation, oregon State University)”.

Chau, P. Y., & Hu, P. J.(2002), “Examining a model of information technology acceptance by individual professionals: An exploratory study,” *Journal of Management Information Systems*, 18(4), 191–229.

Chau, P. Y., & Hu, P. J.(2002), “Investigating healthcare professionals' decisions to accept telemedicine technology: An empirical test of competing theories,” *Information &*

Management, 39(4), 297–311.

Chau, P. Y., & Hu, P. J.(2001), "Information technology acceptance by individual professionals: A model comparison approach," *Decision Sciences*, 32(4), 699–719.

Cheah, I. Phau, L. & Liang, J.(2015), "Factors influencing consumers' attitudes and purchase intentions of e-deals," *Marketing Intelligence & Planning*, 33(5), 763–783.

Chen, Z.. & Dubinsky, A. J.(2003), "A conceptual model of perceived customer value in e-commerce: A preliminary investigation," *Psychology & Marketing*, 20(4), 323–347.

Chen. L., & Tan, J.(2004), "Technology adaptation in E-commerce: Key determinants of virtual stores acceptance," *European Management Journal*, 22(1), 74–86.

Chernev, A.(2003), "When more is less and less is more: The role of ideal point availability and assortment in consumer choice," *Journal of Consumer Research*, 30(2), 170–183.

Childers, T. L. Carr, C. L. Peck, J., & Carson, S.(2002), "Hedonic and utilitarian motivations for online retail shopping behavior," *Journal of Retailing*, 77(4), 511–535.

Chung, J. & Tan, F. B.(2004), "Antecedents of perceived playfulness: an exploratory study on user acceptance of general information-searching websites," *Information & Management*, 41(7), 869–881.

Cicognani, E.(2011), "Coping strategies with minor stressors in adolescence: Relationships with social support, self-efficacy, and psychological well-being," *Journal of Applied Social Psychology*, 41(3), 559–578.

Clausen, G.(2004), *Price Sensitivity for Electronic Entertainment*. Florida: Boca Raton.

Conlumino(2015), Global Duty free retailing, 2014–2019: Market Dynamics, Retail Trends and Competitive Landscape.

Cottet, P., Lichtl, M. C., & Plichon, V.(2006), "The role of value in services: a study in a retail environment," *Journal of Consumer Marketing*, 23(4), 219–227.

Dabholkar, P. A., & Bagozzi, R. P.(2002), "An attitudinal model of technology–based self–service: Moderating effects of consumer traits and situational factors," *Journal of the Academy of Marketing Science*, 30(3), 184–201.

Diamantopoulos, A., Siguaw, J. A., & Siguaw, J. A.(2000), *Introducing LISREL: A guide for the Uninitiated*, Sage.

Dodor, J. B. K., & Rana, D. S.(2009), "Investigating business schools' intentions about offering E–Commerce education using an extended theory of planned behavior," *Decision Sciences Journal of Innovative Education*, 7(1), 195–220.

Eri, Y.(2004), "Retailing on internet the buying intention," MBA Thesis, School of Management, University Sains Malaysia, Penang.

Fox. C. R., Ratner, R. K., & Lieb, D. S.(2005), "How subjective grouping of options influences choice and allocation: Diversification bias and the phenomenon of partition dependence," *Journal of Experimental Psychology: General*, 134(4), 538.

Gillenson, M. L., & Sherrell, D. L.(2002), "Enticing online consumers: An extended technology acceptance perspective," *Information &*

Management, 39(8), 705–719.

Gopi, M., & Ramayah, T.(2007), "Applicability of theory of planned behavior in predicting intention to trade online: Some evidence from a developing country," *International Journal of Emerging Markets*, 2(4), 348–360.

Grant, J. E., & Potenza, M. N.(2006), "Compulsive aspects of impulse–control disorders," *Psychiatric Clinics of North America*, 29(2), 539–551.

Gursoy, D., Spangenberg, E. R., & Rutherford, D. G.(2006), "The hedonic and utilitarian dimensions of attendees attitudes toward festivals," *Journal of Hospitality & Tourism Research*, 30(3), 279–294.

Hamilton, R. W., & Srivastava, J.(2008), "When 2 2 is not the same as 1 3: Variations in price sensitivity across components of partitioned prices," *Journal of Marketing Research*, 45(4), 450–461.

Han, H., Hsu, L. J. & Sheu, C.(2010), "Application of the theory of planned behavior to green hotel choice: Testing the effect of environmental friendly activities," *Tourism Management*, 31(3), 325–334.

Hayduk, L. Cummings, G., Boadu, K., Pazderka–Robinson, H., & Boulianne, S.(2007), "Testing! testing! one, two, three–Testing the theory in structural equation models!," *Personality and Individual Differences*, 42(5), 841–850.

Hoon Ang, S., Sim Cheng, P. Lim, E. A., & Kuan Tambyah, S.(2001), "Spot the difference: consumer responses towards counterfeits,"

Journal of consumer Marketing, 18(3), 219–235.

Hsu, M. H., & Chiu, C. M.(2004), "Predicting electronic service continuance with a decomposed theory of planned behaviour," *Behaviour & Information Technology*, 23(5), 359–373.

Hung, C. L., Chou, J. C. L. Chung, R. Y., & Dong, T. P.(2010, June), *A cross-cultural study on the mobile commerce acceptance model*, In Management of Innovation and Technology(ICMIT), 2010 IEEE International Conference on(pp. 462–467), IEEE.

Irani, N., & Hanzaee, K. H.(2011), "The effects of variety–seeking buying tendency and price sensitivity on utilitarian and hedonic value in apparel shopping satisfaction," *International Journal of Marketing Studies*, 3(3), 89.

Jang. S., & Ha,(2015), "The Influence of Cultural Experience: Emotions in Relation to Authenticity at Ethnic Restaurants," *Journal of Foodservice Business Research*, 18(3), 287–306.

Jin, B., Stemquist, B., & Koh, A.(2003), "Price as hedonic shopping," *Family and Consumer Sciences Research Journal*, 31(4), 378–402.

Johnston, K. L.. & White, K. M.(2003), "Binge–drinking: A test of the role of group norms in the theory of planned behaviour," *Psychology and Health*, 18(1), 63–77.

Jones, M. A., Reynolds, K. E, & Arnold, M. J.(2006), "Hedonic and utilitarian shopping value: Investigating differential effects on retail outcomes," *Journal of Business Research*, 59(9), 974–981.

Kline, R. B.(2015), *Principles And practice of Structural Equation Modeling. Guilford Publications*.

Koyuncu, C., & Bhattacharya, G.(2004), "The impacts of quickness, price, payment risk, and delivery issues on on-line shopping," *The Journal of Socio-Economics*, 33(2), 241-251.

Kwak, H., Zinkhan, G. M., & Crask, M. R.(2003), "Diagnostic screener for compulsive buying: Applications to the USA and South Korea," *The Journal of Consumer Affairs*, 161-169.

Kwak, H., Zinkhan, G. M., & DeLorme, D. E.(2002), "Effects of compulsive buying tendencies on attitudes toward advertising: The moderating role of exposure to TV commercials and TV shows," *Journal of Current Issues & Research in Advertising*, 24(2), 17-32.

Lam, T., & Hsu, C. H.(2004), "Theory of planned behavior: Potential travelers from china," *Journal of Hospitality & Tourism Research*, 28(4) 463-482.

Lam, T., & Hsu, C. H.(2006), "Predicting behavioral intention of choosing a travel destination," *Tourism management*, 27(4), 589-599.

Lee, D., Choi, Y., Cho, S., Lee, J., Shin, M., Lee, D., Kim, B.(2006), "Relationship between adolescent internet addiction and depression, impulsivity, and obsessive-compulsivity," *Journal of the Korean Academy of Child and Adolescent Psychiatry*, 17(1), 10-18.

Lee, M. Y., Kim, Y. K., & Fairhurst, A.(2009), "Shopping value in online auctions: Their antecedents and outcomes," *Journal of Retailing and Consumer Services*, 16(1), 75-82.

Lehto, X. Y., O'Leary, J. T., & Morrison, A. M.(2004), "The effect of prior experience on vacation behavior," *Annals of Tourism*

Research, 31(4), 801–818.

Leone, L., Perugini, M., & Ercolani, A. P.(2004), "Studying, and mastering: A test of the model of Goal Directed behavior(MGB) in the software learning domain," *Journal of Applied Social Psychology*, 34(9), 1945–1973.

Levav, J., & Zhu, R.(2009), "Seeking freedom through variety," *Journal of Consumer Research*, 36(4), 600–610.

Lewis, W., Agarwal, R., & Sambamurthy, V.(2003), "Sources of influence on beliefs about information technology use An empirical study of knowledge workers," *MIS Quarterly*, 657–678.

Limayem, M., Khalifa, M., & Frini, A.(2000), "What makes consumers buy from Internet? A longitudinal study of online shopping," IEEE Transactions on Systems, Man and Cybernetics, Part A: Systems and Humans, 30(4), 421–432.

Lin, J. C., & Lu, H.(2000), "Towards an understanding of the behavioural intention to use a web site," *International Journal of Information Management*, 20(3), 197–208.

Lin, I. Y. H., & Mattila, A. S.(2006), "Understanding restaurant switching behavior from a cultural perspective," *Journal of Hospitality & Tourism Research*, 30(1), 3–15.

Lin, C. H., Sher, P. J., & Shih, H. Y.(2005), "Past progress and future directions in conceptualizing customer perceived value," *International Journal of Service Industry Management*, 16(4), 318–336.

Lu, Y., Zhou, T. & Wang, B.(2009), "Exploring Chinese users' acceptance of instant messaging using the theory of planned behavior, the technology acceptance model, and the flow theory," *Computers in Human Behavior*, 25(1), 29–39.

Luarn, P., & Lin, H.(2005), "Toward an understanding of the behavioral intention to use mobile banking," *Computers in Human Behavior*, 21(6), 873–891.

Malle, B. F. & Knobe, J.(2001), "The distinction between desire and intention: A folk–conceptual analysis," *Intentions and intentionality: Foundations of Social Cognition*, 45–67.

Mahmod, R., Dahlan, N., Ramayah, T., Karia, N., & Asaari M. H. A. H.(2005), "Attitudinal Belief on Adoption of e–MBA Program in Malaysia," Online Submission.

Math wick, C Malhotra, N & Rigdon, E.(2001), "Experiential value: Conceptualization, measurement and application in the catalog and internet shopping environment," *Journal of Retailing*, 77(1), 39–56.

Michaelidou, N., Dibb, S., & Arnott, D.(2005), "Brand switching in clothing. as a manifestation of variety–seeking behavior," *Advances in Consumer Research: Asia Pacific Region*, 6, 79–85.

Moodie, M.,(2015), South Korean duty free surges +21.6% in 2014 on Chinese travel boom, The Report. Retrieved from http://www.moodiereport.com/document.php?doc_id=43093.

Moon, J. W., & Kim, Y. G.(2001), "Extending the TAM for a World–Wide Web context," *Information & management*, 38(4), 217–230.

Moscarello, J. M., Ben–Shahar, O., & Ettenberg, A.(2010), "External incentives and internal states guide goal–directed behavior via the differential recruitment of the nucleus accumbens and the medial prefrontal cortex," *Neuroscience*, 170(2), 468–477.

Novak, A., De la Loge, C., Abetz. L., & Van der Meulen, E. A.(2003), "The combined contraceptive vaginal ring. NuvaRing: an international study of user acceptability," *Contraception*, 67(3), 187–194.

O'cass, A., & Fenech, T.(2003), "Web retailing adoption: exploring the nature of internet users Web retailing behaviour," *Journal of Retailing and Consumer services*, 10(2), 81–94.

Overby, J. W., & Lee, E. J.(2006), "The effects of utilitarian and hedonic online shopping value on consumer preference and intentions," *Journal of Business Research*, 59(10), 1160–1166.

Palan, K. M., Morrow, P. C., Trapp, A. & Blackburn, V.(2011), "Compulsive buying behavior in college students: The mediating role of credit card misuse," *Journal of Marketing Theory and Practice*, 19(1) 81–96.

Pavlou, P. A., & Chai, L.(2002), "What drives electronic commerce across cultures? across-cultural empirical investigation of the theory of planned behavior," *J. Electron Commerce Res.*, 3(4), 240–253.

Penman, S., & McNeill, L. S.(2008), "Spending their way to adulthood: Consumption outside the nest," *Young Consumers*, 9(3), 155–169.

Perugini, M., & Bagozzi, R. P.(2001), "The role of desires and anticipated emotion in goal-directed behaviours: Broadening and deepening the theory of planned behaviour," *The British Journal of Social Psychology*, 40, 79.

Peters, C., & Bodkin, C. D.(2007), "An exploratory investigation of problematic online auction behaviors: Experiences of eBay users," *Journal of Retailing and Consumer Service*, 14(1), 1–16.

Phau, I., & Woo, C.(2008), "Understanding compulsive buying tendencies among young Australians: The roles of money attitude and credit card usage," *Marketing Intelligence & Planning*, 26(5), 441–458.

Pierro, A., Mannetii, L., & Livi, S.(2003), *Self-identity and the theory of Self and Identity*. 2(1), 47–60.

Poston, B.(2009), CE EXAMINATION: Personal exploration: Maslow's hierarchy of needs–A comprehensive knowledge of maslow's hierarchy of needs can be beneficial in the health care setting. understanding a patient's mindset allows the practitioner to make a more informed decision. this article explores the hierarchy pyramid and its place in our personal and professional lives, *The Surgical Technologist*, 41(8), 346.

Pronin, E., Kruger, J., Savtisky, K., & Ross, L.(2001), "You don't know me, but I know you: The illusion of asymmetric insight," *Journal of Personality and Social Psychology*, 81(4), 639.

Raab, C., Mayer, K., Kim, Y. S., & Shoemaker, S.(2009), "Price–sensitivity measurement: a tool for restaurant menu pricing," *Journal of Hospitality & Tourism Research*, 33(1), 93–105.

Ramayah, T., Rouibah, K., Gopi M., & Rangel, G. J.(2009), "A decomposed theory of reasoned action to explain intention to use Internet stock trading among Malaysian investors," *Computers in*

Human Behavior, 25(6), 1222–1230.

Ratner, R. K., & Kahn, B. E.(2002), “The impact of private versus public consumption on variety-seeking behavior,” *Journal of Consumer Research*, 29(2), 246–257.

Rivis, A., & Sheeran, P.(2003), “Descriptive norms as an additional predictor in the theory of planned behaviour: A meta-analysis,” *Current Psychology*, 22(3), 218–223.

Roberts, J.(2000), “Consuming in a consumer culture: College student, materialism, status consumption and compulsive buying,” *Marketing Management Journal*, 10(2).

Robert, J. A., & Jones, E.(2001), “Monet attitudes, credit card use, and compulsive buying among american college students,” *The Journal of Consumer Affairs*, 213–240.

Roehm, H. a., & Roehm M. L.(2005), “Revisiting the effect of positive mood on variety seeking,” *Journal of Consumer Research*, 32(2), 330–336.

Rogers, B. M.(2003), “Elements of diffusion,” *Diffusion of Inniovations*, 5, 1–38.

Sharma, P., Sivakumarn, B., & Marshall, R.(2015), “Investigating Impulse Buying and Variety Seeking: Towards a General Theory of Hedonic Purchase Behavior,” *Assessing the different roles of Marketing Theory and Practice in the Jaws of Economic Uncertainty*(pp. 61–61), Springer International Publishing.

Sharma, S., Mukherjee, S., Kumar, A., & Dillon, W. R.(2005), “A simulation study to investigate the use of cutoff values for assessing model fit covariance structure models,” *Journal of*

Business Research, 58(7), 935–943.

Sheeran, P.(2002), "Intention–behavior relations: A conceptual and empirical review," *European Review of Social Psychology*, 12(1), 1–36.

Shih, Y., & Fang, K.(2004), "The use of a decomposed theory of planned behavior to study internet banking in taiwan," *Internet Research*, 14(3), 213–223.

Shoham, A., & Makovec Brencic, M.(2003), "Compulsive buying behavior," *Journal of Consumer Marketing*, 20(2), 127–138.

Sim, L. L., & Koi, S. M.(2002), "Singapore's Internet shoppers and their impact on traditional shopping patterns," *Journal of Retailing and Consumer Services*, 9(2), 115–124.

R., Terry, D. J., Manstead, A. S,, Louis, W. R., Kotterman, D., & Smith, J. Wolfs, J.(2007), "Interaction Effects in the Theory of Planned Behavior: The Interplay of self—Identity and Past Behavior," *Journal of Applied Social Psychology*, 37(11), 2726–2750.

Song, H. J, Lee, C. K. Kang, S. K.. & Boo. S. J.(2012), "The effect of environmentally friendly perceptions on festival visitors' decision–making process using an extended model of goal–directed behavior," *Tourism Management*, 33(6), 1417–1428.

Standifird, S. S., Roelofs, M. R., & Durham, Y.(2005), "The impact of eBay's buy it now function on bidder behavior," *International Journal of Electronic Commerce*, 9(2), 167–176.

Steiger, J. H.(2007), "Understanding the limitations of global fit assessment in structural equation modeling," *Personality and*

Individual differences, 42(5), 893–898.

Tabachnick, B., & Fidell, L.(2007), *Using Multivariate Statistics*, 5th ed.(Allyn and Bacon: Boston, MA.).

Tan, M., & Teo, T. S.(2000), "Factors influencing the adoption of internet banking," *Journal of the AIS*, 1(les), 5.

Taylor, L. K.(2007), "Reading desire: From empathy to estrangement, from enlightenment to implication," *Intercultural Education*, 18(4), 297–316.

Thiele, S., & Weiss, C.(2003), "Consumer demand for food diversity Evidence for germany," *Food Policy*, 28(2), 99–115.

Van der Heijden, H.(2004), "User acceptance of hedonic information systems," *MIS Quarterly*, 695–704.

Vanhuele, M., Wright, M. & East, R.(2008), *Consumer Behaviour Applications in Marketing*.

Voss, K. E. Spangenberg, E. R., & Grohmann, B.(2003), "Measuring the hedonic and utilitarian dimensions of consumer attitude," *Journal of marketing research*, 40(3), 310–320.

Venkatesh, V & Davis, F. D.(2000), "A theoretical extension of the technology acceptance model: Four longitudinal field studies," *Management science*, 46(2), 186–204.

Venkatesh, V.(2000), "Determinants of perceived ease of use: Integrating control, intrinsic motivation, and emotion into the technology acceptance model," *Information systems research*, 11(4), 342–365.

Venkatesh, V. & Morris, M. G.(2000), "Why don't men ever stop to ask for directions? Gender, social influence, and their role in technology acceptance and usage behavior," *MIS Quarterly*, 115–139.

Venkatesh, V., Morris, M. G., Davis, G. B., & Davis, F. D.(2003), "User acceptance of information technology: Toward a unified view," *MIS Quarterly*, 425–478.

Wauters E., Bielders, C., Poesen, J., Govers, G., & Mathijs, E.(2010), "Adoption of soil conservation practices in Belgium an examination of the theory of planned behaviour in the agri-environmental domain," *Land use policy*, 27(1), 86–94.

Wolfinbarger, M., & Gilly. M. C.(2001), "Shopping online for freedom, control, and fun," *California Management Review*, 43(2), 34–55.

Wood, S. L., & Moreau, C. P.(2006), "From fear to loathing? How emotion influences the evaluation and early use of innovations," *Journal of Marketing*. 70(3), 44–57.

Wu, P. H. & Kao, D. T.(2011), "Goal orientation and variety seeking behavior: The role of decision task," *Journal of Economic Psychology*, 32(1), 65–72.

Wu, J H. & Wang, S. C.(2005), "What drives mobile commerce?: An empirical evaluation of the revised technology acceptance model," *Information & management*, 42(5), 719–729.

Yuan, Y. H., & Wu, C. K.(2008), "Relationships among experiential marketing, experiential value, and customer satisfaction," *Journal of Hospitality & Tourism Research*, 32(3), 387–410.

Zint, M.(2002), "Comparing three attitude-behavior theories for predicting science teachers' intentions," *Journal of Research in*

Science Teaching, 39(9), 819–844.

인터넷 사이트

www.dootadutyfree.com	두타면세점
www.shilladfs.com	신라면세점
www.ssgdfm.com	신세계면세점
www.galleria-dfs.com	갤러리아면세점
kor.lottedfs.com	롯데면세점
www.dwdfs.com	동화면세점
www.smdutyfree.com	SM면세점
www.shillaipark.com	신라아이파크면세점
www.granddfs.com	그랜드면세점
www.jdcdutyfree.com	제주JDC면세점

찾아보기

| 저자약력 |

■ **김기홍** / 호텔관광경영학박사(Sejong Univ. Ph. D)

주요 연구분야는 서비스무역과 국제경영전략이며, 한국여성경제인협회에서 Coffee와 비즈니스, Wine Business 창업과정을, 동국대 MBA School 석사과정에서 Wine & 국제비즈니스과정, Golf & Resort 경영과정을 기획 · 강의하였으며 한국경제신문사에서 명품세일즈 전문인력양성과정을 강의하고 있다.

한국관광서비스학회 편집위원장(2006~2007), 한국통상정보학회 사무국장(2008), 국제지식서비스학회 편집위원장(2009~2011), 국제e비즈니스학회 편집위원장(2012~2013), 한국의료관광학회 부회장(2012), 한국무역학회 부회장(2013), 한국통상정보학회 사무처장(2014), 한국무역학회 사무국장(2015), 한국중재학회 편집위원장(2016~2017), 한국중재학회 무역통상 편집위원장(2018~2019)으로 활동하고 있으며, 한국통상정보학회 최우수논문상(Best Paper, 2011)을 수상하였다.

다국적기업에서 세계 정상급 브랜드를 국내 런칭, 무역 · 인사 · 기획 · 신규사업(TF) 팀장으로 미국 뉴욕과 일본 도쿄에서 근무하였으며, 롯데그룹 인재개발원 초빙교수, 벤처기업의 이사, 코스닥기업의 경영고문을 역임하였다.

현재, 대한상사중재원 상사중재인, 서울중앙지방법원 조정위원, 평택대학교 경영대학원장, 무역학과 교수로 재직 중이다.

면세점 & 국제시장

2018년 8월 25일 1판 1쇄 인쇄
2018년 8월 30일 1판 1쇄 발행

저　　자 | 김기홍
발 행 인 | 이수영
발 행 처 | 도서출판 청람
서울시 마포구 독막로 288(대흥동, 세양상가 109호)
전　　화 | 02)3272-2601~2
팩　　스 | 02)3272-2603
이 메 일 | crbooks@daum.net
홈페이지 | www.crbooks.co.kr
등　　록 | 2000년 8월 26일 제6-0509호

ISBN 978-89-5972-655-4　93320　　[정가 25,000원]